Usted se encuentra aquí

Usted se encuentra aquí

De cómo las filosofías clásicas pueden ayudarte a ser un mejor primate en un mundo difícil de comprender

FABIÁN C. BARRIO

Ariel

Obra editada en colaboración con Editorial Planeta - España

Diseño de la colección: Sylvia Sans Bassat
Composición: Realización Planeta

Bajo el sello editorial ARIEL M.R.
Avenida Presidente Masarik núm. 111,
Piso 2, Polanco V Sección, Miguel Hidalgo
C.P. 11560, Ciudad de México
www.planetadelibros.com.mx
www.paidos.com.mx

Primera edición impresa en España: septiembre de 2024
ISBN: 978-84-234-3779-5

Primera edición impresa en México: mayo de 2025
ISBN: 978-607-569-978-3

Impreso en los talleres de Impregráfica Digital, S.A. de C.V.
Av. Coyoacán 100-D, Valle Norte, Benito Juárez
Ciudad De Mexico, C.P. 03103
Impreso en México - *Printed in Mexico*

Este libro se lo quiero dedicar a mi madre.
Mamá, sé que estabas esperando en paciente silencio que te dedicara un libro. Si no lo he hecho hasta ahora era porque quería dedicarte el mejor de todos. No sé si éste va a ser el mejor, pero una de las premisas que defenderé en estas páginas es que no debemos vivir la vida en diferido. No debemos posponer la búsqueda de la belleza, los pequeños placeres, las ocasiones para reír, para amar o para expresar la gratitud.
El futuro no existe.
Mamá está aquí, ahora, la quiero, y este libro es para ella.

Este libro pretende ser una reinterpretación hilarante e inspiradora de las cuatro filosofías que hace tres mil años modelaron quiénes somos hoy; una obra que muestre cómo el hombre moderno, con su más que evidente capacidad para amargarse la vida, no ha sabido interpretarlas correctamente. En un tono directo, irreverente, socarrón e iconoclasta, bucea en la esencia del estoicismo, el epicureísmo, el escepticismo y el cinismo para dar respuesta a la duda más roedora a la que se enfrenta el primate moderno: **¿cómo coño consigo estar bien?**

Sumario

Tercera parte
Epicureísmo

Cuarta parte
Cinismo

Quinta parte
Estoicismo

Sexta parte
Escepticismo

Introducción

De cómo robarle el título de tu libro a un aprendiz de monje

Acabo de cumplir cincuenta largos años. Confieso que la opereta se me está haciendo algo larga, pero como soy curioso por naturaleza, aquí sigo haciéndolo lo mejor que sé. Te pediría que no juzgues con severidad mi decisión de celebrar semejante efemérides con un largo viaje por el sudeste asiático, con tatuaje incluido, porque cada cual vive el duelo como buenamente puede. A lo mejor ésta es una crisis de los cuarenta, porque los cincuenta son los nuevos cuarenta, o eso dicen.

El viaje resultó un desastre absoluto. Una semana después de llegar a Bangkok me asaltó una extraña enfermedad que me acompañó a lo largo de mes y medio, y me hizo padecer repetidamente todos los síntomas conocidos por el hombre y el pangolín. Me atiborré de antibióticos, porque *the show must go on*, y las conclusiones de ese viaje, que prometía marcar un antes y un después en mi vida, tienen que materializarse todavía. El subconsciente, que es el encargado de sacar conclusiones en este tipo de situaciones, tiene sus tiempos y hay que respetarlos. Gran parte de mis recuerdos son una bruma febril odiando el traqueteo incesante de las motos, la comida picante y los monzones intempestivos.

Durante un breve período de mi vida estuve considerando seriamente largarme a vivir a Chiang Mai, en plena selva del norte de Tailandia. La culpa de todo eso la tienen los ángulos engañosos de las fotos de Instagram y el hecho de que no necesito estar atornillado a una oficina para ganarme el pan. Verás. En la actualidad, la población de esa localidad ha asistido a un auge enloquecido de lo que se ha dado en llamar «nómadas digitales». Gente pudiente de unos treinta años que vive de programar, hacer *trading* o vender fotos de sus genitales y no quiere pagar demasiados impuestos. Dado que, como yo, no necesitan estar en un lugar concreto para llevar a cabo su tarea, han encontrado en Chiang Mai una especie de oasis hípster en el que pueden alquilar por un precio ridículo una villa con piscina y fibra óptica. Luego, aprovechan la laxitud —o la connivencia— del Departamento de Inmigración tailandés para subirse cada tres meses en una furgoneta, cruzar a Laos o Myanmar dando bandazos, renovar allí el visado de turista, y pasarse otros tres meses en el paraíso *low cost* posponiendo la muerte y desayunando muffins de marihuana y tostas de aguacate. Se hacen llamar turistas perpetuos. Es un estatus legal y vital que permite eludir impuestos y aturullar el cerebro de sensaciones que te impidan reflexionar sobre la vacuidad de la vida. Todo son ventajas.

Puesto que sentía curiosidad por ese fenómeno social, en mi viaje de cumpleaños por el sudeste asiático quise hacer una parada allí como un entomólogo curioso o alguien que visita la jaula de los monos del zoológico. Y sí, Chiang Mai se había convertido en una especie de meca milenial. Sucedáneos de Starbucks, *hostels* multicolores, gente con músculos envidiables sorteando el tráfico en endiabladas motos eléctricas, folletos de *rafting* en la selva y cafeterías con carteles anunciando el mejor wifi de la ciudad y té matcha con huevos benedictinos.

En Chiang Mai se da una oportunidad única para interactuar con monjes budistas a través de unos programas culturales denominados Monk Chat en diferentes templos de la localidad. Los Monk Chat son charlas informales en las que te sientas a una mesa redonda y hablas con monjes muy jóvenes que suelen estar acompañados por su maestro. No sé si sabes que en Tailandia es costumbre que los jóvenes pasen por un período de monacato muy semejante a la mili, así que monjes no faltan, la verdad. A través de los Monk Chat, los occidentales tenemos una oportunidad excelente de hacernos unas fotos para fardar de exotismo en redes sociales, y los jóvenes monjes pueden practicar inglés. *Win-win.*

Somchai estaba sentado en una de esas mesas redondas. Era temprano, las nueve de la mañana, y apenas había occidentales a la vista en Wat Chedi Luang, tan sólo un par de chicas jóvenes que se habían parapetado bajo un árbol con un monje relativamente buenorro con el que reían bajito. En el ambiente flotaba un leve aroma a incienso y los shamas de cola blanca cantaban tímidamente entre los arbustos. Somchai llevaba poco tiempo haciendo cosas de monjes, era tímido, pero su sonrisa resultaba cautivadora. Estaba rasurado de arriba abajo, y reconozco que me resultaba complicado entenderme con él, en parte por su inglés macarrónico y en parte porque se había rapado también las cejas. Es curioso la expresividad que pueden proporcionar unas cejas y lo importantes que son para la comunicación no verbal.

Decidí preguntarle a Somchai cómo hacían los monjes budistas para alcanzar la calma, un concepto que me interesaba mucho para este libro, que por aquel entonces no tenía título. Quería encontrar un punto de unión entre la *ataraxia* griega y el *śamatha* budista. Me resultaba fascinante que dos culturas tan lejanas hubieran llegado a conclusiones tan parecidas.

—Mente..., eh..., como agua tranquila, no olas, no..., eh..., turbulencia —contestó vacilante.

—Vale. Pero ¿cómo consigues detener esas olas?

—Respira..., eh..., profundo, sí. Siente... aire, cuerpo, todo. Mundo... lento, tranquilo. No... pensar futuro, no... recordar pasado. Sólo... ahora, presente, sí.

Seguramente sin saberlo, Somchai estaba enumerando las conclusiones a las que ya habían llegado pensadores griegos hace milenios. Me llamó la atención ese hincapié en centrarse en el presente, núcleo del pensamiento estoico y epicúreo.

—Eh..., meditar, sentar, silencio. Escuchar... corazón, respiración. Ver... naturaleza, árbol, flor. Todo..., conexión, uno. No tener deseos.

Somchai podría haber estado sentado en el Jardín de Epicuro y, salvo por la ausencia de cejas y el móvil que tenía sobre la mesa en modo vibración, no habría desentonado demasiado.

—Entonces —contesté—, se trata de estar en silencio, pensando sólo en... aquí y ahora.

—¡Sí! —replicó Somchai casi gritando entusiasmado—. ¡Sí! —Levantó un dedo y lo clavó en la mesa mirándome con profundidad, como si le fuera la vida en ello—. ¡¡Tú estás aquí!!

El muy cabrón me había dado el título para mi libro. Allá donde esté, espero que no me pida participación en los derechos de autor.

Ese futuro tecnológico nos va a venir muy grande, a nosotros por lo menos. ¿Qué va a ser? ¿En qué va a consistir? En unas personas que probablemente vivirán más de lo que vivimos ahora. En unas personas en plenitud, si es que se puede llamar en plenitud a personas... un poco prefabricadas, que tendrán que trabajar más que nosotros, tendrán que alimentar a más viejos, a menos niños, y a los que no trabajen, que serán muchos. En una especie de conductas manejadas o por órdenes o por folletos, porque no tendrán mucho tiempo para leer. Folletos que les digan cómo se tiene éxito, cómo se hacen amigos, cómo se pone una casa, cómo se conquista una mujer, cómo se divierte uno más. Como todos leerán los mismos folletos, las relaciones serán muy fáciles, pero muy aburridas. Y por otra parte, la inteligencia natural será sustituida por inteligencias artificiales que ayudarán a la gente, no a conseguir la felicidad, sino a pasar el tiempo.

Antonio Gala,
en una entrevista con Jesús Quintero

Primera parte

No estás solo

1

Frontispicio

Usted se encuentra aquí. Sentado en el vórtice del universo, con las piernecitas colgando como si fuera una atónita y desconsolada marioneta de trapo a merced de vientos cósmicos contra los que no hay resistencia posible.

Mira a su alrededor y todo parece confuso y sin propósito. Tal vez esté observando con un leve acceso de pánico el vertiginoso crecimiento de sus hijos, que anteayer no querían tragarse el puré de verduras y hoy exigen el último iPhone para compensar las meteduras de pata que ha cometido debido a su torpeza como padre. Quizás contempla con un leve destello de pánico el lento declive de mamá, y la observa, con una mezcla de ternura y preocupación, cuando ella se unta las rodillas con bálsamo del tigre y chilla cosas inconexas a la televisión. Es posible que esté deseando que llegue el fin de semana para que dejen de atosigarlo las llamadas de clientes furibundos o la cara de dogo de su jefe. Es muy probable que esté recargando las páginas de vuelos a bajo precio que le ofrezcan un leve destello de libertad a cambio de las horas de su libertad que le ha tomado conseguir el dinero que le proporcione esa libertad. Puede que sienta un leve acceso de pánico al comprobar que ni siquiera el porno le resulta estimulante.

Usted se encuentra aquí. Apuntándose a cursos inverosímiles, que resultan ser un verdadero coñazo, para engañarse pensando que está dotando de contenido su vida. Convenciéndose de que cinco euros por un café es un precio razonable porque le han puesto cardamomo. Observando furtivamente cómo cuelga las bragas la vecina, un ser genéticamente superior que bajo cualquier punto de vista está fuera de su alcance. Rechinando los dientes en el metro o saltándose religiosamente la dieta, contando agónicamente los días hasta la jubilación, luchando contra la senectud a base de dominadas, de estiramientos, de trotecillos cochineros, de bótox y de minoxidil, probando todo tipo de remedios naturales para poder dormir bien de una puñetera vez, alargando conversaciones intrascendentes junto a la máquina de café de la oficina, echando de menos a alguien que ya se fue y al que no puede decirle las cosas que quiso decirle, llenándose de fugaz motivación con algún pódcast que inundó de endorfinas su entumecido cerebro, pero que olvidó al día siguiente porque le cayó un marrón en el trabajo y todo lo que le contaron los presuntos expertos le pareció una patraña.

Usted tal vez se encuentra aquí. Ratonando tiempo de donde no lo hay para mantener con un hilillo de vida alguna relación que en su momento fue el epicentro de su vida y hoy se reduce a hablar sobre la subida de la hipoteca o qué gimnasio tiene una cuota más asequible. Sintiendo que cobra demasiado o demasiado poco, que está engañando a sus clientes o éstos están aprovechándose de usted, flirteando con un compañero de oficina que no le hace ni puñetero caso, frustrándose porque a pesar de todos sus esfuerzos las plantas aromáticas agonizan en su balcón, desinflándose ante el volumen de ropa que tiene para planchar, teniendo un acceso de pánico porque no le viene la regla, decidiéndose sobre la marca de gato más adecuada para sobrellevar la soledad, mintiendo sobre la edad en Tinder, contando calorías en la isla de congelados, decidiendo que diecinueve días son pocos para las quinientas noches que después hay que pasar mojando la almohada.

Usted quizás se encuentra aquí. Sintiéndose levemente culpable al comprar obsesivamente productos chinos o vestir ropa cosida por un pobre diablo en Bangladés. Enganchado a series turcas, consultando sus dudas existenciales a un motor de búsqueda estadounidense, desayunando tacos y cenando sushi, lo que le provoca un desconcierto vital al no saber exactamente a qué mundo pertenece.

Echando de menos estar bien incluso cuando está bien, porque sabe que pronto se habrá acabado lo de estar bien. Asumiendo la certeza de que nunca será tan joven y bella como hoy, que su piel sólo va a empeorar, y que el día se ha esfumado sin que haya podido aprovechar semejante baza. Sintiendo que la vida se desliza a una velocidad de vértigo y que no hay nada que pueda hacer para atraparla.

Usted se encuentra aquí, pero es probable que no sepa para qué.

Es posible que usted sea una víctima más de la soledad, a pesar de estar constantemente rodeado de semejantes. No importa cuánta gente tengamos a nuestro alrededor, todos podemos sentirnos solos de vez en cuando. Puede que nos falte una conexión genuina, o que nos sintamos incomprendidos. La soledad no buscada puede ser muy dolorosa y puede aislarnos y desconectarnos del mundo. Del mismo modo, cuando se rodea de esos semejantes y consigue establecer una tímida chispa de conexión con ellos, le parecen unos gigantes capaces de casi cualquier cosa, y puede que le intimiden con gestas que en apariencia llevan a cabo sin esfuerzo alguno. La presión para ajustarse a las expectativas de la sociedad puede ser muy intensa. O quizás le resulten insoportablemente huecas, y esto le provoque una angustiosa sensación de vacuidad e indefensión.

Puede que haya tanteado un bulto sospechoso en algún rincón de su anatomía y hayan saltado todas las alarmas. O tal vez ni siquiera eso, y le baste con sentir un inexorable declive y que subir una cuesta se le hace, nunca mejor empleada la expresión, demasiado cuesta arriba. Lidiar con el dolor, la fatiga o la incapacidad puede ser muy difícil, en especial si estos problemas de salud interfieren con las cosas más simples.

Usted se encuentra aquí: ahogado por el miedo a lo desconocido, a no saber qué nos depara el futuro. A la incertidumbre sobre la solidez de nuestras relaciones más significativas, sobre el hilo trémulo del que pende nuestra carrera. Sobre el qué dirán si su mujer descubre ese rincón del disco duro en que se guardan sus más inconfesables secretos o si se entera del desliz que tuvo con la camarera.

Usted, aunque le cueste reconocerlo, se encuentra aquí. Entumecido por el exceso de trabajo, desconcertado por la aridez de las relaciones con los demás y la burocracia, sobrepasado por la complejidad que supone criar a un hijo estable e independiente, enfrentado a un cruel tribunal íntimo que siempre lo juzga con excesiva severidad, desafiado por un espejo despiadado. Incapaz de encontrar un momento para refugiarse en la ternura que se debe a sí mismo.

Usted puede que se encuentre aquí, pero desde luego, no está solo.

2

Tú eres bastante griego, aunque no lo sepas

Desde que el hombre descendió de los árboles y empezó a arremolinarse en grupúsculos azotados por la lluvia y a merced de los vientos, han transcurrido seis millones de años. Nos preceden doscientas mil generaciones que también estuvieron aquí.

Esas doscientas mil generaciones lo tuvieron bastante peor que tú, y, sin embargo, tú eres el protagonista de tu propia opereta, y sientes que los problemas del hombre moderno son abrumadores.

Por un momento vamos a olvidarnos del mono desnudo y su azarosa vida escarbando un termitero con un palito. Vamos a olvidarnos también del cejijunto cascador de piedras, del que aprendió a fundir el cobre, del que forjó el hierro, del que empezó a apuntar sus deudas en una tablilla de barro e incluso del que construyó pirámides para mayor gloria del faraón. Quiero que pienses en el humilde griego que araba los campos y trapicheaba de acá para allá temeroso de los caprichos de la diosa Tique, la diosa de la fortuna, la suerte, la providencia y el destino.

Por cierto, hablaremos más adelante de esa hija de puta.

La vida en la antigua Grecia tenía sus propias preocupaciones cotidianas, muchas de las cuales parecen sorprendentemente contemporáneas.

Al igual que tú, el campesino griego vivía en un perpetuo temor por si al final del día era incapaz de alimentar a su familia. Puede que hoy la sombra de la hipoteca o de la Agencia Tributaria te resulte más alargada, pero, en esencia, ese terror primigenio que te provoca un pertinaz insomnio por sucumbir a la miseria es el mismo perro con distinto collar.

Al igual que tú, el griego de la polis temblaba cada vez que se rompía un brazo o una pústula se volvía verde. La fiebre, la vejez y la tos cavernosa eran para él un motivo de preocupación muy semejante al que sientes cuando asoma un bulto inesperado en tu escroto.

Igual que tú, ese griego que tenía un puesto de verduras justo al lado del ágora se preocupaba por el futuro de sus hijos, quería que tuvieran una vida mejor que la suya, y tenía que acudir a amenazas, coscorrones y promesas para que se le metieran en la mollera los rudimentos de las matemáticas.

También él observaba con preocupación el ascenso de gobernadores torpes, también vociferaba en las asambleas para protestar por las subidas de impuestos o para que una carretera se desviara unos kilómetros. Él también estaba aquí, escuchando con pavor las noticias de una guerra cada día más cercana, y al igual que tú, vivía con incertidumbre la subida del precio del grano y los problemas de abastecimiento provocados por una trifulca de la que, decididamente, no era responsable. A él también le preocupaba la sequía. Igual que tú, acudía al templo y se arrodillaba para suplicar a los dioses que le dieran un respiro. A él también lo atracaron, él también sintió un profundo mareo al darse cuenta de que cada día tenía más canas, él también estuvo días sin hablarse con su esposa, también perdió dinero en una apuesta, también se empapó bajo la lluvia, también observó con lujuria culpable a su sobrina, también sintió que su vida no tenía un propósito, también experimentó vértigo por no saber qué ocurriría mañana.

Para hacer frente a la incertidumbre, sin embargo, contaba con una herramienta muy poderosa.

La filosofía jugó un papel importante en la vida de las personas en la antigua Grecia. El mundo en aquel entonces era un lienzo en blanco que la filosofía se encargó de llenar de trazos, a veces torpes, otros claramente nítidos, cuyas lindes todavía respetamos hoy al pintar los colores de nuestra sociedad y nuestro pensamiento.

Imagina que hoy un sujeto con aspecto algo destartalado se sienta en una plaza pública y comienza a cuestionar cosas tan axiales como el buen vivir, el origen y sentido de la vida, la belleza, el gobierno de las ciudades o la moralidad de las cosas. Seguramente sería corrido a gorrazos. Sin embargo, esta conducta no dista mucho de los charlatanes que hoy poblamos las redes sociales escupiendo haikus en *Tuícter*, publicando libros de autoayuda, o chillando consignas sentados en una silla *gamer* ante un decorado de luces prostibularias.

Allá en la lejana Grecia, la filosofía ayudó a vertebrar el concepto de democracia y ciudadanía: se entrelazaba con la vida política en las ciudades-Estado, y los filósofos participaban continuamente en debates públicos aportando ideas que podían influir en las decisiones políticas. Los conceptos filosóficos de justicia, equidad y virtud cívica eran relevantes para la vida cotidiana de los ciudadanos y para su participación en los asuntos de la polis. Asimismo, la filosofía se encontraba omnipresente en la educación de las clases pudientes de Atenas y sus provincias. Los jóvenes aprendían retórica y argumentación, lo cual les servía tanto en la vida pública como en la privada. Las enseñanzas de las distintas escuelas impactaron en las decisiones cotidianas y las actitudes de los griegos hacia temas como la riqueza, el placer, el deber y la aceptación del destino. Influyeron en la espiritualidad y la religión, de tal forma que a menudo se cuestionaba la conducta y moralidad de los dioses, o se ofrecía una perspectiva nueva sobre la vida después de la muerte. También ayudaron a bosquejar un esqueleto de lo que hoy conocemos como ética. Y a pesar de su influencia más que evidente en las clases pudientes, los filósofos también buscaron llegar a un público más amplio, como en el caso de los cínicos, que vivían y enseñaban en lugares públicos y desafiaban abiertamente las normas sociales. La filosofía se respiraba, se devoraba.

Pero, sobre todo, la filosofía ayudaba a encontrar consuelo y respuestas en un mundo hostil e incomprensible.

Sin embargo, esta disciplina ha llegado maltratada y mancillada a nuestros días.

Por un lado, los aspirantes a filósofos modernos nos vemos en la obligación de rendirnos al *like*, a los miles de visionados, a la aprobación social, y, en especial, a alimentar al *algorrino* que exige que estés inyectándole constantemente carnaza. Vivimos al límite de ser tildados de locos, de convertirnos en un meme, y expuestos a los comentarios de la masa. Así que la filosofía actual está en muchas ocasiones prostituida y se ha visto obligada a rebajar su calidad, midiéndose en desigual batalla con el exabrupto y el meme, palabra que se parece sospechosamente a memo, y digo yo que algo tendrá que ver una cosa y la otra.

Paradójicamente, la era de la información nos ha llevado a una era de ignorancia. El algorrino obliga a subir al menos dos vídeos largos por semana y chorrocientos cortos insustanciales al día, y la audiencia exige que los temas sean sencillos de entender, que se puedan seguir mientras cortas cebolla, dormitas en el metro o cagas, y que tengan una aplicación eminentemente práctica. O bien sean catárticos y te ayuden a validar lo que ya pensabas sobre un determinado tema, vibrando con fuerza en el tambor de tu cámara de resonancia ideológica. El consumo inmediato y frenético obliga a generar temas y más temas, en una búsqueda enloquecida de aprobación dopamínica. O sucumbes al algorrino o eres relegado al ostracismo digital y acabas publicando vídeos balbuceando incoherencias semidesnudo ante una audiencia de cuatro dementes como tú. La calidad, la serenidad y la reflexión, ingredientes imprescindibles de la filosofía, se vuelven tareas imposibles de alcanzar. Además, los gatitos jugando con mariposas, las divas de OnlyFans enseñando la teta y los osos panda cayéndose de la tumbona son bastante difíciles de contraprogramar a base de pensamiento crítico y reflexión.

Por otro lado, diría que la educación normativa nos ha enseñado a odiar la filosofía con todas nuestras fuerzas. En mi caso, recuerdo nítidamente cómo un profesor me hizo la vida imposible y me enseñó a detestar a cada puñetero filósofo del que hablaba. El muy cabrón estuvo suspendiéndome hasta el último momento, días antes de la selectividad. Supongo que en gran medida algo habrá influido el carácter rebelde que tenía de adolescente, que me invitaba a cuestionar todas y cada una de las enseñanzas de aquellas momias apolilladas cuyas enseñanzas yo vivía como alejadas de toda lógica, pero te juro que aquel tipo era un escuálido hijo de puta. Aunque en honor a la verdad, debo reconocer que también influyó en mi odio a la disciplina el hecho de que el sistema obliga a los jóvenes a memorizar sin cuestionar. Un joven expuesto a la filosofía clásica se preguntará por qué cojones tiene que estudiar la teoría de los humores corporales, obsoleta hace ya siglos. O qué importancia puede tener la hipótesis de la combinación de fuego, aire, agua y tierra de Empédocles, triturada cuando se descubrieron los átomos, las moléculas y los 118 elementos químicos que conocemos hasta la fecha. O por qué diablos hemos de estudiar la cosmología geocéntrica propuesta por Platón o Aristóteles, desacreditada por Copérnico y Galileo, y pulverizada por los telescopios que nos han mostrado que en el devenir cósmico tenemos la importancia de un pedo de una mariposa.

La teoría de la memoria de Platón, la transmigración de las almas de Pitágoras, la generación espontánea de los animales de Aristóteles..., todo eso, ¿qué coño puede aportar al sujeto del siglo XXI que está de vuelta de todo aquello y ya lo sabe TODO, y cuando no lo sabe, puede preguntárselo a ChatGPT?

En la película *El diablo viste de Prada*, Meryl Streep interpreta a Miranda Priestly, una poderosa editora de una revista de moda. En una escena icónica, Miranda explica a su becaria, Andy, el modo en que la alta costura influye en la moda para las masas. Andy acaba de aterrizar en el mundo de la moda, y contempla con un cierto desprecio la aparente superficialidad de los que trabajan en esa revista. Aquí está la transcripción de ese diálogo:

> —¿Qué es tan gracioso? —pregunta Miranda cuando Andy lanza una mirada condescendiente a un montón de accesorios de moda.
>
> —No, no, nada —responde ella—, sólo que para mí todos esos cinturones son exactamente iguales. Todavía estoy aprendiendo sobre *esta... cosa* y...

—¿Esta «cosa»? —replica Miranda—. Ah, bien. Entiendo. Tú crees que todo esto no tiene nada que ver contigo. Vas a tu armario y escoges, no sé, ese viejo suéter de color azul, por ejemplo, porque quieres decirle al mundo que te tomas demasiado en serio como para interesarte por lo que te pones. Pero lo que no sabes es que tu suéter no es sólo azul, no es turquesa, no es azul ultramar, es, en realidad..., *cerúleo*. Y no te interesa el hecho de que en el 2002, Oscar de la Renta hizo una colección de vestidos cerúleos. Y luego..., creo que fue Yves Saint Laurent, si no me equivoco, el que hizo chaquetas militares cerúleas... Luego, el cerúleo apareció con rapidez en las colecciones de ocho diseñadores. Y a continuación se fue filtrando en los grandes almacenes para ir luego a parar a un trágico *casual corner*, donde tú, sin duda, lo sacaste del canasto de liquidación. No obstante, ese azul representa millones de dólares e incontables empleos... Y me resulta hasta cómico que pienses que tomaste una decisión ajena a la industria de la moda cuando, de hecho, estás usando un suéter seleccionado para ti por la gente de esta sala entre un montón de «cosas».

Para un lego en la materia, el improbable viaje desde una estrafalaria pasarela en el Soho hasta la prenda de ropa que usa para estar en casa es totalmente ajeno. Pero ese viaje existe, vaya si existe. Y al igual que ocurre en el opaco mundo de la moda, el diapasón de la historia resuena de formas que somos incapaces de percibir. Todo lo que te rodea, todo lo que piensas, todo lo que sientes, todo lo que padeces y admiras está interconectado con finos hilos que escapan a nuestra imaginación y se pierden en los vientos del pasado.

Te voy a contar otra historia que creo que te hará reflexionar aún más sobre ello.

Estamos en París a finales del siglo XIX. Una mañana brumosa, el cuerpo de una joven fue descubierto flotando en el río Sena. Lo fascinante de este caso era la expresión en el rostro de la muchacha; una sonrisa serena, entre mística y enigmática, que contrastaba con la naturaleza trágica de su muerte. Se presumía que se había ahogado, pero no había señales de violencia en su cuerpo, lo que llevó a muchos a especular que su muerte habría sido un suicidio.

El cuerpo fue trasladado al depósito de cadáveres de París, donde era costumbre exhibir a los fallecidos no identificados para que el público pudiera reconocerlos. La joven nunca fue identificada, pero su rostro sereno y misterioso cautivó a un trabajador de la morgue. Movido por la belleza y la expresión pacífica de la joven, el hombre hizo un molde de yeso de su cara. Esa máscara mortuoria comenzó a reproducirse y a circular por París.

La desconocida del Sena se convirtió rápidamente en un icono de la belleza serena y trágica, inspirando a numerosos artistas y escritores. Su rostro, plasmado en obras de arte, poesía y literatura, se convirtió en un símbolo de lo bello y lo efímero. Su identidad y su historia seguían siendo un misterio, y eso volvía las reproducciones de la máscara más valiosas y fascinantes.

En el siglo XX, la historia tomó un giro aún más intrigante. La máscara de la desconocida del Sena fue utilizada como modelo para el rostro de los primeros maniquíes de reanimación cardiopulmonar, conocidos como Resusci Anne. Así, el enigmático rostro de la joven ahogada se convirtió en «el rostro más besado del mundo», y entrenó a trescientos millones de personas para salvar vidas. Si alguna vez te han hecho una maniobra de reanimación, que sepas que quien lo hizo practicó besando a Anne, la desconocida del Sena.

Sin embargo, es posible que desconozcas que has tenido una relación más íntima de lo que creías con esa desconocida. Sobre todo, si te gusta el pop.

Smooth Criminal forma parte del álbum «Bad», uno de los más relevantes de la carrera de Michael Jackson y uno de los discos más vendidos de la historia de la música. Durante la canción, se repite obsesivamente la frase «Annie, ¿are you okay?». En 1984, Michael Jackson realizó un cursillo de primeros auxilios, en el que conoció el rostro sereno de esa mujer anónima. La Annie a la que Michael pregunta con insistencia si está bien, al parecer, sería Resusci Anne. Sin saberlo, si has repetido este estribillo, le has cantado a una muchacha que murió ahogada en el Sena a finales del siglo XIX.

La desconocida del Sena es un ejemplo fascinante de cómo

una historia trágica puede transformarse en un objeto de belleza, inspiración artística y, en un giro inesperado y algo irónico, en un instrumento que ayuda a salvar vidas. Su rostro, eternamente joven y en paz, sigue siendo un enigma, una ventana a un pasado desconocido y una fuente de inspiración perpetua. Pero, sobre todo, nos recuerda que una mariposa aleteando sus alas en Pekín puede provocar un terremoto en Roma.

Tal vez el pensamiento griego te siga resultando ajeno. Pero te daré una prueba contundente de su actualidad. Gran parte de las palabras que usas provienen de allí. Y no hablo sólo de los grandes conceptos, como democracia, tiranía o filosofía. Hoy hablamos de *pánico* en honor al dios Pan, que, según cuentan, disfrutaba asustando a los viajeros en los bosques. Hablamos de *histeria*, que en griego significa 'útero', porque los antiguos creían que era un problema exclusivo de las mujeres. Cuando hablamos del *clímax*, estamos empleando la palabra griega *klimax*, que significa 'escalera'. Y cuando entramos en *catarsis*, usamos la palabra griega que se refiere a la purificación, porque en la tragedia griega se empleaba ese recurso cuando el protagonista sentía una limpieza emocional a través del arte. Si quieres un ejemplo más mundano todavía, la palabra *música* proviene de *moûsa*, que se refiere a las musas, las deidades que inspiraban arte y ciencia.

Si las palabras han llegado hasta nosotros casi intactas, ¿por qué crees que las ideas no? En el caso del pensamiento humano, este aleteo es mucho menos sutil, porque las ideas son virus que se propagan con la fuerza de un incendio voraz.

Usted se encuentra aquí debido, fundamentalmente, a la filosofía.

3

La importancia de los griegos en el diapasón de la historia

¿Por qué son tan importantes esos griegos apolillados? ¿Por qué debemos hacerles caso en el siglo XXI?

Podemos hablar hasta hartarnos de su aportación a las matemáticas o arquitectura, a la poesía o la política, pero, al final, lo que realmente importa es su forma de entender la vida.

La filosofía griega sigue siendo un juez implacable en la sala de nuestro pensamiento moderno, no porque tenga un traje de gala de antigüedad o una dorada pátina de academicismo, sino porque se atrevió a hacer las preguntas que aún nos rondan en la cabeza como moscas en un día de verano.

Platón, por ejemplo, puede resultarnos totalmente ajeno con su mundo de las ideas, que parece una fantasía de otro planeta, pero ahí está la base del pensamiento idealista que aún permea en nuestra cultura, política y hasta en nuestras relaciones personales. Nos enseñó a mirar más allá de la realidad palpable, a pensar en lo que *podría ser* en lugar de conformarnos con lo que *es*. Y no olvidemos a Aristóteles, cuya obsesión por querer clasificarlo todo fundó las bases de la lógica, la ética y la biología. ¿Por qué importa? Porque vivimos en un mundo obsesionado con categorizar, desde la ciencia hasta la identidad personal, y el culpable final es él.

Pero para reconocer su influencia indiscutible en quienes somos hoy, no tenemos que limitarnos a la Liga de Campeones de los filósofos helenísticos. Pensemos en Carnéades de Cirene, que lideró la Academia platónica en una época en que cuestionarlo todo era el pan de cada día. Carnéades se zambulló de lleno en las nociones establecidas de certeza y verdad, y argumentó que todo conocimiento es susceptible de fallar. ¿Suena familiar? En nuestra era de relativismo y debate sobre *fake news*, Carnéades sería el rey de la fiesta, recordándonos que la duda no es un callejón sin salida, sino una autopista hacia una comprensión más profunda de la realidad que vivimos. O pensemos en Crisipo de Solos, el salvador del estoicismo después de Zenón y Cleantes. Crisipo desarrolló la lógica estoica hasta puntos que harían perder la paciencia a un benedictino de madera, aleccionándonos sobre la importancia de la coherencia lógica y el análisis riguroso, habilidades imprescindibles en un mundo en el que argumentamos más en 280 caracteres que en ágoras o *stoas*. O Panecio de Rodas, que actuó como puente entre el estoicismo y el mundo romano, influyendo en figuras imprescindibles como Cicerón. Panecio suavizó el estoicismo, lo hizo más pragmático y accesible, algo que hoy día se agradece en filosofías que te exigen ser una roca sin emociones.

La influencia de la filosofía griega no se detiene en los libros de texto. Se desliza en nuestras vidas, a veces sin que nos demos cuenta. Nos enseñó a valorar la argumentación lógica, a buscar la verdad más allá de las apariencias y a cuestionar nuestras propias creencias. Nos dejó un legado de escepticismo saludable, esa chispa que prende cuando algo no cuadra y nos impulsa a indagar más. En nuestro mundo moderno, lleno de incertidumbres, relativismo y búsqueda de sentido, las ideas de estos filósofos helenísticos siguen resonando, mostrándonos diferentes maneras de enfrentar la realidad, entender la lógica y buscar la verdad.

Seguramente el momento más trascendental del pensamiento occidental lo protagonizó Sócrates, un tipo cuyos propios coetáneos llevaron a juicio y condenaron a muerte, y cuya importancia fue tal que hoy hablamos de filósofos que vivieron antes y después de él. Porque Sócrates encarna como ninguno el meollo de la filosofía antigua.

Nació en el 470 a. C. en Atenas, y vivió en la Edad de Oro de la ciudad, cuando la polis florecía política, cultural y económicamente. A Sócrates, que luchó en la guerra del Peloponeso, no le interesaba la riqueza ni los bienes materiales; andaba descalzo a su bola y pasaba olímpicamente —nótese lo acertado de la expresión— de su apariencia. Diógenes cuenta que su frugalidad lo ayudó a sobrevivir a la peste en Atenas: como apenas comía, no se contagiaba. Lo que sí le interesaba era la búsqueda de la sabiduría y la virtud. Y su método para alcanzarlas era cuestionarlo todo.

En vida, no escribió una sola línea. Lo que sabemos sobre sus ideas proviene del legado de terceros, en especial de sus discípulos. Entre ellos, el más destacado fue Platón, que posteriormente influyó de forma determinante en casi todo el pensamiento de Occidente. Su importancia es tal que en realidad no se llamaba así, sino Aristocles, y Platón es un mote que hacía referencia a sus anchos hombros. Tan anchos que sobre ellos se asienta la práctica totalidad de la filosofía moderna.

Pero vayamos a lo que importa. En el 399 a. C., Sócrates, con setenta años, fue llevado a juicio por sus compatriotas atenienses.

¿De qué podían acusar a un anciano desdentado e inofensivo?

No reconocer a los dioses de la ciudad y corromper a la juventud de Atenas. O lo que es lo mismo, su crimen fue hacer demasiadas preguntas incómodas.

Un jurado de 501 ciudadanos decidió su destino en un juicio al que también asistió Platón, que lo registró para la posteridad. Era un momento turbulento para Atenas. Acababan de perder la guerra del Peloponeso y su democracia había sido recientemente derrocada por un golpe oligárquico. Sócrates, crítico con todos, era molesto para los políticos y sospechoso de simpatizar con el anterior gobierno de los Treinta Tiranos, títere de Esparta; la acusación de «impiedad» equivalía a ser una amenaza para la estabilidad de la ciudad.

Cuando se le preguntó por su influencia en la juventud de Atenas —varios de sus discípulos habían participado en diversas revueltas—, Sócrates negó rotundamente haber enseñado nada a nadie. Él tan sólo hacía preguntas y nunca se había jactado de ser un maestro. De hecho, explicó durante su juicio que tanta gente lo odiaba y quería verlo ajusticiado porque con sus preguntas había expuesto la propia ignorancia de la sociedad. Admitió abiertamente que aquellos que lo escuchaban, en especial los jóvenes, habían cuestionado a sus padres y a los ancianos de la polis, causando la primera gran brecha generacional de la que tenemos conocimiento.

Sin embargo, el jurado votó —por un margen de sólo treinta votos a favor, según Platón— que era culpable de ambas acusaciones y fue condenado a muerte. Sócrates se negó a suplicar misericordia —eso habría sido indigno, tanto para él como para Atenas, y habría significado cambiar la búsqueda de la verdad de toda su vida por la postración ante una acusación envidiosa—. Otro de sus alumnos, el guerrero-historiador Jenofonte, nos cuenta que Sócrates prefería la muerte a la deshonra del exilio en la vejez. Como le dijo a su amigo Hermógenes: «Elegiré morir antes que seguir viviendo sin libertad, suplicando ganar una vida mucho peor en vez de la muerte».

Jenofonte escribió sobre el modo en que Sócrates se negó a pedir un castigo menor y no permitió que sus amigos lo ayudaran a huir. Además, aseguraba que Sócrates vio en su posible sentencia de muerte la oportunidad de morir como había vivido, virtuoso hasta el final.

> La dificultad, amigos míos, no es evitar la muerte, sino evitar la injusticia.

Creía que la mente es el mayor regalo de la humanidad, y que usarla en la búsqueda de la sabiduría y la verdad es el mayor bien.

Mientras los amigos y seguidores de Sócrates se rasgaban las vestiduras, él se mantuvo tranquilo, aprovechando su oportunidad para ofrecer un último momento de sabiduría: que la vida no va de evitar la muerte, sino de vivirla de la manera correcta. Durante su juicio, pronunció una de las frases más lapidarias de la historia, que fue recogida así por Platón:

> La vida sin examen no vale la pena vivirla.

Jenofonte relata cómo Sócrates permaneció alegre y racional durante todo el juicio y hasta su muerte, consolando e incluso regañando a sus discípulos. Y cómo, al final, bebió la copa de veneno como si fuera vino.

Y de este modo, Atenas convirtió involuntariamente al viejo Sócrates en un mártir, transformándolo para siempre en el símbolo de la racionalidad y la indagación intelectual y crítica del mundo moderno.

Volvamos a estas palabras, que constituyen el legado póstumo de un hombre íntegro:

> La vida sin examen no vale la pena vivirla.

Eso, en una sola línea, resume la esencia del legado de la Grecia antigua: no un conjunto específico de creencias o ideas, sino una *forma* de pensar.

Una forma de pensar que ha modelado tu mundo tal como lo conoces hoy.

4

La cornucopia de las ideas obsesivas

Debo reconocer que existen varias capas de complejidad en el hombre del siglo XXI que no pesaban sobre los que nos precedieron. Es muy probable que, dado que tenemos cubiertas las necesidades básicas y precisamos crearnos nuevas, estas capas se hayan sedimentado sobre nosotros como un limo indeseado. O puede que haya contribuido a ello la omnipresencia de los medios de comunicación de masas y muy en especial de las redes sociales.

Por un lado, sentimos una desesperada necesidad de afirmar nuestra identidad y pertenencia a un grupo. Antaño, esto no se cuestionaba. El sentido de pertenencia venía atornillado a conciencia en tu casta, gremio, ciudad, comarca o reino. Poco más se necesitaba. Cuando gremios y castas se diluyeron, nos quedamos huérfanos. Buscamos equipos de fútbol, partidos políticos, dietas, asociaciones antivacunas, grupos de criptobrós y de oración dominical, y a saber qué otras artimañas para asentar nuestra condición de *ser*.

Por otro, al complicar el significado y el propósito de nuestras vidas, tuvimos que buscar todo tipo de sucedáneos que nos los proporcionaran. Nuestros abuelos encontraban significado en sobrevivir y tener hijos que perpetuaran de alguna forma quiénes somos y para qué estamos aquí. Rezaban a un Dios en el que creían a la fuerza. Eran vasallos de un rey o un caudillo. Ya está.

Del mismo modo, en ocasiones, las personas se sienten abrumadas por los rápidos cambios en la sociedad y se aferran a ideas o tendencias que parecen ofrecer una forma de navegar por estos cambios. Las vidas de quienes nos precedieron eran previsibles, y salvo alguna guerra inesperada o una tormenta que se cargara la cosecha de trigo, se desarrollaban casi siempre en el mismo entorno social y geográfico y bajo circunstancias muy parecidas año tras año. La movilidad que disfrutamos puede también ser una causa de profunda incertidumbre. Algunas personas se obsesionan con ciertas ideas o tendencias porque creen que pueden mejorar sus vidas o la sociedad.

Finalmente, al contrario que nuestros ancestros, vivimos absolutamente impregnados de la correosa brea de los medios de comunicación y redes sociales, dos invenciones humanas creadas con el único propósito de acaparar nuestra atención para vendernos cosas. Lo que en un principio parece un instrumento para ser expuesto a nuevas ideas y estilos de vida consigue saturarnos de tal forma que nuestra propia mismidad se pone en duda. ¿Eres quien quieres ser? Y si no lo eres, ¿cuánta angustia te genera no conseguirlo? Además, las redes sociales casi obligan al individuo a posicionarse ante cualquier tema, y dado que a nadie le gusta que le lleven la contraria, el resultado es una angustia perpetua cuando alguien viene a recordarnos, desde el otro lado de la burbuja epistémica, que tal vez no tengamos razón.

Dada la enorme dificultad que encuentra el sujeto del siglo XXI para anclarse al mundo que lo rodea, se abandona a ideas inverosímiles y a patrones de comportamiento que le sirvan de sucedáneo mientras no encuentra un propósito. Es una reacción común a la angustia de ser.

Para conseguir una autodefinición precisa, para conseguir *ser algo*, nos apropiamos de todo tipo de ideas que nos ayuden a vestir un traje que nos defina en sociedad. Algunos abrazan el perfeccionismo, luchando por alcanzar un trabajo perfecto, unos abdominales perfectos, una familia perfecta, una sonrisa perfecta. Por el camino, lo pagan con un incremento asfixiante de sus niveles de ansiedad. Puede que se embarquen en su carrera, obsesionándose por el éxito profesional. Trabajan largas horas a expensas de su vida personal y su bienestar. Tal vez se centren en el gimnasio, y en sus perfiles en redes sociales se declaren vigoréxicos hasta el grado de convertir su cuerpo en un saco de nueces y de incorporar el cómputo obsesivo de calorías a su rutina diaria bajo la tiranía de una app que les recuerda cuándo han de beber agua o cuántos pasos más deben dar hoy para alcanzar el nirvana. Quizás entierren su cabeza en la pantalla del móvil y vivan vicariamente vidas editadas que les hubiera gustado vivir. O tal vez pasen horas ordenando los calcetines según los dictados de una señora japonesa con trastorno obsesivo-compulsivo. La fama, el dinero, los logros académicos pueden exigir tanto de sus vidas que el resto sea un abismo hueco. O puede que incluso el miedo a la enfermedad, la soledad, la pobreza o la muerte social los hagan anidarse en conductas obsesivas que les impidan llevar vidas normales. Estas ideas se convierten en algo tan crucial que muchos las llevan al extremo, y las defienden como si la vida les fuera en ello, porque cuando esas ideas son desafiadas, sólo queda la nada, de tal modo que provocan una esclavitud a la que nos sometemos voluntariamente para ignorar las carencias que tiene nuestra propia vida.

Hay personas que se vuelven veganas estrictas y dan la chapa a todos los que les rodean para convencerlos de que la proteína animal es la fuente de todos los males de nuestra sociedad. O habrá quienes hagan de la religión el epicentro de sus vidas, lo que condicionará los amigos que tendrán, las experiencias que podrán vivir, las parejas con las que compartirán su vida, las comidas que podrán saborear, o las horas del día que podrán dedicar a tal o tal cosa. Separan plásticos y cartones y los depositan con fe ciega en contenedores de colores y pasan horas espiando tras el visillo para ver si los vecinos lo hacen también. Te prometo que tengo un vecino así. Puede que se hagan de un partido político, y eso les da pie para despreciar con virulencia a quienes no opinen como ellos. Tal vez se vuelvan tan fans de una determinada marca de tecnología que su vida entera pivote alrededor de la presentación anual de nuevos juguetes que son iguales a los del año anterior, pero pesan seis gramos menos, lo que justifica desembolsar meses de su salario para hacerse con el último modelo. Muchas personas utilizan la televisión, las películas, las series, los videojuegos y, en el mejor de los casos, los libros, como una forma de evadirse de la aridez de su vida cotidiana y sumergirse en mundos ficticios. Otros pasan una cantidad significativa de tiempo en las redes sociales o en mundos virtuales, creando una versión idealizada de sí mismos y de sus vidas que puede ser muy distinta de su realidad. Por no hablar de los que se abandonan a las drogas o al alcohol como una forma de huir de la realidad.

—Me llamo Juan y soy vegano.

—Soy Sara y quiero hablarle de Nuestro Señor Jesucristo.

—Soy independentista porque creo que es la única solución a nuestros males.

—¿Has oído hablar de este atractivo esquema de ventas? ¡Puedes ser tu propio jefe!

—¿Qué tal? Mi nombre es Andrés y ahora que he conseguido arrinconarte te contaré durante las próximas tres horas cómo el bitcoin puede cambiar tu vida.

Llama la atención cuántas de estas ideas se plantean desde el punto de vista del SER: soy vegano, soy independentista, soy ateo, soy neoliberal, soy deportista, soy del Atleti, soy de Vox, soy, soy, soy... Un anglosajón quizás no podría percibir el matiz de estas etiquetas asociadas al verbo SER, porque para ellos no existe una diferencia entre el SER y el ESTAR. Pero sí hay una diferencia, y de bulto. Sería infinitamente más sano emplear el verbo ESTAR para estos estados de conciencia. Si ESTOY vegano, independentista o criptobró, me concedo el permiso de dejar de ESTARLO en algún momento de mi vida. En cambio, si SOY algo, ese algo se convierte en mi identidad. ¿Te das cuenta de lo peligroso que es ceder tu identidad a un ente externo que, además, no existe? ¿Ves por qué un ataque a cualquiera de estos conceptos se siente tan cercano?

Quiero fantasear con que el comienzo de esta espiral de abandono de los valores propios para asumir una identidad prefabricada y obsesiva tuvo una fecha muy concreta.

Seguramente me equivoque, pero, en fin, me gusta elucubrar y la historia mola. Allá va.

En febrero de 1968, los Beatles acudieron a Rishikesh, un pueblo relativamente desconocido de la India, para asistir a un curso de meditación avanzada en el ashram de Maharishi Mahesh Yogi. Aunque el propósito principal de su viaje era aprender técnicas avanzadas de meditación trascendental, su tiempo en Rishikesh influyó en gran medida en su música y fue un período durante el cual se abandonaron a la psicodelia.

Bueno, no todos ellos. Para ser precisos, Ringo Starr, el más pragmático del grupo, lo mandó todo a tomar por saco después de diez días y regresó al Reino Unido a comer chuletones. Paul McCartney se largó a las cinco semanas. John Lennon y George Harrison, sin embargo, estuvieron allí casi dos meses, lo que bastó para dejarlos algo tocados.

El tiempo que los Beatles pasaron en Rishikesh tuvo un impacto significativo en su música. Las canciones que escribieron durante este período se incluyeron en el «Álbum blanco» y reflejaban tanto las técnicas de meditación que estaban aprendiendo como las experiencias psicodélicas que habían vivido. Canciones como *Dear Prudence* y *Mother Nature's Son* ilustran la influencia de la meditación y las reflexiones sobre la naturaleza, mientras que *The Continuing Story of Bungalow Bill* y *Cry Baby Cry* evocan un enfoque más onírico, potencialmente influido por sus experiencias psicodélicas.

Aunque su tiempo en Rishikesh fue un período de introspección y experimentación musical, también marcó el comienzo de las rencillas dentro del grupo que, con el tiempo, llevarían a su separación. El impacto en la cultura popular fue mayúsculo: se fueron siendo un grupo musical *mainstream* y regresaron convertidos en una especie de iluminados de la *new age*.

Curiosamente, hoy Rishikesh todavía vive de aquella visita. Creo que no he visto una mayor concentración de rastas, miradas perdidas y pantalones bombacho en mi vida. Al pasear por sus calles, llama la atención la cantidad de cursos que se ofrecen permutando conceptos indopsicodélicos: danzas ayurvédicas de la reencarnación, reiki con cristales fengshuicos, masajes meditativos frutarianos, hinduismo budista psicotrópico, reencarnación transmutacional de los chacras, budismo ayurvédico tántrico, y un largo y mareante etcétera. Un verdadero delirio. Aunque no hay nada de científico en mis observaciones, la sensación que me produjo el público que acudía en masa a Rishikesh era que tenían muchas dificultades para encontrar su lugar en el mundo.

No nos engañemos. No hay mucha diferencia entre quien acude a un cursillo dudoso en un pueblo de la India para buscar respuestas, quien pasa sus días publicando en todos los foros «sólo queda Vox», quien cuelga banderas arcoíris en su balcón y quien vive obsesionado recargando el valor actual de las criptomonedas. Al final, se trata simplemente de gente muy perdida que intenta llenar como sea el vacío existencial y contrarrestar la asfixiante sensación de no pertenecer a nada. De no estar anclados a la tierra.

Sin embargo, hay un problema de base en todo esto que provoca que quienes viven adheridos a las tribus ideológicas se sientan todavía más vulnerables. Todos ellos comparten un hilo común: una adhesión firme a certezas absolutas. Pero ¿qué pasa cuando estas creencias se tambalean? Aquí podríamos traer a colación a Leon Festinger y su teoría de la disonancia cognitiva.

La *disonancia cognitiva*, un término que suena remotamente a banda de rock de la Movida Madrileña, se refiere a la tensión interna que experimentamos cuando nuestras creencias, nuestras acciones y la realidad no están en sintonía. Cuando las creencias de las personas son desafiadas, ya sea con datos, hechos o simplemente una realidad alternativa, se activa una alarma interna. Es una especie de rayón en el disco de su cosmovisión.

Festinger nos diría que esta gente enfrenta una encrucijada psicológica. Por un lado, están sus creencias profundamente arraigadas, esas que les dan sentido de pertenencia, identidad y, a menudo, una sensación de superioridad moral o intelectual. Por otro, está la evidencia o las opiniones contrarias que les susurran que podrían estar equivocados. ¿Qué hacer?

Para reducir esta disonancia, esta sorda incomodidad psicológica, muchas personas se abandonan todavía más a la conducta sectaria. Se atrincheran en sus creencias, se rodean de ecos que repiten sus propios pensamientos y descalifican, ridiculizan o ignoran cualquier dato o perspectiva que contradiga sus dogmas. Esto es potenciado por las redes sociales, construidas para ofrecer al sectario una cámara de resonancia que le repita sin cesar las mismas consignas. Pero al final, esta conducta se asemeja a ponerse auriculares y subir el volumen para no escuchar lo que no quieres oír. Esta actitud sectaria es en realidad un mecanismo de defensa emocional. Se protegen de la angustia que les causa enfrentar la posibilidad de que sus creencias fundamentales puedan estar equivocadas.

Cuando observamos a los antivacunas rechazando datos científicos o a los provacunas inyectándose la enésima dosis, a los fanáticos políticos ignorando la corrupción en sus filas, o a los crossfiteros o a los ciclistas condenando a cualquiera que no siga su estilo de vida, estamos viendo la disonancia cognitiva en acción. Están luchando para mantener intacto su edificio de creencias, porque aceptar que podrían estar equivocados no sólo cambia su opinión sobre un tema en particular, sino que sacude los cimientos de su identidad y visión del mundo. Es un baile complicado entre la mente, la identidad y la realidad en el que a veces la música es demasiado fuerte como para oír algo más.

5

Una agónica búsqueda de placer químico

La nuestra es una sociedad trágicamente enganchada a la dopamina. Estamos dispuestos a hacer casi cualquier cosa por sentir su placentera sensación de recompensa inundando a borbotones nuestro torrente sanguíneo.

La dopamina es un neurotransmisor que se encarga de regular funciones tan importantes como la memoria, la motivación, la recompensa, el aprendizaje, la atención y los estados de alerta. También está implicada en funciones motoras, se estimula cuando nos enamoramos e incluso actúa en la producción de prolactina, la hormona de la secreción de leche en las madres.

Puedes ver la dopamina como un mensajero muy importante en el sistema de correo interno del cerebro. Cuando el cerebro decide que ha llegado el momento de recompensarnos, estas vesículas liberan el licor mágico al diminuto espacio que hay entre cada neurona, y aquél se adhiere a ciertos puntos de la siguiente neurona. Una y otra vez, la marea de dopamina se va extendiendo como un rumor por extensas áreas de la materia gris y nos susurra al oído historias de premio y motivación, de deseo y satisfacción. En la gran sinfonía de la mente humana, la dopamina es como un director de orquesta que con su batuta regula nuestras emociones, acciones y hasta nuestros sueños más íntimos.

En su origen era un invento muy útil, la verdad. Tan bueno

que está presente en mamíferos, invertebrados, aves, peces, reptiles y anfibios, invitando a todos a ir de acá para allá, a folletear con despreocupación y perseguir presas por el monte. Pero se ve que el invento no estaba preparado para nuestro confuso mundo moderno.

Imagina a un joven que recibe un *like* al publicar un vídeo bailando medio desnudo en TikTok. Parece trivial, pero en su cerebro se despliega una ola de dopamina, interpretando una melodía de placer y aprobación. En su papel de mensajero químico, este neurotransmisor no sólo le proporciona una sensación de satisfacción inmediata, sino que también lo impulsa a buscar más de esas experiencias gratificantes.

Una y otra vez.

La búsqueda constante de placer conduce a un ciclo de necesidad y deseo que nunca se satisface completamente. En el mundo actual, lleno de gratificaciones artificiales e instantáneas, la dopamina puede convertirte en una especie de Sísifo moderno, empujando constantemente una roca cuesta arriba en una búsqueda interminable de satisfacción.

Nadie es inmune a esta danza: la primera taza de café de la mañana no sólo resulta estimulante por la cafeína, sino por la anticipación dopamínica del sabor y el ritual matutino que dispara este cóctel químico. Cuando corremos por el parque, cuando levantamos pesas en el gimnasio o incluso practicamos yoga, nuestro cuerpo libera dopamina. Esta descarga es responsable de lo que comúnmente se conoce como el «subidón del corredor», esa sensación eufórica y de logro después de una sesión de ejercicio. La música que escuchamos tiene el poder de evocar emociones intensas, y al oír a todo volumen esa canción que nos encanta, nuestro cerebro libera dopamina, produciendo esa sensación familiar de alegría, nostalgia o incluso escalofríos que sentimos con ciertas melodías. Cuanto más inesperado es un acontecimiento, más dopamina se libera. Un trozo de chocolate, el guiso de la abuela o una cena gourmet provocan por igual la liberación de dopamina. Los videojuegos, la jardinería, las series de Netflix, el zumbido del teléfono cuando nos llega un mensaje largamente esperado, consultar el tiempo en el móvil, pagar el parking, mirar recetas de cocina, recibir correos electrónicos, subir fotos a Instagram, contar los pasos que damos al trabajo, ganar una partida de ajedrez, conseguir un descuento el Black Friday, acabar un puzle, ganar una discusión en Tuícter, un cumplido en el trabajo, aprender un acorde nuevo en la guitarra, avanzar en un proyecto de bricolaje, los primeros pasos de tu hijo, el e-mail que te confirma la reserva de un vuelo largamente prometido, rozar por fin una teta prohibida, adelantar a un memo en la autopista o una mirada furtiva y cargada de deseo en el vagón del metro. Todo ello es pura dopamina. No es de extrañar que nos obsesione buscarla en cualquier rincón.

Sin embargo, la dopamina se convierte en una espada de doble filo en el terreno de las adicciones, empujando a nuestro cerebro a exigir su dosis de recompensa con una intensidad arrolladora. La ausencia de esta sustancia nos sumerge en una ola de malestar y ansiedad, obligándonos a buscar maneras de llenar ese hueco para seguir tirando, incluso cuando sabemos que nos estamos haciendo daño. Por otro lado, la falta de satisfacción que provoca la ausencia de dopamina suele llevar a la depresión. De hecho, la dopamina, junto con la serotonina y la noradrenalina, es uno de los neurotransmisores clave en la regulación del estado de ánimo.

En gran medida, el mundo moderno se ha vuelto loco porque se ha construido con el único objetivo de perseguir el chute dopamínico. La búsqueda de la dopamina en la sociedad contemporánea es un laberinto de espejismos y realidades en el que, a menudo, lo que creemos que nos hará felices se desvanece al alcanzarlo. Esta paradoja, aunque no es nueva, ha adquirido nuevas dimensiones en nuestra era. En la antigua Grecia, como veremos más adelante, Epicuro hablaba de la felicidad como un estado alcanzado a través de placeres sencillos y la ausencia de dolor, pero hoy día, la complejidad de nuestras vidas y la saturación de opciones y expectativas han cambiado el terreno de juego. El mundo moderno se ha diseñado para ordeñar dopamina a la fuerza porque hemos descubierto que un cerebro enganchado a ella compra más. Así, el mecanismo que en su origen nos mantenía alerta y relativamente equilibrados se ha convertido en un vehículo de adicción eterna.

Primero, consideremos la presión en la búsqueda de la perfección, alimentada por las redes sociales y la cultura del éxito. Observamos vidas cuya narrativa está guionizada hasta el último milímetro, nos vemos expuestos inmisericordemente a éxitos magnificados, olvidando que sólo constituyen una fracción insignificante, maquillada y esquiva de la realidad. Esta comparación constante nos lleva a sentir que nunca somos lo suficientemente buenos, lo suficientemente exitosos, lo suficientemente felices.

Luego, la abundancia de opciones. Vivimos en un tiempo en el que cada deseo puede ser satisfecho, cada curiosidad explorada, pero esta libertad infinita trae consigo una parálisis y una insatisfacción crónica. La abundancia de opciones no equivale a una tromba dopamínica, sino a más ansiedad y a menudo a una sensación de pérdida, al pensar en los caminos que por pereza, desinformación, temor o cobardía no llegamos a tomar.

Por otro lado, la sociedad actual enfrenta un desafío existencial único: la sobreinformación, la desesperada lucha por la audiencia, el bombardeo constante de noticias sobre la crisis política, la crisis ambiental, la crisis económica, la crisis geopolítica, la crisis migratoria, la crisis energética y la crisis social. Esta constante exposición frenética a problemas globales, casi siempre imaginados o magnificados por la lente cóncava de la búsqueda de audiencias, clics, me gusta, interacciones, impresiones de banners, produce un sentimiento de impotencia y ansiedad que eclipsa los placeres cotidianos y las satisfacciones personales.

A esto se suma la desconexión de lo que realmente nos satisface. A pesar de que comprendemos la teoría de que la felicidad no siempre se encuentra en la acumulación de bienes o éxitos, sino en la conexión con los demás, en el descubrimiento de lo que en verdad valoramos y en la aceptación de nuestras imperfecciones, fracasamos estrepitosamente a la hora de aplicarla.

Esto es así por múltiples razones.

Vivimos en un mundo en el que alcanzar riqueza y triunfos se promociona como el epítome del logro personal. Esta narrativa está profundamente arraigada en la cultura pop, en la publicidad y en las redes sociales, recordándonos constantemente que el éxito material y social es el estándar áureo de la felicidad. Aunque de manera racional sabemos que la felicidad es más compleja y multifacética, es casi imposible luchar contra el bombardeo de mensajes que lo contradicen.

Asimismo, nuestra mente está diseñada para buscar y responder a estímulos inmediatos. A buscar dopamina, dondequiera que esté. Ya. Ahora. No mañana ni pasado, AHORA. Inflar tu cuenta bancaria, comprar cualquier chorrada, el aplauso de tus semejantes ofrecen una gratificación instantánea y palpable, mientras que los aspectos más sutiles de la felicidad requieren un esfuerzo consciente y sostenido. Es una carrera de fondo. Coño, es más fácil sentir el subidón de dopamina que nos provoca comprar un iPhone que sentarse a reflexionar sobre lo que de verdad importa.

Además, no debemos subestimar el papel del miedo y la inseguridad. Aceptar nuestras imperfecciones y explorar lo que realmente valoramos puede ser un proceso doloroso que nos convierte en seres vulnerables a merced de a saber qué. Es más cómodo y menos arriesgado estarse quietecito, o adherirse a una fórmula sencilla que nos proporcione un chute temporal de felicidad para ir tirando, y mañana ya veremos. Por ejemplo, las personas se encuentran atrapadas en relaciones tóxicas porque les da miedo quedarse solas.

En consecuencia, iniciamos una carrera a la desesperada por un gramito más de dopamina en nuestros cerebros atormentados. Un gramito de elixir milagroso que nos dé un respiro y nos haga sentir cómodos en un mundo complejo, deshumanizado, exigente, atroz, imprevisible y profundamente imperfecto.

Dado que el juego produce oleadas de dopamina, muchas personas se refugian en él. Este fenómeno también explica nuestras rampantes cifras de adicciones a drogas, alcohol o psicofármacos. Los alimentos ricos en grasas y azúcares también pueden estimular la liberación de dopamina. Y por ese motivo, por primera vez en la historia, nuestra sociedad tiene como problemas serios la obesidad o la diabetes.

A veces, nos embarcamos en relaciones emocionalmente

abusivas, con la esperanza vana de que nos proporcionen altibajos intensos que electrocuten nuestros cerebros. O buscamos la belleza y la perfección física para que la imagen del espejo o los elogios de nuestros semejantes disparen la tan ansiada oleada de elixir de la felicidad en nuestras neuronas. O nos tiramos de un puente atados por una goma, o alquilamos un Ferrari, o saltamos en paracaídas o nos vamos de viaje a Saigón para que alguien nos haga un tatuaje. Yo qué sé. Todos ellos reflejos de que algo está fallando, y no sabemos muy bien qué es.

Te despiertas por la mañana. Tu mano se acerca al móvil casi de forma automática. Tienes un buen puñado de notificaciones. Alguien que no te importa demasiado te ha enviado un wasap, otro te ha dado un *like* a la foto que subiste de la cena de la noche anterior. Deslizas el dedo un poco más y encuentras una receta de cocina que debes probar un día de éstos, y un coach vocifera algún tipo de consigna que estás seguro de que acabará con tu desasosiego. Esto último te provoca la sensación ficticia de que estás aprovechando el tiempo.

Cada *like*, cada comentario, cada nueva notificación es un pequeño chute de dopamina, con el agravante de que su dosificación ha sido decidida por un algoritmo cuyo único propósito es mantenerte deslizando el dedo eternamente. Como ratones en un laboratorio, aprendemos rápidamente a repetir comportamientos que nos proporcionen estas gratificaciones instantáneas. Publicamos una foto, y ¡zas!, una oleada de *likes* nos hace sentir bien. Compartimos una frase chorra, y ¡boom!, un torrente de comentarios alimenta nuestro ego. Es un ciclo de recompensa constante, pero superficial.

Sin embargo, cuanto más dependemos de estas gratificaciones instantáneas para sentirnos bien, más vulnerables nos volvemos a la insatisfacción crónica. Porque la dopamina, como cualquier droga que engancha, tiene un efecto de desvanecimiento. Necesitamos dosis cada vez mayores para sentir el mismo placer. Así, nos encontramos deslizando compulsivamente el dedo por la pantalla, buscando nuestra próxima dosis de validación digital.

Para nuestro cerebro adicto a la dopamina, las redes sociales, con su infinito *scroll* y su constante bombardeo de novedades, son como un bar abierto las veinticuatro horas. Nos mantienen enganchados, siempre buscando el próximo chute de atención y aprobación. Y mientras estamos atrapados en esta rueda de hámster digital, a menudo perdemos de vista cosas más significativas: conexiones reales, experiencias profundas, la vida fuera de la pantalla.

6

La maldición de una vida estéril

Quiero hablarte de alguien que está más jodido que tú.

Vivió en Éfira, que era una ciudad próspera y deslumbrante. En sus ajetreadas calles, los comerciantes ofrecían a voz en grito género exótico. Su alcantarillado era conocido en todo Asia. Tapices, telas, especias y ganado inundaban sus mercados. De los confines del mundo conocido, las caravanas de mercaderes la visitaban porque conocían la solvencia de sus comerciantes. La ciudad bullía en actividad febril. Se edificaban templos, plazas, calles rectas como flechas. Los barrios medraban como hormigueros y sus graneros siempre estaban llenos. La gente acudía en masa a los lugares de culto y los lupanares. Al paso de la comitiva real, la ciudad enmudecía y todos se postraban al paso del rey Sísifo, que gobernaba la ciudad con inteligencia, pero que también era un tirano perverso.

El poder siempre corrompe, siempre. Cuando se han saltado tantas veces las normas impunemente, las personas poderosas siempre se creen inmortales y que los demás están a su servicio, como quien emplea un cucharón o un trapo para secarse el sudor en un día caluroso. Así que Sísifo se comportaba como un tirano inteligente. Había seducido a su sobrina y, de vez en cuando, mataba a sus huéspedes para demostrar su poder. Esta violación de la sagrada tradición de la hospitalidad enfureció a los dioses, quienes creían ser los únicos que podían transgredir las normas sin consecuencias.

Un día, Zeus, dios de los dioses, espiando a hermosas muchachas detrás de los arbustos, se encaprichó con la ninfa Egina. A pesar de sus avances, la ninfa era tímida, así que Zeus decidió convertirse en águila y raptarla, llevándosela muy lejos, a la cúpula de los cielos, atrapada entre sus garras. Asopo, el padre de la ninfa y dios de los ríos, siguió la sombra del águila serpenteando entre quebradas y llanuras. Tras días de persecución estéril llegó a Éfira, donde fue recibido por el rey Sísifo. Habiendo oído de su astucia, Asopo le prometió que haría brotar un manantial en la ciudad a cambio de información de dónde había llevado Zeus a su hija Egina.

Sin embargo, Zeus se enteró del acuerdo, y enfurecido ordenó a Tánatos, dios de la muerte, que encadenara a Sísifo en el inframundo para toda la eternidad. Tánatos logró apresar a Sísifo, pero cuando estaba por encadenarlo, el astuto rey fingió curiosidad por el elaborado mecanismo de las cadenas, poleas y candados que apresaban las almas de los penitentes, y le pidió a Tánatos que le explicara cómo funcionaba. Haciendo honor a su astucia, Sísifo logró encadenar a Tánatos y, dejando al dios preso en las entrañas del Hades, huyó de vuelta al mundo de los mortales. Sin embargo, esto trajo un problema inesperado. Como Tánatos estaba cautivo, nadie moría en la Tierra. Las calles de Éfira se llenaron de viejos agonizantes, enfermos que suplicaban la muerte, heridos que sangraban sin parar, mutilados con sus muñones supurantes. Esto enfureció en especial a Ares, el dios de la guerra, para el cual las batallas sin muertes ya no resultaban estimulantes. Ares viajó al inframundo y liberó a Tánatos de sus cadenas. Lo primero que hizo a continuación fue salir en busca de Sísifo para vengarse.

Cuando Sísifo comprobó que las personas que tenían cuentas pendientes con la muerte comenzaban de nuevo a morir en masa a su alrededor, dedujo que alguien había liberado a Tánatos y supo entonces que sus días estaban contados. Sin embargo, su astucia era mayor que su miedo, y urdió un plan con su esposa Mérope. Justo antes de morir, le pidió a su esposa que arrojara su cuerpo a la plaza pública, donde los vasallos lo pisotearon y ultrajaron, lo arrastraron con cuerdas y lo abandonaron al pie mismo de la laguna Estigia, frontera del Inframundo, convertido en un jirón de carne y huesos rotos en el que apenas se distinguía forma humana alguna.

Estando en ese lamentable estado, Sísifo fue en busca de Perséfone, la diosa del Inframundo, lamentándose de que su esposa lo hubiera ofendido de semejante forma, sin honrarlo con un funeral.

—Perséfone, tú que eres justa, tú que eres tan bella como recta, déjame regresar a la tierra de los vivos para castigar a Mérope por semejante afrenta —suplicó con voz trémula.

Inexplicablemente, Perséfone se dejó adular por las palabras de Sísifo y le permitió retornar a la Tierra, con la promesa de que volvería en cuanto hubiera saldado cuentas con su mujer.

Como era de esperar, Sísifo rompió su promesa y, de este modo, logró escapar de la muerte por segunda vez, engañando de nuevo a los dioses. En cuanto Sísifo hubo probado los sabores del mundo y contemplado de nuevo la curva del golfo, cuando hubo sentido el olor del salitre, la sombra de las higueras, los placeres de la carne, el sabor del cordero a la brasa, la vulva prieta de Mérope y las largas siestas junto al murmullo del arroyo, se negó a volver al Hades, y tuvo que ser Hermes, mensajero de los dioses, quien lo atrapara y lo llevara de vuelta para ser juzgado, una vez más, por su osadía.

Los dioses meditaron qué castigo podrían imponer a Sísifo, porque la muerte y el inframundo parecían insuficientes. Contemplaron la posibilidad de que una bestia devorara sus entrañas, de que los cantos de mil sirenas desafinadas perforaran sus tímpanos. Pensaron en condenarlo al hambre eterna, a ser desmembrado una y otra vez, a padecer dolores insufribles. Pero llegaron a la conclusión de que no existe para el hombre tormento mayor que repetir una y otra vez el mismo trabajo, sin esperanza. Ni el aislamiento, ni el dolor físico, ni el ultraje, no hay nada peor que vivir una existencia sin propósito, dedicándote a trabajar sin descanso y sin recibir recompensa alguna o ver un final claro a tus esfuerzos.

El castigo que le impusieron a Sísifo era una tarea muy concreta:

Hacer rodar una roca enorme por una colina, cuesta arriba. Una roca pesada, colosal, una roca que acabara con sus fuerzas en cada paso que diera en esa cuesta endemoniada. Pero cuando se acercaba a la cima, la roca volvía a caer y Sísifo debía empezar de nuevo. Una y otra vez..., una y otra vez... para toda la eternidad.

Allí sigue hoy, empujando la enorme piedra para verla rodar colina abajo cada vez que anochece, más de tres mil años después de ser condenado por su osadía.

Los historiadores han querido ver en el mito de Sísifo una alegoría de la salida y la puesta de sol, o de otros ciclos de la naturaleza, que día tras día repiten su ciclo sin cuestionarse para qué tanto esfuerzo en vano.

El exceso de perspicacia, la curiosidad malsana, la vana lucha del hombre en la conquista de conocimiento y poder causaron al héroe la condena a una eternidad estéril. Ésta es la explicación moral que quisieron inculcarnos los griegos antiguos. La arrogancia puede sentenciarnos a un dolor sin límites.

Tristemente, sin embargo, no hay ningún mito en la mitología griega que sea capaz de dibujar de un modo más cruel la realidad de la condición humana, porque todos, reyes, vasallos, locos inspirados o peones, hemos sentido que en esencia nuestra vida consiste en arrastrar una roca infatigablemente para tener que volver a empezar al día siguiente. Hoy empleamos la analogía de la rueda del hámster. Todos los días, el trabajo que concluimos ayer tiene que repetirse. Los clientes vuelven a ensuciar las mesas que habías dejado limpias. La cola de personas que vienen a presentarte los papeles se renueva cada mañana sin que exista final en tu tarea. Las hojas muertas que barriste en la acera vuelven a aparecer a diario, y por más que ejecutes tu trabajo con pulcritud, al día siguiente todo habrá vuelto a estar sucio. La obra que terminaste empieza ya a agrietarse, o es sustituida por otra obra nueva. La máquina que tienes delante vuelve a escupir las mismas piezas que ayer, y tienes la sensación de que los artilugios que fabricas hoy son los mismos que fabricaste ayer, y la semana pasada y el año pasado. Esos niños a los que enseñaste matemáticas básicas olvidaron todo lo que intentaste que aprendieran. Qué coño, cuando acabe este libro, seguramente habrá quien me pregunte cuándo publico el siguiente, con lo que cuesta parir un mamotreto así. La vida humana es un castigo, una condena a repetir una y otra vez una tarea pesada que nunca termina, siempre es igual y en apariencia no tiene un propósito.

El filósofo existencialista Albert Camus fue uno de los que más tiempo y energía han dedicado a comprender y estudiar el castigo de Sísifo, comparándolo con la infructuosa búsqueda humana del sentido y la verdad en medio de un universo indiferente y vacío de significado.

En lugar de un Sísifo desesperado, Camus quiso imaginarlo afrontando su destino con valor cada vez que bajaba por la colina para volver a subir la roca. Para Camus, en realidad Sísifo no estaba condenado, ya que, aunque las batallas diarias que la vida nos presenta puedan sentirse absurdas y monótonas, adquieren significado y valor cuando las aceptamos como parte de nuestra experiencia. Sísifo desafió nuevamente a los dioses al reconocer que el mero esfuerzo de ascender puede bastar para satisfacer el espíritu del hombre.

Desde la mirada etérea de los dioses, la eterna batalla de Sísifo con su roca, ascendiendo la montaña sólo para descender tras ella sin descanso, podría parecer el más cruel de los castigos. Pero Camus nos revela que Sísifo encuentra su plenitud precisamente en este desafío, porque ha conseguido abrazar su destino. En cada descenso al valle, Sísifo se llena de esperanza por la próxima ascensión. Y al rozar la cima, puede mirar hacia el abismo que ha superado y sonreír con satisfacción profunda. El verdadero triunfo de Sísifo no reside en el destino final de la roca, sino en la valentía y el orgullo de su viaje. Porque en esta existencia, la felicidad es efímera, un destello fugaz en un mar de constante cambio. Ni la alegría ni la tristeza son eternas. Lo máximo a lo que podemos aspirar es a capturar esos breves momentos de júbilo y minimizar nuestras penurias. No hay luz sin oscuridad; sin confrontar lo absurdo de nuestra existencia no podríamos saborear la dulzura de la felicidad. Ambos nacen de nuestra precaria condición humana, y es en ese delicado equilibrio donde reside nuestra más grande epopeya.

Cada vez que la roca está a punto de alcanzar la cúspide, Sísifo tiene ese momento existencial de orgullo supremo y felicidad exultante que se produce cuando has realizado un trabajo bien hecho. Cuando la roca cae, Sísifo puede optar por suicidarse, pero no lo hace: vuelve abajo y empieza de nuevo. ¿Y por qué? Ésa es la grieta que resquebraja el castigo de los dioses. Tienes un día de mierda. Lo pierdes todo. Pierdes a todos a tu alrededor. La vida no tiene sentido. Nunca mejorará. ¿Por qué coño te despiertas entonces al día siguiente? Tienes un día increíble. Todo lo que quieres en la vida está al alcance de tus manos. Todo es ideal. Te rodea gente que te ama, y nunca nada será tan perfecto como es hoy. ¿Por qué coño te despiertas entonces al día siguiente?

Porque tú también eres Sísifo.

Sin saberlo, estás conectado a una historia que tiene más de tres mil años. Sin embargo, los últimos cien han hecho de Sísifo un personaje más actual y descarnado. La idea de que trabajar pueda ser algo placentero, en lugar de dolorosamente necesario, es una invención reciente y, paradójicamente, ha traído mucha más frustración y desdicha a nuestras vidas. Tuvo que llegar la prosperidad y la abundancia para que el hombre se cuestionara si realmente vale la pena seguir subiendo una y otra vez esa piedra tan pesada. Tuvo que bastarnos el dinero que ganamos para que tuviéramos que esperar del trabajo, también, satisfacción. Esto explica por qué cada domingo por la noche, la mayoría de nosotros sufrimos una pequeña crisis existencial. Por qué padecemos el síndrome posvacacional. Por qué los rostros en los atascos de las mañanas son grises y a menudo desesperados. Por qué hay tanta gente en el metro con mirada vacía refugiada en la pantalla del móvil. Por qué usted se encuentra aquí y no le gusta lo que ve a su alrededor.

Hace cien años, había no más de mil profesiones que elegir. Hoy hay más de medio millón. Es natural que esto cause desde la infancia una paradoja de elección, que nos impide tomar una buena decisión cuando hay tantas opciones distintas a nuestra disposición. En el mundo preindustrial, las personas tenían una profesión que con frecuencia las acompañaba toda la vida, y no existía el concepto de vocación, sino que casi siempre el niño heredaba las habilidades y conocimientos de su padre. Hoy tenemos trabajos de los que somos despedidos, cambiamos de actividad de forma furiosa, y se nos enseña a soñar desde muy pequeños, a aspirar a más y más, algo que normalmente no alcanzaremos nunca.

En la era preindustrial nacías en el mismo ambiente que luego sería tu vida, pero hoy se nos exige tener una revelación, a eso de los diecisiete o dieciocho años, que nos guíe de forma casi epifánica hacia lo que debemos estudiar. Y la mayoría de nosotros no recibe una llamada. Y si la recibe, suele ser tan elevada y ambiciosa que no es necesariamente aquélla para la que estamos preparados o para la que valemos. En cualquiera de los dos casos, esto nos produce una inmensa frustración: si no tenemos una llamada, acabarán por decidir por nosotros y nuestra profesión será necesariamente una piedra que arrastrar colina arriba. Y si tenemos esa llamada, por pura estadística nuestras grandiosas expectativas se verán defraudadas, y nuestra profesión será necesariamente una piedra que arrastrar colina arriba.

Pues bien: si no elegiste la profesión en la que te encuentras atrapado, no has fracasado en la vida. Tampoco has fracasado si no has llegado a aquellas metas que te pusiste en la soledad de tu cuarto cuando soñabas con dar conciertos de rock o con curar todas las enfermedades del mundo. Asumir esos fracasos equivaldría a asumir, en masa, que la humanidad entera ha fracasado igual que tú. Piensa en Sísifo, orgulloso de su piedra en lo alto de la colina, y expectante por arrastrarla mañana.

Cuando hayas pasado un día entero aguantando a un jefe despótico. Cuando hayas atornillado piezas hasta el límite de tus fuerzas. Cuando llegue el final del día y tengas el lomo partido de apilar cajas. Cuando la noche caiga y tus ojos estén rojos de seguir un cursor vagando azaroso por la pantalla del ordenador. Cuando estés afónico por haber hablado en vano el día entero.

Cuando la irritación de una jornada demasiado larga en la oficina te haga chirriar los dientes. Cuando te duela la cabeza por haber dedicado horas y más horas a resolver problemas de otros. Cuando las voces que escuchas por teléfono se disuelvan la una en la otra en un magma incomprensible. Cuando creas que has llegado al límite de tus fuerzas y que ya no puedes aguantar a un impertinente más de esa cola de impertinentes que nunca se termina, piensa en Sísifo y en su rebelión discreta y silenciosa, de la que los dioses no sabían nada. Piensa en su sonrisa de satisfacción allá, en lo alto de la montaña, cuando la piedra estaba a punto de caer por su propio peso. En las vistas enormes que presenció, en la brisa que acarició su piel, en la deslumbrante estampa de la puesta de sol que disfrutó instantes antes de que la roca volviera a caer. Tienes un hogar. Quizás la risa de tus hijos. Comida en la mesa. Puedes ducharte cuando te apetezca y regalarte un postre delicioso. La mirada comprensiva de tu pareja. Un fin de semana que cada vez está más cerca. Una cama mullida. Y la curiosidad de qué ocurrirá mañana.

¿De verdad crees que podrías aspirar a más, Sísifo?

7

El improbable viaje hacia la felicidad

Es posible que pienses que somos criaturas diseñadas para ser felices. Pero lo triste de nuestra especie es que nuestro cableado interno no es especialmente compatible con la felicidad. Somos el resultado de una cruel selección natural a la que le importaba bien poco cómo pudiéramos sentirnos al final del día, y que se centró desde siempre en mantenernos vivos y reproducirnos a cualquier precio. En consecuencia, en la actualidad aproximadamente un 10 por ciento de la población emplea psicofármacos para seguir tirando. Quizás te sorprenda saber que en España los tranquilizantes y somníferos son la cuarta droga más consumida por personas de entre catorce y dieciocho años. Su uso cotidiano es habitual en personas mayores de sesenta y cinco. Yo creo que esto es un síntoma de lo mal que estamos gobernando las cosas.

De hecho, me atrevería a apostar que, en realidad, estamos diseñados para ser infelices.

Es algo ampliamente estudiado por la psicología. El ser humano presta más atención y da más peso a las experiencias negativas que a las positivas. Es como un sistema de alarma que se activa con más facilidad con estímulos desfavorables.

Daniel Kahneman, psicólogo y economista ganador del Premio Nobel, exploró en profundidad esta tendencia en su libro *Pensar rápido, pensar despacio*, de 2011. La raíz de este sesgo puede encontrarse en la evolución de nuestra especie. Cuando vivíamos en las cavernas, prestar atención a posibles amenazas tenía un valor de supervivencia significativo. Por lo tanto, llevamos de serie un mecanismo cabrón, una especie de válvula defectuosa, que nos obliga a reaccionar de manera más fuerte a las experiencias negativas, ya que nos prepara para responder a peligros potenciales.

Recuerdo cuando había concluido la vuelta al mundo en moto y publicado el libro en el que contaba mis miserias, *Salí a dar una vuelta*. La fase de promoción de un libro es algo que no deseo ni a mi peor enemigo. Es inevitable sentirse una especie de cabra de dos cabezas expuesta ante la muchedumbre ávida de rarezas. Normalmente, acudes a una ciudad a presentar el libro a alguna librería, se gestionan decenas de entrevistas diarias, y es inevitable que acabes hasta los cojones de contar siempre lo mismo. He publicado desde entonces varios libros de viajes, y siempre el periodista de turno te hace la misma pregunta: «¿Y cuál fue el momento en que lo pasó realmente mal?». Les importa un cojón aquella flor de otro mundo que viste crecer en un estercolero de la India, ese momento de conexión con una mujer que vendía bolsitas de maní tostado en la cumbre de los Andes, la euforia que se siente al llegar montado en una moto a la frontera de China, las babas de un enorme camello bebiendo de los baches de una carretera kirguisa, la mujer más bella del mundo que te dedicó una mirada cargada de deseo prohibido en una frontera al sur de Sudán o el sentimiento de pertenencia a la especie humana al ver flotar cratones en la noche de un lago de Bangkok. Lo que el periodista quiere saber es si te atracaron, si te secuestraron, si te metiste una hostia o si los talibanes intentaron pegarte un tiro al pasar por Pakistán. Por cierto, no he conocido gente más hospitalaria que los pakistaníes. De todos es sabido que la prensa busca carnaza, pero esta búsqueda responde simplemente a una tara evolutiva.

Te confesaré que experimento este fenómeno todos los días de mi vida. Puedo tener centenares de comentarios elogiosos en mis vídeos de YouTube —de hecho, la gente es enormemente generosa con mis torpes balbuceos ante la cámara—, pero siempre me pone de mala leche el trol de turno que deja un comentario malintencionado y cuyo avatar es un personaje de un anime o un gato bizco.

¿Debería afectarme? ¡Por supuesto que no!

¿Lo consigue? Mierda.

Te daré otro ejemplo de nuestra querida tara evolutiva, en este caso extraído de la cultura popular. Circula por las redes la historia anónima de un profesor de matemáticas que escribió un día en la pizarra la tabla del nueve:

$$1 \times 9 = 9$$
$$2 \times 9 = 18$$
$$3 \times 9 = 27$$
$$4 \times 9 = 36$$
$$5 \times 9 = 45$$
$$6 \times 9 = 54$$
$$7 \times 9 = 63$$
$$8 \times 9 = 72$$
$$9 \times 9 = 81$$
$$10 \times 9 = 91$$

Al principio hubo risitas y cuchicheos, que desembocaron en un cachondeo generalizado. El maestro había cometido un error garrafal:

$$10 \times 9 = 91$$

El profesor esperó hasta que todos se hubieran callado. Entonces dijo:

—Cometí el error a propósito. Como veréis, acerté nueve problemas y sólo cometí un error. Sin embargo, en vez de felicitarme por haber acertado los nueve, os estáis riendo por mi único fallo.

Este enfoque predeterminado en lo negativo influye significativamente en nuestra percepción de la felicidad. A menudo permite que momentos de estrés, crítica o fracaso eclipsen nuestras experiencias positivas, lo que lleva a un estado general de insatisfacción y descontento.

Una de las consecuencias de este pesimismo pertinaz es la atiquifobia, un fenómeno universal en nuestra cultura orientada a logros. Se trata de la ansiedad paralizante que experimentamos cuando nos enfrentamos a la posibilidad de fracasar. ¿A que te resulta familiar ese pensamiento recurrente que te persigue por las noches cuando rememoras lo mucho que habrías ganado si te hubieras atrevido a hacer tal o tal cosa?

Su origen puede encontrarse en el simple hecho de que la mayoría de nosotros hemos experimentado una buena dosis de fracaso desde muy niños. Aquellos deberes de matemáticas que se nos resistían, aquella vez que nuestro amigo del alma sintió que le habíamos fallado, los reproches de mamá porque no habíamos ordenado la habitación, aquella niña de ojos zarcos que se rio de nosotros cuando no pudimos aguantarnos el pedo, o la inevitable sensación de inutilidad que nos provocaba ver a los demás jugar mejor al fútbol. Al llegar a la adolescencia, es muy probable que hayamos asumido el fracaso como una condición natural. A menudo este miedo conduce a la procrastinación, la evitación de riesgos y la restricción de uno mismo a una zona de confort minúscula. Esa zona de confort traicioneramente pequeña nos lleva a evitar constantemente alteraciones de nuestro entorno. La mayoría de nosotros, cuando estamos más o menos bien, nos empeñamos en seguir ahí a toda costa, aunque tengamos una piedrecita más o menos molesta en el zapato. De nuevo, es muy probable que el hombre de las cavernas haya sido el causante de implantar este virus en nuestro sistema operativo. Durante los tiempos primitivos, un cambio abrupto por lo general señalaba una amenaza potencial a la supervivencia, lo que ha inculcado en nosotros una tendencia a evitar el cambio. Sin embargo, esta resistencia puede mantenernos en situaciones tóxicas por miedo a lo desconocido, y casi siempre limita nuestro crecimiento personal y profesional.

Un posible cambio de paradigma sería aceptar que nuestra mente nos engaña. En muchas ocasiones, experimentando lo que los psicólogos Dan Gilbert y Tim Wilson han denominado «deseo equivocado», que nos invita a conseguir cosas que creemos que nos harán felices, pero luego resultan ser una desilusión. Una de las comeduras de tarro más comunes es que todos, en mayor o menor medida, sabemos intuitivamente qué deberíamos hacer para alcanzar la calma, y sabemos también que estamos haciendo cosas mal para intentar alcanzarla, un poco como esas polillas que se obstinan en darse de bruces con la bombilla.

Por ejemplo, piensa en tu relación enfermiza con el dinero. Tenemos suficiente información sobre lo que es el dinero como para darnos cuenta de que, en realidad, no existe. El dinero se crea, se pierde, aparece un tío con una factura por rellenar unos papeles que no sabes muy bien para qué sirven, te lo embargan, o se esfuma por la inflación galopante, yo qué sé. El dinero es algo tan abstracto como un apunte en una base de datos de algún ordenador que no veremos jamás. El dinero debería ser un modo de alcanzar un cierto grado de comodidad, porque a partir de determinadas cantidades —recientes estudios sitúan el *sweet spot* en 75.000 euros— se convierte en una asfixiante fuente de preocupación más. Esa relación tóxica con cosas inalcanzables que sólo producen insatisfacción cuando las consigues salpica cualquier nivel de esta vida, desde unas entradas a un concierto que al final es una mierda, a ese móvil que es obscenamente caro o que Xiaomi sólo comercializa en China y que cuando lo consigues no tiene un enchufe compatible con tus auriculares favoritos.

Esta insatisfacción latente entronca con otra peculiaridad de nuestra mente: somos incapaces de pensar en términos objetivos, absolutos. Es un tema que trató Leon Festinger en su archiconocida teoría de la comparación social. Siempre consideramos las cosas —sobre todo, nuestros objetos de deseo— en términos comparativos. Comparamos nuestros salarios, cuántas veces follamos al mes, el tamaño de nuestra nariz, el césped del vecino que, créeme, siempre parece más verde, o el plato que se ha pedido el tío de la mesa de al lado en el restaurante. Si analizáramos de forma objetiva nuestra vida, seguramente sería bastante más satisfactoria.

Otro cable medio suelto en la maraña de nuestro cerebro es

el que nos invita a acostumbrarnos casi instantáneamente a las cosas buenas. Es un fenómeno que los investigadores han dado en llamar «adaptación hedónica». Nunca más volverás a sentir el subidón de adrenalina que te produjo saltar de un puente. Jamás volverás a saborear los besos como el primero que diste. El subidón sólo se vive las primeras veces, y después, joder, te acostumbras.

Podría extenderme mucho más en las zancadillas que te pones todos los días para evitar ser feliz, pero creo que te haces una idea. Somos un subproducto defectuoso de una evolución defectuosa y una sociedad defectuosa, y si no hacemos nada para tomar la vaca por los cojones, seguiremos así hasta la inexorable muerte del universo por sobrecalentamiento.

Tal vez te resulte extraño que evoque en estas páginas a Edgar Allan Poe.

Poe, el maestro de lo macabro y lo desconocido, desafió las fronteras de la literatura convencional con su ingenio oscuro y su narrativa alambicada. Nacido en 1809, tuvo una vida plagada de tragedias, lo que sin duda contribuyó a su tono iconoclasta y su visión única del mundo. Sus cuentos góticos y su poesía sombría exploraron los abismos de la psique humana y desafiaron la mentalidad victoriana de su época. A menudo, sus narradores no eran confiables, lo que perturbaba a sus lectores acostumbrados a finales felices de caramelos Sugus y algodón de azúcar.

A pesar de su talento innegable, Poe nunca fue ampliamente reconocido en vida. Su carácter conflictivo y su estilo de vida errático e impredecible lo alejaron de los círculos literarios formales, y su afición por el alcohol también afectó su reputación. No olvidemos que vivió en una época de corsés, tanto físicos como mentales. En una era de moralidad y rectitud, Poe era un *outsider*. Un poco como un cínico vagando sin rumbo por las calles de Atenas.

Sin embargo, Poe nos regaló un adagio para alcanzar la felicidad que, como veremos más adelante, cualquier filósofo griego habría firmado desde su particular *stoa*:

> Las cuatro condiciones para la felicidad: el amor de una mujer, la vida al aire libre, la ausencia de toda ambición y la creación de una belleza nueva.

En primera instancia, Poe nos señala que el amor, esa poderosa conexión emocional que trasciende géneros, es el fundamento mismo de la felicidad. Aunque algunos sostengan que una persona puede encontrar la plenitud sin una pareja, Poe nos insta a reconocer que el amor, como energía vital, es esencial para alcanzar la dicha en nuestras vidas. Basta con amar, y parte del camino está recorrido. Ama. Ama a tu pareja, a tu perro, a tu hijo, a tu pariente ingrato, a quien te enseñó algo, a quien te hizo sufrir con su indiferencia. Quizás valga la pena recordar que no puedes cambiar a la gente que te rodea, pero puedes cambiar la gente de la que te rodeas. Así que no hay excusa para no amar. Te lo dijo Aristóteles y te lo recordó Poe.

Además, el alma romántica de Poe encuentra refugio en la vida al aire libre. Estar expuesto y desnudo ante la naturaleza nos recuerda que somos parte de un todo, un ecosistema mayor del cual formamos parte. Así, al liberarnos del bullicio de nuestras vidas cotidianas y sumergirnos en la belleza natural, redescubrimos nuestra esencia y experimentamos un alegre sosiego. Esto llevaría el sello del mismísimo Epicuro.

Adoptando una inesperada mirada entre cínica perruna y budista complaciente, Poe nos invita también a considerar la ausencia de toda ambición. No se trata tanto de no buscar el cumplimiento de nuestros sueños, sino de liberarnos del sufrimiento causado por ese corrosivo deseo de bienes materiales y logros inalcanzables. Al encontrar una satisfacción en lo que tenemos y desapegarnos de lo material, hallamos una vía hacia la verdadera paz interior. Diógenes de Sinope habría estado de acuerdo.

En su última idea, Poe hace referencia a la creación de una belleza nueva como fuente de realización. Aquí yo interpreto que Poe nos invita a regalar algo positivo al mundo: una acción amable y desinteresada, unas palabras de consuelo, una obra de la que nos sintamos orgullosos, una faena bien hecha. Los griegos lo resumieron invitándonos a perseguir la *virtud*. Al ser creativos, al aportar algo, imitamos la deidad en su papel creador y nos elevamos al traer algo nuevo al mundo, ya sea un hijo que da vida, o una obra de arte que trasciende a través del tiempo, el fruto de nuestro trabajo. Cuando dejamos nuestra huella en el universo, por insignificante que sea, encontramos un sentido de propósito al contribuir con algo único y valioso. Los estoicos, que tanto énfasis hacían en la importancia de saltar de la cama cada mañana para ser productivos, resuenan en las palabras de Poe.

Hay otro viejo cabrón que también habría encajado en algún ágora vociferando a sus discípulos. Walt Whitman, el poeta visionario, emprendió su búsqueda de la felicidad con una pasión inquebrantable por la vida. Para Whitman, la clave para encontrar la dicha radicaba en la plenitud del ser y en la comunión con el mundo que lo rodeaba. Un mundo que había que devorar a bocados.

Me celebro y me canto a mí mismo.
Y lo que yo diga ahora de mí, lo digo de ti.
Pues cada átomo de mi cuerpo es tuyo también.

En primer lugar, Whitman abrazó la idea de la autenticidad. Desafiando los convencionalismos de su época, se mostró tal como era, totalmente desnudo, sin reservas, sin máscaras. En *Hojas de hierba*, su obra maestra, celebró la diversidad humana que anidaba en su interior y proclamó: «Soy grande, contengo multitudes». Para Whitman, la verdadera felicidad se encontraba en aceptar y amar todas las facetas de uno mismo, sin importar cuán contradictorias o desconcertantes pudieran parecer. Como veremos más adelante, los cínicos se habrían sentido muy orgullosos de él.

Además, el poeta encontró la felicidad en la conexión con la naturaleza y el cosmos. Contemplar el cielo estrellado, sentir la brisa en la piel, los crujidos de las hojas secas, el murmullo del arroyo y el canto de los pájaros le permitían experimentar una comunión íntima con el universo. En sus versos erizados, Whitman expresó su asombro ante la vastedad del mundo y su deseo de fundirse con la naturaleza misma. Igual que Epicuro, y no me digas que es casualidad.

Para Whitman, la búsqueda de la felicidad también implicaba una celebración de la sensualidad y la sexualidad. Abrazó el amor en todas sus formas y desafió las restricciones sociales que limitaban la expresión del deseo. Su poesía exalta la belleza del cuerpo humano en todos sus colores y formas, y la intimidad compartida entre amantes, reconociendo que el placer era una parte esencial de la experiencia humana.

Sencillez, calma, plenitud, naturaleza, creación, sensualidad, virtud, amor y conexión.

A por ello. Acompáñame.

Segunda parte

Explorando conceptos básicos

Bueno. Tal vez hasta ahora haya sonado un poco pesimista, pero tenía que atornillarme a nuestros problemas para tratar de encontrarles solución. Aquí estamos, al borde de un abismo de pensamiento y reflexión, listos para zambullirnos en el océano salvaje, profundo y hostil de la filosofía.

Antes de lanzarnos de cabeza en las olas, te voy a dar un puñado de piedras filosóficas, conceptos básicos que te servirán como lastre para no flotar perdido en este mar de ideas. Estos conceptos son como herramientas oxidadas en un viejo cobertizo; tal vez no sean muy bonitas, pero cumplen su misión. Con ellas en la mano, estarás mejor equipado para explorar las escuelas de filosofía que vamos a desmenuzar en este libro. Prepárate para un viaje en el que las preguntas abundan más que las respuestas, y en el que cada idea es una parada en un viaje sin destino final.

Ah, otra cosa. Tal vez esto suene un poquito a disculpa, pero los filósofos tienden —o tendemos, a estas alturas no sé bien si soy un filósofo o un viejo chocho— a repetirse un poco y a sorber ideas los unos de los otros, de tal forma que resultan sospechosamente parecidas. Quizás muchos conceptos se solapen o sus diferencias te resulten irritantemente sutiles.

Además, en muchas ocasiones te darás cuenta de que algunas de las ideas recogidas en este libro son contradictorias. Es posible que esto te frustre un poco. A mí también.

No te preocupes, esa sensación es normal. Algo muy valioso de la enseñanza filosófica es que puedes hacerla tuya. Habrá matices que resuenen en ti más que otros, y eso está bien.

Bienvenido al laberinto de la mente humana, donde incluso los más sabios se pierden, y a veces los más locos... son capaces de encontrar el camino.

8

Alcanzar la calma: la *ataraxia*

Es posible que la *ataraxia* sea el concepto más importante que nos ha legado la filosofía helenística. Y tal vez el énfasis que el griego clásico puso en ella sea el motivo por el que las escuelas filosóficas de la Antigüedad gozaron de tanta popularidad, hasta el punto de convivir con la religión en la vida cotidiana. ¿Qué comerciante, ladrón, mendigo o campesino no quiere dormir tranquilo por las noches? La odisea que hemos vivido como especie para conquistarla podría considerarse una columna fundamental del pensamiento humano, de tal forma que la mayoría de las escuelas de pensamiento del planeta la han perseguido de un modo u otro. De cierta manera, este libro es una guía para alcanzar la *ataraxia* de una puñetera vez.

La *ataraxia* es una palabra griega que significa 'ausencia de turbación'. Se ha utilizado para describir tanto la fortaleza del alma frente a la adversidad como la calma y la serenidad que resultan de la disminución de la intensidad de nuestras pasiones y deseos.

Si esta misma mañana decides tomar el camino a la *ataraxia*, es posible que te embarques en una cruzada infinita. O sea, ¿que hay que estar en paz? Vale. A ver. ¿Qué esterilla debo comprar para meditar? ¿Qué velas aromáticas serán las más adecuadas? ¿A qué spa me apunto? ¿Están indicados los masajes ayurvédicos o los tailandeses? ¿Y qué decir de las piedras de energía? ¡Son tantas, y de tantos colorines! ¿Debo comprarme una almohada de meditación rellena de miraguano? ¿Y esa máquina de ruido blanco que me observa desde el escaparate? ¿Debo invertir en ropa de yoga de marca? ¿Escuchar cánticos de ballenas? ¿Qué app me instalo para que me recuerde que debo dejarlo todo para sentarme a meditar? Todas las opciones que ha regurgitado la sociedad de consumo crearán en ti un nuevo problema de elección infinita que ni siquiera sabías que tenías. Y lo que es peor, una vez que hayas tomado las decisiones que considerabas las más adecuadas, y estés tumbado en tu esterilla, con la cabeza aposentada en la almohada demasiado dura, asfixiado por el tufo de las velas y sintiendo que el pantalón de yoga se desliza peligrosamente entre tus nalgas sudadas, no podrás menos que pensar en el dineral que te ha costado todo eso, con lo bien que estarías simplemente en tu sofá, con el chándal que llevas siempre para estar por casa, y con las ventanas abiertas para que entre el aire fresco.

La búsqueda de la *ataraxia* es un tema central en la filosofía antigua. Aristóteles, en su obra *Ética a Nicómaco*, afirmó que «la felicidad es el fin de todos los actos». La felicidad, según Aristóteles, se logra a través de la búsqueda de la excelencia moral y la virtud. Aunque no utilizó específicamente el término *ataraxia*, sus enseñanzas sobre la moderación y la búsqueda de la virtud allanaron el camino para el desarrollo posterior de este concepto en las filosofías helenísticas que ocuparán nuestras páginas.

En realidad, el concepto de *ataraxia* es más estoico o epicúreo, porque ambas corrientes defendían que era una nota más en la partitura de la felicidad. Aristóteles ponía la felicidad en el centro, y defendía la moderación de las pasiones, pero no su supresión, como defendieron los estoicos, ni su evitación, como los epicúreos. Cada una de estas filosofías tenía una forma de alcanzar la *ataraxia*. Verás, estas corrientes brotaron en un contexto social y político muy parecido al nuestro, muy peculiar, de gran incertidumbre y desazón. Alejandro Magno había conquistado gran parte del mundo conocido antes de los treinta años. Había adquirido títulos tan rimbombantes como el Basileo de Macedonia, el Hegemón de la Liga de Corinto, el Faraón de Egipto o el Señor de Asia. En ese momento, la influencia cultural griega se encontraba en su apogeo en el mundo mediterráneo, en Oriente Medio y en Asia Central.

Hay un mosaico que se encuentra en la Casa del Fauno en Pompeya y que data del año 100 a. C. Búscalo en internet, vale la pena. En él se ve al gran Alejandro Magno con una mirada imperturbable, listo para la batalla. Esa mirada es la *ataraxia*.

La *ataraxia* era comúnmente aplicada en contextos militares. Representaba la disposición psicológica perfecta del soldado preparado para el combate. Un soldado griego no debía experimentar temor, pero tampoco exhibir una valentía desmedida o un ansia ciega de violencia o venganza. Es posible que una formación en *ataraxia* haya sido lo que contribuyó a que el macedonio se convirtiera en uno de los imperios más grandes jamás concebidos. Los griegos organizaban sus filas en formaciones compactas llamadas falanges. Pero para organizarse de un modo tan racional debían entrenar una férrea disciplina mental. Los soldados díscolos que rompían la disciplina podían llegar a poner en jaque a toda la unidad. De ahí que la *ataraxia*, esa impenetrabilidad ante la incertidumbre, fuera algo que se entrenaba a conciencia en los gimnasios en preparación para la guerra.

Alejandro Magno había muerto repentinamente con sólo treinta y dos años, dejando huérfano un gran imperio. Éste se resquebrajó entre sucesores que lucharon entre sí en las décadas siguientes. Tras el tumulto y la violencia que se sucedieron tras la muerte de Alejandro, brotaron diversas corrientes filosóficas que podríamos llamar «artes de vida», orientadas a guiar a los individuos hacia una suerte de paz interior. Estas corrientes se inspiraron en las enseñanzas de los popes de la filosofía griega, Platón, Sócrates y Aristóteles; sin embargo, a diferencia de éstos, pusieron énfasis en las aplicaciones prácticas para el bienestar de la gente corriente. Por esa razón comparten la idea central de la *ataraxia*. Y son las líneas de pensamiento que centrarán el grueso de este libro, y cada una de ellas buscaba alcanzar la *ataraxia* de diferentes maneras, y todas consideraban la tranquilidad espiritual como un componente clave para lograr la felicidad.

Sin embargo, insisto, la búsqueda de la *ataraxia* es un fenómeno prácticamente universal. Las filosofías orientales nos atraen y seducen por su capacidad para brindarnos conocimientos y perspectivas fuera de lo común, y su comercialización y difusión en internet han multiplicado su interés en el hombre moderno. A pesar de estar inscritas en las creencias más ancestrales del mundo, su sabiduría sigue siendo relevante y aplicable en la actualidad. Y todas ellas se centran de un modo u otro en alcanzar la *ataraxia*.

Los samuráis son uno de los principales referentes en la búsqueda de la calma bajo presión. Sus técnicas mentales y estrategias para obtener el máximo rendimiento y alcanzar la victoria siguen siendo explotadas hoy en día, en especial en el ámbito del *coaching* y el desarrollo personal. Creían fundamental tener objetivos claros y mantener la serenidad para poder leer el contexto en el que nos encontramos y planificar nuestras acciones a largo plazo, bien lejos en el horizonte.

Sin abandonar la cultura japonesa, el *ikigai* es un concepto que consiste en buscar la razón del ser y se asocia con una vida más longeva, plena y despreocupada. Este término proviene de la palabra *iki*, 'vida', y *gai*, 'propósito'. El *ikigai* defiende que alcanzaremos la *ataraxia* si nos concentramos en desarrollar nuestras habilidades y disfrutar de lo que hacemos más allá de lo material. Para ello debemos centrarnos en hacer confluir cuatro elementos fundamentales en nuestra vida:

Lo que amas, aquello que te apasiona.
Tus habilidades y talentos.
Aquello que el mundo necesita de ti.
Aquello que te puede dar de comer.

La intersección de estos cuatro elementos es tu *ikigai*. Si consigues reunirlos todos en tu vida de forma equilibrada, habrás alcanzado la serenidad, la *ataraxia*.

Oriente ha empleado desde siempre una técnica psicológica

para alcanzar la *ataraxia*: la meditación consiste en entrenar la mente para alcanzar estados de concentración, calma y claridad mental. Existen diferentes técnicas de meditación, como la meditación trascendental, la meditación vipassana y la meditación zen, entre otras. Sin embargo, la adaptación occidental moderna de las filosofías orientales a menudo tergiversa sus enseñanzas originales, enfocándose en el *yo, yo, yo, yo* y la búsqueda del éxito personal. En lugar de buscar la nulidad absoluta y la eliminación del ego, como proponen algunas corrientes budistas, nuestras prácticas occidentales pretenden encontrar la calma para aumentar la productividad y alcanzar objetivos personales. Y no vale. No es eso, no. La idea original era estar en paz con uno mismo, eso debería bastar.

La mayoría de las religiones ancestrales buscan la calma. La calma está presente en la sonrisa beatífica de Buda y en las palabras de Jesucristo: «Mi paz os dejo, mi paz os doy». No creo que sea casualidad que uno de los momentos más importantes de la misa católica tenga lugar cuando los fieles, a menudo desconocidos entre sí, comparten ese instante de generosidad regalándose los unos a los otros lo más importante que tenemos, la tan ansiada *ataraxia*. No obstante, esta práctica no es exclusiva de la Iglesia católica. Algunas Iglesias anglicanas, luteranas y metodistas también incluyen un gesto de paz en sus servicios religiosos. El saludo informal de las grandes religiones monoteístas es también una llamada a la serenidad: los judíos se desean *shalom*, 'paz'; los musulmanes, *as-salamu alaykum*, 'que la paz sea contigo'.

9

Fortuna: una compañera indeseable

Para comprender el pensamiento de los que nos precedieron y, en cierto modo, asumir por qué sentimos que nuestras vidas las conduce una especie de ente maligno y caprichoso, quiero detenerme en una compañera de viaje que nos ha estado amargando a lo largo de toda nuestra historia: la diosa Fortuna.

La historia de la humanidad ha estado plagada de deidades que intentaron explicarnos los distintos aspectos de la vida y la naturaleza. Una de las más conocidas y enigmáticas es la diosa Tique. Durante el período helenístico y la antigua Roma, las estatuas de la diosa Fortuna estaban por todas partes: en las plazas, en los mercados, en las casas de cambio, incluso en las monedas, para recordarle a la gente que había una caprichosa deidad, que además solía ser bastante hija de puta, que iba a decidir, al final del día, si las cosas le habían ido bien o mal. Raro era el comerciante que no tenía una imagen de la diosa protegiendo su puestecito. Tique era representada como una joven hermosa, a menudo con alas, que llevaba una cornucopia o un timón, símbolos de la abundancia y el control del destino. En otras ocasiones se la dibuja al lado de una rueda, que simboliza los cambios de la vida, el paso de la suerte al infortunio.

Tique también tenía un papel importante en la vida de los héroes griegos. Se creía que favorecía a quienes demostraban valentía y habilidad en el campo de batalla, otorgándoles suerte y éxito en sus empresas o, en caso de que ese día se hubiera despertado de mala leche, cubriéndolos de lodo y humillación. Tique podía ser caprichosa y cambiar su favor de un momento a otro, lo que llevó a muchos héroes a experimentar tanto la gloria como la tragedia a lo largo de sus vidas.

El culto a Fortuna era muy popular en la antigua Roma, y se la adoraba bajo múltiples advocaciones: Fortuna Augusta, Fortuna Redux, Fortuna Virilis... Cada una de estas manifestaciones representaba un aspecto diferente de la suerte, y se creía que otorgaban sus bendiciones de manera específica a aquellos que las invocaban. Fortuna es una de las divinidades más antiguas de Roma y el Lacio. Si bien su culto se extendió por igual por clases sociales diferentes, fue muy venerada en especial por los militares y los comerciantes. En Roma se la asociaba con la virtud: el hombre débil atraía a la mala Fortuna. «La Fortuna ayuda a los audaces», escribe Virgilio. La diosa Fortuna también aparece en la literatura romana, en la que se la menciona en obras como las *Metamorfosis*, de Ovidio, y *De Rerum Natura*, de Lucrecio. Estos textos a menudo presentan a Fortuna como una fuerza antojadiza y arbitraria, cuyos favores pueden cambiar rápidamente de un momento a otro.

Heredada de la cultura egipcia, Tique llegó a Grecia primero y después a Roma. En Egipto se la conocía con el nombre de Renenutet. Se creía que tenía el poder de influir en la fertilidad de la tierra y de proteger las cosechas de las plagas y enfermedades. Si Renenutet tenía un buen año, el Nilo bajaba preñado de gloria, y si estaba en esos días del mes, las cosechas se angostaban o las inundaciones acababan con todo, presagiando un año de hambruna. Era la responsable directa de la suerte de los faraones.

En algún momento entre los siglos I y VII, la diosa Tique se coló en las religiones abrahámicas, impregnando de manera más directa nuestra cultura. Dado que estos cultos tuvieron como eje fundamental el monoteísmo, adaptaron la deidad como buenamente pudieron. Para unos, fue una santa, para otros, una energía emanada por el mismísimo Dios. En la tradición cristiana, Tique fue reconvertida tal vez en santa Ágata, considerada como la protectora de la buena suerte y la prosperidad. Si alguna vez en una capilla ves a una santa con los senos cercenados, es santa Ágata. Se la representa así debido a las torturas que sufrió durante su martirio por no renunciar a su fe cristiana unos doscientos cincuenta años después del nacimiento de Cristo. Su intercesión se invoca a menudo para la protección y la curación en situaciones adversas, lo que en ciertos contextos puede haber llevado a la asociación con la «buena suerte». Asimismo, algunas personas rezan a san Judas Tadeo, el santo de las causas perdidas, en momentos de desesperación o para buscar «buena suerte» en circunstancias difíciles. Al hacerlo, están reproduciendo inconscientemente tradiciones milenarias. Son el producto de generaciones y generaciones de gente aterrorizada por la insoportable levedad del ser.

La diosa Tique llegó a una tribu de clérigos vagabundos —giróvagos y sarabaítas— que medraron en Europa con el auge de la vida urbana y el despunte de las universidades medievales. Su volubilidad se plasmó en una colección de cantos goliardos que inspiraron una de las obras más reconocidas de la música orquestal del siglo xx, *Carmina Burana*:

O Fortuna
velut luna,
statu variabilis
semper crescis
aut decrescis
vita detestabilis

En la tradición judía, la Hamsa es un amuleto en forma de mano con cinco dedos que se utiliza para atraer salud, fortuna y bendiciones. La Hamsa suele asociarse con Miriam, la hermana de Moisés y Aarón. La simbología de la mano puede interpretarse de varias maneras, incluyendo la representación de los cinco libros de la Torá o como un símbolo protector contra el mal de ojo y la mala suerte.

En la tradición islámica, la Baraka es considerada como una bendición emanada del mismísimo Alá, que otorga buena suerte, protección y prosperidad a aquellos que la reciben. Se cree que la Baraka es un regalo de Dios que puede ser transmitido de persona a persona y de generación en generación a través de la oración y la observancia de los mandamientos.

Sin embargo, fíjate si el azar será fundamental en nuestras vidas que la práctica totalidad de las civilizaciones humanas le ha rendido tributo. En la mitología hindú, Laksmí, la consorte del dios Visnú, tiene el poder de otorgar riqueza y éxito a aquellos que la honran y respetan. Laksmí es representada como una hermosa mujer con cuatro brazos, que sostiene un loto, un símbolo de la pureza y la belleza. Uno de los festivales más importantes y vistosos en la India es Diwali, también conocido como el Festival de las Luces. Durante este evento, los hindúes adoran a Laksmí y le piden que les otorgue buena suerte y prosperidad en el año venidero. Las casas se adornan con luces y se encienden velas y lámparas de aceite para honrar a la diosa y atraer su favor. Pero si los planes no salen como esperaban, los hindúes creen que ha sido simplemente el capricho de Laksmí.

En la mitología celta, Epona era considerada como la diosa de la fertilidad, la protección y la buena suerte. También estaba asociada con los caballos y se creía que tenía el poder de proteger a los jinetes y a sus monturas. Epona era representada como una mujer joven montada en un caballo, llevando una cornucopia y un plato con frutas. La misma cornucopia que llevaba Tique de acá para allá. ¿Casualidad? No tengo pruebas, pero tampoco dudas.

En la mitología china también tienen un dios dedicado a estos menesteres, un hombre rechoncho y sonriente, que lleva un bastón de oro y va montado en un tigre: Caishen. Se le considera como el protector de los comerciantes y se cree que tiene el poder de otorgar buena suerte y éxito en los negocios.

La Feria de la Alasita, que todavía hoy se celebra en muchas casas de Bolivia, en especial en La Paz, es una fascinante mezcla de tradiciones culturales y religiosas, y en la que lo profano danza con lo sagrado. Su celebración se remonta a las épocas prehispánicas de las culturas pucará y tiahuanaco en el Altiplano boliviano y peruano. Aquí, el Ekeko, una vistosa figura aimara de la abundancia, se erige como protagonista indiscutible. Es un icono, un símbolo de los deseos materializados, un *deus ex machina* en miniatura de las aspiraciones de la gente.

Esta feria es un mercado de sueños en miniatura. ¿Quieres una casa? Compra una pequeña maqueta. ¿Ansías prosperidad? Ahí tienes billetes de imitación. El altar en el que se intenta sobornar al Ekeko es una representación material y casi irónica de «el tener», un escaparate en el que las esperanzas se venden en porciones reducidas, esperando ser infladas por la creencia popular y los designios de la Fortuna. El Ekeko aimara y la Tique griega son figuras separadas por un océano, e hijos de culturas y cosmovisiones distintas, que representan la eterna aspiración humana a la abundancia y la suerte. El Ekeko es terrenal, cómplice de los deseos materiales de los mortales, mientras que Tique es más etérea, y juega con el destino de los humanos desde su pedestal mitológico. Pero ambos reflejan esa intrínseca necesidad humana de buscar agentes externos y caprichosos que nos ayuden a navegar en el caos de la existencia.

Creo importante traer a la diosa Fortuna a estas páginas porque demuestra que todas las civilizaciones que nos precedieron estaban rotundamente convencidas de que su vida estaba en manos ajenas, y habían aprendido a convivir con ello con total naturalidad y resignación. A mi entender, era una forma muy sana de justificar los fracasos de la vida. Pero claro, hoy en día no es tan sencillo atribuir nuestras miserias a los caprichos de una diosa, y esto nos lleva a reconcomernos y fustigarnos cuando las cosas se tuercen, aunque en realidad, lo queramos o no, el azar está tras la inmensa mayoría de aquello que nos ocurre, lo bueno y lo malo.

Pero hay un riesgo muy claro de abandonarse a la diosa Tique y pretender que ella nos saque las castañas del fuego, porque Tique no es más que una de las variables en la ecuación de nuestra vida. En nuestra sociedad hiperconectada, especialmente entre la juventud, se ha arraigado una peligrosa tendencia a confiar en los caprichos del azar, y han dejado de valorarse el esfuerzo y la constancia. La proliferación de historias de éxito instantáneo y viralidad en las redes sociales ha creado entre nuestros jóvenes una ilusión perniciosa: la creencia de que un golpe de suerte es suficiente para triunfar. Lo hemos visto en innumerables ocasiones en los últimos años: una chica bonita hace carantoñas; un joven graba cámaras ocultas o hace llamadas cachondas a la tintorería de la esquina, o es muy gordo, o muy flaco, o tiene una risa contagiosa, y, de repente, le llueven los contratos para promocionar una marca de cremas contra el acné. Este fenómeno ha llevado a muchos jóvenes a exponerse cruelmente en busca de la fama efímera. Así, intentan copiar ese éxito instantáneo, y se sientan a esperar a que alguien los descubra y les dé una oportunidad. Inevitablemente, esto lleva a un vacío profundo cuando la esperada suerte no llega, lo que acaba generando frustración y desmotivación.

Sin embargo, debemos reconocer también que hay una verdad solitaria, terrible, desalentadora, cruel y despiadada que no deja de ser una gran verdad: el talento y el esfuerzo no garantizan el éxito; ese éxito que todos reconocemos como tal, que tiene un componente de autorrealización, otro de poder económico y otro de reconocimiento social. Estamos entrenados para justificar que a nuestro alrededor las personas tengan éxito porque creemos que han sabido jugar sus bazas aunando talento y esfuerzo. Pero esto no es así. Olvidamos el enorme poder de la diosa Tique. A lo largo de mi vida he visto a muchas personas con talento que se dejaron los cuernos en el camino y nunca llegaron a alcanzar la cima. Talento y esfuerzo son importantes y ambos deben cultivarse a diario, pero no son nada sin un golpe de buena suerte. Una traba que castra a las personas con talento y que les impide alcanzar el éxito a pesar de sus esfuerzos es que la vida no les ayudó a brotar. La vida es injusta. Algunas personas muy talentosas nunca alcanzan su potencial debido a las cartas que les tocaron en la vida. Y no siempre porque la vida fue muy dura. Tal vez nacieron en una familia rica y no tuvieron que luchar. Tal vez se les entregó cada oportunidad en bandeja de plata. O tal vez recibieron desánimos cuando eran niños, o su familia era pobre, o quizás aquel primer jefe no les dio la oportunidad de florecer y con el tiempo su ímpetu se marchitó. Quizás no conocieron a la persona adecuada en el momento preciso. En ningún caso dependió de ellos.

O, lo que es lo mismo, la culpa de tus éxitos, tus fracasos, tu gloria y tus miserias nunca dependió totalmente de ti. Era Tique, que tenía reservados otros planes para tu vida.

10

La perspectiva temporal: impermanencia y *kairós*

¿Regalarías a tu pareja un ramo de flores de plástico? ¿Por qué no? ¿Por qué cuando regalas flores lo haces sabiendo que en muy poco tiempo se marchitarán y se convertirán en un amasijo putrefacto desprovisto de toda belleza?

Te diré por qué: la certeza de que esas flores morirán amplifica la atención y el valor que la gente deposita en ellas mientras están vivas y lozanas.

Bueno. Pues al final me hice el tatuaje.

Al llegar a Saigón, el viaje del ecuador de mi vida se estaba desinflando. Llevaba enfermo más de un mes. Acudía ya con demasiada frecuencia a restaurantes de comida occidental, harto de los sabores asiáticos, el trajín de los millares de motos pitando febrilmente acababa con mi paciencia, la lluvia atronadora de los monzones tempranos me obligaba a pasar más tiempo de lo que quería refugiado en mi cuarto, y todas las pagodas me parecían iguales. Atrás había quedado el Xanadú enloquecido de los neones de Bangkok, los paraísos saturados de gente haciéndose fotos obsesivas de Phuket, la serenidad húmeda y elegante de las barrocas casas balinesas, la tristeza honda de las praderas de arroz de Camboya y la pirotecnia paisajística de Vietnam. En cierto modo, ya estaba listo para regresar, aunque no sabía muy bien qué conclusiones había sacado de todo aquello. La experiencia me dice que las conclusiones vienen mucho después, así que paciencia.

Había pedido a mi madre que escribiera una sencilla frase en una hoja de papel y me la enviara escaneada. Se merecía que estuviera escrita de su puño y letra en mi piel para siempre. Mamá tiene una caligrafía bonita. Redonda, caprichosa, pero también muy legible. El tipo de letra de una maestra que durante cuatro décadas ha corregido miles de exámenes, ha atiborrado pizarras de frases subordinadas, ha rellenado lagunas en las mentes de sus alumnos. La frase que le pedí era la siguiente:

> Esto también pasará.

Esta frase es una perla de sabiduría que parece flotar en el océano del tiempo, sin un ancla firme en la historia. Su origen es incierto, envuelto en un velo de misterio y leyenda. Sin embargo, hay un relato que captura la esencia de esta frase en su más puro significado. Aunque la historia se ha contado de muchas formas, su base suele ser más o menos ésta:

> Imagina un poderoso rey en la antigüedad, allá en Oriente Medio, posiblemente el mismísimo Salomón, quien quiso desafiar la astucia de sus sabios. Les pidió un objeto que lo mantuviera equilibrado tanto en los momentos de euforia como en los de derrota. Un objeto que lo atornillara a la tierra, al aquí, al ahora, a la Verdad. Un objeto que bajara sus humos y que supiera consolarlo al ver flaquear sus fuerzas.
>
> Los sabios deliberaron y, finalmente, le presentaron al rey un anillo austero, grabado con las palabras «esto también pasará». En momentos de euforia, le recordaría que su felicidad no era eterna. En la tristeza, le brindaría consuelo sabiendo que su dolor también era temporal.

La fábula, que es probable que hayan escrito primero los poetas sufíes persas durante el Medievo, llegó a Occidente tal vez de la mano del folklore judío, y fue recogida por el poeta inglés Edward FitzGerald, y repetida después en diarios estadounidenses durante el siglo XIX, hasta que el mismo Abraham Lincoln la incluyó en un discurso en septiembre de 1859.

Más allá de su veracidad histórica, el cuento lleva consigo una profunda verdad. En la filosofía estoica, por ejemplo, encontramos una resonancia con esta idea en la constante reflexión sobre la transitoriedad de la vida y la importancia de vivir con virtud y sin apego a lo efímero. En los momentos de gloria, los propios emperadores romanos se encargaban de tener detrás a un esclavo tocándoles los cojones y recordándoles que eran mortales.

> *Respice post te!*
> *Hominem te esse memento!*
> [¡Mira tras de ti!
> Recuerda que eres sólo un hombre.]

En la vida moderna, la frase «esto también pasará» puede ser un mantra de gran poder. Nos ayuda a mantener la perspectiva, a no dejarnos llevar por el triunfo temporal ni desmoronarnos bajo el peso de la tristeza. Es un recordatorio de que, al igual que las olas del mar, nuestros días están llenos de altibajos, pero ninguno es permanente.

En Saigón había dos estudios de tatuaje cerca de mi alojamiento. Uno, en la calle de las cervecerías, las casas de masajes y los estruendosos clubes de varias plantas, música atronadora y luces prostibularias. Estaba abierto veinticuatro horas, y sus clientes seguramente serían muchachos jóvenes a los que, a eso de las cinco de la mañana, les parecería una idea fenomenal tatuarse algo para recordar la euforia de su viaje. Cuando fui por allí, me encontré a un tipo desfallecido como un sapo, en una de las camillas, mirando con cara de nada tiktoks en su móvil. No me inspiró demasiada confianza, así que opté por un estudio más pijo. Curiosamente, la fuerza de la frase en cuestión empezó a manifestarse cuando el tatuador comenzó su trabajo. Nunca me he llevado bien con las agujas. No sé si te has tatuado alguna vez, pero lo cierto es que los tatuajes no duelen. Más bien joden. Si a la incomodidad propia de una aguja golpeteando tu piel e inyectándote tinta sumamos una tripanofobia no diagnosticada, pero más que evidente, entenderás que «esto también pasará» constituyera una especie de consuelo. Al salir del estudio de tatuaje, y en los pocos días que me quedaban por delante, la magia de «esto también pasará» se hizo evidente en cada cuenco de *pho* que sorbía, en cada marea de motocicletas que me cruzaba, en cada edificio ruinoso que admiraba y cada paseo al sol que padecía. Cualquier experiencia, buena o mala que me regalaba el viaje moribundo, estaba impregnada de la palpable sensación de transitoriedad. De alguna forma, la frase ayudó a fijar en mi cabeza recuerdos que, sin ella, no existirían hoy. «Respice post te, ¡que esto también pasará!» ¡No te permitas olvidar este instante! Y al rebotar por aeropuertos de plexiglás, volviendo ya a casa, durante horas interminables, encorvado en asientos de avión concebidos por Lucifer y comiendo en bandejas de cartón encerado, contemplaba mi tatuaje con una sonrisa. Podría haber estado el doble de tiempo tropezando por el mundo que me habría importado un cojón, porque «esto también pasará».

Piensa ahora en un perro y en cómo se toma las cosas de esta vida. Salir a la calle, devorar un cuenco de pienso, las gotas de lluvia, una mosca, oler un culo, todo para él parece definitivo, extraordinario, una fuente de interés genuino y desbordante de alegría. El perro no tiene en su cabeza la noción de la impermanencia, pero estoy convencido de que si tuvieras catorce años en este planeta para disfrutar de lo que te es ofrecido, seguramente también mostrarías un entusiasmo desbordante por oler culos o roer huesos.

Aquí tienes una lectura adicional de la famosa frase: la certeza de la impermanencia de las cosas nos ayuda a valorarlas más.

A todo esto hay que sumar un concepto adicional que nos ayuda a entender la importancia de la impermanencia para los que vinieron antes. También nos recuerda que el lenguaje tiene el poder de modelar nuestra percepción del mundo. Verás. Los antiguos griegos empleaban dos palabras para definir el tiempo: por un lado, *chronos*, el tiempo secuencial, medible, cuantitativo. Frío. Y, por otro, *kairós*, el tiempo impreciso, fluctuante, cualitativo. Kairós era un dios semidesconocido, Chronos, en cambio, era una de las estrellas del reparto. Así de huidizo es el concepto de *kairós*.

Kairós o Caerus se convertiría más tarde en el latín Occasio —'caída'—, que en su personificación masculina es amante de nuestra vieja amiga Fortuna. Occasio se representaba siempre en movimiento, con alas en los pies; es calvo por detrás, pero tiene una larga cabellera por delante: hay que agarrarlo al vuelo, antes de que se escape, de donde seguramente proviene la frase «la ocasión la pintan calva». Cicerón dice: «Tempus actionis opportunum appellatur occasio», 'la ocasión es el momento oportuno de actuar'.

Chronos representa el tiempo en la forma en que comúnmente lo percibimos los seres humanos: una serie muy aburrida y predecible de segmentos uniformes. Un día consta de veinticuatro horas, y cada una de estas horas tiene una duración idéntica. Minutos, segundos. Un coñazo. Los relojes se encargan de medir esto con precisión quirúrgica. No admite discusión. *Kairós*, en cambio, es un concepto subjetivo y sutil: se refiere a la forma en que ciertos momentos son más relevantes o influyentes que otros. Un reloj es incapaz de medir semejante cosa, pero es innegable que un puñado de momentos particulares desempeñan un papel mucho más significativo que la masa de otros instantes que componen nuestras vidas.

¿Me vas a decir que las veinticuatro horas de cada uno de tus días se viven por igual? ¿Todas presentan igualdad de oportunidades? ¿En serio crees que tienen la misma relevancia o se sienten igual dos minutos follando que esperando a que se caliente la leche en el microondas?

Por supuesto que no.

Muchos de estos minutos simplemente se desvanecen. Eres incapaz de recordarlos. De repente, se han esfumado tres horas mientras hacías *scroll* infinito en TikTok o no pensabas en nada al recorrer kilómetros en una autopista o te sacabas de encima la plancha que tenías atrasada con una serie intrascendente de fondo. Pero otros momentos de tu día son mucho más significativos. En esos momentos puedes sentir la maldición o la bendición del dios Kairós, que simboliza el momento oportuno, presentando las circunstancias en el tiempo más propicio, a menudo en el instante final. Una vez que emerge, este instante de oportunidad se convierte en una fuerza incontenible, tan potente que ni siquiera Zeus, el dios más poderoso, puede frenarla.

El día en que te graduaste, cuando cruzaste el umbral de la puerta de la empresa que te dio tu primer empleo, cuando diste el sí a la persona que más amabas en el mundo, cuando viste por primera vez el rostro de tu hijo, cuando firmaste esa hipoteca, cuando el avión despegó para llevarte a ese lugar en que fuiste tan feliz, esa charla que lo cambió todo, ese desafío que superaste al fin, ese primer beso detrás del escenario de las fiestas del pueblo a los catorce años. Todos son momentos en los que el tiempo se dilató o se contrajo, preñados de significado y de trascendencia, en los que el dios Kairós te tocó con su dedito mágico.

Kairós mide la importancia de un momento concreto, no su duración.

Por eso creo que es importante pensar en tu día en términos de *kairós*, no de *chronos*.

Identifica los momentos clave, aquellos de gran importancia, aquellos de utilidad y los que te brindan la oportunidad de actuar de manera significativa. Enfócate en ellos y aprovéchalos al máximo cuando se presenten. El *kairós* cambia constantemente porque los acontecimientos, las circunstancias, tu sentir y las personas cambian constantemente. Y porque el dios Kairós es esquivo y huidizo. Casi tan cabrón como Tique.

Pero puedes actuar: puedes aprovechar las oportunidades que el *kairós* ponga ante ti.

Una experiencia compartida por muchos es esa sensación que surge justo después de una discusión, cuando te llega a la mente la respuesta perfecta que no se te ocurrió en el momento preciso. Eso es *kairós*.

Todos tenemos el conocimiento intuitivo de que cada minuto, cada hora, cada día tienen un peso distinto. *Kairós* da nombre a esa verdad esencial.

¿Quieres conocer un propósito de la vida? Disfruta del paso del tiempo abrazando apasionadamente el *kairós*.

Las posibilidades de que estés aquí y ahora son tan insignificantes... No se trata simplemente de que tus padres se hayan conocido y hayan decidido copular en ese momento preciso. Sus padres también tuvieron que hacerlo. Y los suyos, y los suyos. Y, sin embargo, estás aquí, y tienes esta oportunidad única e irrepetible. Disfrutar del *kairós* y sus caprichos es todo lo que tenemos, y debería ser suficiente.

Dentro de veinte años, desearás con todas tus fuerzas estar en el momento en el que te encuentras ahora mismo. El dinero, el éxito o cualquier cosa que desees vendrán, o no, pero el momento en el que estás, las personas que te rodean y las experiencias que te ocurren aquí y ahora se habrán ido para siempre. Tómate en serio este mensaje y aprecia los caprichos de *kairós*, reconociéndolo cuando decida hacer acto de presencia en tu *chronos*.

Es posible que todo esto del *kairós* y el *chronos* te suene algo apolillado. Pero con la tecnología del siglo XXI hemos llegado a encontrarle una trascendencia que creo que ni los más avispados griegos supieron percibir. Uno de los intentos más recientes de capturar la diferencia entre tiempo percibido y real lo ha formulado un equipo de psicólogos de la Universidad de Harvard, que ha demostrado que nuestra percepción subjetiva del paso del tiempo tiene un impacto significativo en lo que tardan en curar las heridas físicas. Sometiendo a un grupo de pacientes a tareas tediosas y otro a tareas más divertidas, los investigadores descubrieron un curioso fenómeno: las heridas sanan con más rapidez en quienes perciben que ha pasado más tiempo, mientras que la cicatrización se ralentiza en quienes creen que ha transcurrido menos tiempo; aunque, en realidad, el tiempo efectivo fuera el mismo para todos.

Pero regresemos a la transitoriedad. En la filosofía griega antigua, la transitoriedad fue tan importante porque, para encontrar serenidad en el cambio, los griegos intentaban dar sentido a un mundo impreciso, desequilibrado y caprichoso. Por eso los primeros filósofos buscan el *fundamento*: es la primera pregunta científica o filosófica de la historia. La impermanencia nos invita a detenernos en ese lugar en que los pensadores se asombraban ante la constante mutación del mundo y de la existencia humana, intentando anclarse a la desesperada a algo que les resultara medianamente estable o comprensible. En este universo de ideas encontramos a Heráclito, el filósofo del cambio perpetuo, quien afirmó que no se puede nadar dos veces en el mismo río. *Panta rei*: todo fluye. Para Heráclito, todo está en flujo constante, nada permanece inmóvil. Nunca viviremos la misma experiencia dos veces, así que más vale que las aprovechemos todas. Sin embargo, dice Heráclito, por detrás de lo cambiante está lo permanente, la *armonía*, que sólo podemos aprender a ver cuando prestamos atención plena. Aprovechar la ocasión, pero no perdernos en el puro fluir: ése es el camino que Heráclito considera sabio, la armonía de los opuestos. Me gusta pensar que en algunas ocasiones, los seres humanos somos capaces de asomarnos al abismo de lo infinito y ver fugazmente más allá de lo impermanente para disfrutar de un momentito minúsculo de *armonía* heraclitiana. Aquella noche con los amigos en nuestra adolescencia cuando miramos al cielo cuajado de estrellas, el primer llanto de tu hijo, esa pupila en la que clavamos nuestra mirada y que paralizó el tiempo y disolvió el espacio hasta volverlos irrelevantes.

Para Platón, influido por Sócrates, lo transitorio es meramente una sombra de las formas eternas e inmutables. En su alegoría de la caverna, retratada en *La República*, Platón nos muestra cómo percibimos meras sombras de la realidad en nuestra experiencia cotidiana, sugiriendo que la verdad eterna yace en un reino inmutable de formas ideales. Aquí, en nuestro mundo frágil y efímero, la transitoriedad es vista no como la esencia de la realidad, sino como una limitación de nuestra percepción.

Aristóteles, discípulo a su vez de Platón, admitió que la realidad está en constante cambio y desarrollo, pero este cambio se dirige hacia un fin o propósito, lo que él llamaba *telos*. En su visión, cada cosa en el universo tiene un propósito o finalidad natural, y el cambio es el proceso de realización de ese propósito.

El fenómeno de la impermanencia fue analizado por las grandes corrientes filosóficas que dan cuerpo a este libro. El estoicismo la aprovechó para instarnos a soportar las embestidas del destino, porque ningún mal es eterno. El epicureísmo nos invitó a disfrutar de los placeres porque éstos se acaban. El cinismo abrazó el concepto de impermanencia para darnos un respiro y comprender que cada acto y cada consecuencia son intrascendentes. El escepticismo quiso que contempláramos con indiferencia todo porque es muy probable que sea producto de nuestra imaginación.

Mientras escribo estas líneas, giro levemente el antebrazo y contemplo estas tres palabras marcadas en mi piel con la caligrafía rechoncha de mamá: «Esto también pasará». No existe terapia más balsámica ante los males de la vida y no existe forma de enfriar la cabeza para saber saborear en su justa medida los triunfos que recordar que todo es transitorio, y que ningún río es idéntico jamás.

11

El arte de sentirse pleno: la *eudaimonía*

Todos hemos sentido alguna vez en la vida —muchos la mayor parte del tiempo— que nos encontramos atrapados en la carrera de la rata. Persiguiendo una felicidad siempre esquiva, siempre fuera de nuestro alcance. La *eudaimonía* nos dice que detengamos esta carrera frenética, que miremos dentro de nosotros mismos, que busquemos esa brújula interna que nos guiará hacia una vida de significado y profundidad.

La *eudaimonía* es un concepto que se resiste a una traducción simple, aunque a menudo se interpreta como «bienestar». La palabra misma, compuesta en griego de *eu*, que significa 'bueno', y *daimon*, que puede entenderse como 'espíritu' o 'fuerza divina', nos invita a considerar una vida alineada con una especie de guía interior o fuerza vital que nos guíe a la plenitud existencial.

Puede que estés preguntándote si *eudaimonía* no es lo mismo que *ataraxia*. No, hay ciertas diferencias sutiles. Ambos conceptos se centran en el bienestar, pero mientras la *eudaimonía* se alcanza a través de la actividad virtuosa en la vida, la *ataraxia* se centra en la paz interna y la ausencia de turbación.

En la Grecia clásica, los filósofos no se limitaban a teorizar gruñendo encaramados a lo alto de sus torres de marfil, sino que bajaban al fango y discutían con cualquiera. Esto llevó a que aspirar a la *eudaimonía* tuviera implicaciones tanto personales como políticas, puesto que guiaba las acciones, las legislaciones y las virtudes cultivadas en la propia sociedad ateniense.

Pongamos un ejemplo que además viene al pelo. La figura de Aristóteles. Aun siendo un coloso del pensamiento antiguo, nos llega a través de la niebla de los siglos con una humanidad tangible. Es bien conocido que prefería dar sus lecciones mientras deambulaba con sus estudiantes por los pórticos del Liceo en Atenas. Esta práctica les ganó a él y a sus seguidores el nombre de «peripatéticos», o «los que caminan alrededor». Cualquier ciudadano podría unirse a estas caminatas filosóficas, escuchar y quizás, incluso, enzarzarse en las discusiones. De hecho, se cuenta que en una ocasión, mientras Aristóteles daba una de sus míticas caminatas, un hombre humilde que no tenía ninguna formación filosófica se le acercó con preguntas sencillas pero profundas sobre la naturaleza de la vida y de la ética. En lugar de mandarlo a paseo —nunca mejor empleada la expresión—, Aristóteles se detuvo y se dedicó a discutir estas preguntas con él, demostrando que la filosofía no era sólo un divertimento para la élite educada o un arte abstracto, sino que estaba al alcance de todos los que tenían la curiosidad y el deseo de explorar las complejidades de la vida. Por otro lado, de todos es sabido que Aristóteles fue el tutor de Alejandro durante su juventud, y aunque Alejandro terminó desviándose de muchas de las enseñanzas de su maestro, esta relación muestra que Aristóteles estaba integrado en las esferas más altas de la sociedad de su tiempo. La filosofía tenía una influencia real, tanto en la vida del humilde artesano como en la del emperador glorioso.

Creo que la palabra que más se acerca en nuestra lengua al antiguo término griego *eudaimonía* es *florecimiento*. El filósofo Aristóteles lo utilizó como un concepto amplio para describir el bien más alto al que los humanos podrían aspirar, o una vida «bien vivida». Con los astros internos bien alineados. En algún momento más cercano a nosotros, los académicos tradujeron *eudaimonía* como 'felicidad', pero existen diferencias de bulto entre ambos conceptos. Para Aristóteles, la *eudaimonía* se lograba a través de una vida virtuosa, o lo que podrías describir como ser... buena gente. Esto no garantiza felicidad en el sentido moderno de la palabra. De hecho, ser buena gente puede resultar un verdadero coñazo y en muchas ocasiones supone verdaderos quebraderos de cabeza. Sin embargo, Aristóteles estaba convencido de que la gente buena se siente bien consigo misma. De algún modo, florece.

El problema radica en que *felicidad* suele entenderse como un estado placentero, de satisfacción. Para Aristóteles, eso es sólo algo que acompaña a la felicidad, y no siempre. Por supuesto, para este filósofo, perseguir el estado placentero es el modo ideal de no alcanzar nunca la felicidad verdadera. Por eso él y otros, como los estoicos, critican los bienes que se pueden perder, como el dinero, y ensalzan la virtud, que una vez alcanzada no podemos perderla nunca.

En la práctica, perseguir la virtud es permitir que algo actúe en armonía con su fin último. Como ejemplo, imaginemos a un carpintero alineado con una vida virtuosa. En su oficio, la virtud sería la excelencia en la visión artística, la mano firme, la paciencia, la creatividad. Por extensión, la vida eudaimónica es aquella que dedicamos a desarrollar las excelencias de ser humano. Para Aristóteles, esto significaba practicar virtudes como el coraje, la sabiduría, el buen humor, la moderación, la bondad.

Sin embargo, desde el prisma actual, algunos de los pensamientos de Aristóteles chirrían como bisagra vieja. Creía, por ejemplo, que la fealdad era un obstáculo para desarrollar virtudes sociales porque nadie querría ser amigo de una persona fea. Sin embargo, hay algo intuitivo en la observación de que la misma persona, transformada en la encarnación de los estándares sociales de belleza, sale, manteniendo todo lo demás igual, desde un puesto muy ventajoso en la carrera enloquecida de la vida. Piensa en las oportunidades económicas que se brindan en la actualidad a cualquier chaval de tableta de chocolate y ojos zarcos en TikTok o a cualquier muchacha de tetas turgentes en OnlyFans. ¿Sabías que las personas más altas, de media, cobran mejores sueldos? De ese modo, al reconocer que nuestra habilidad para practicar la virtud podría no depender completamente de nosotros, Aristóteles admite que nuestro florecimiento es vulnerable al infortunio. A veces es muy jodido intentar ser virtuoso. O cansa una barbaridad.

Si te digo la verdad, creo que he tenido la fortuna de alcanzar la *eudaimonía* en cierto modo. De hecho, recuerdo perfectamente ese momento epifánico en el que se me reveló que la había conquistado después de tantas batallas vanas. Siendo sincero, he llegado a creer que la *eudaimonía* es un concepto muy esquivo y no se puede perseguir voluntariamente como decía Aristóteles. Es decir, puedes hacer muchas cosas para alcanzarla, pero llega casi por su propio pie. Recuerda la reflexión que se atribuye al premio Nobel de la Paz Albert Schweitzer, quien comparaba la felicidad con un gato: si intentas acercarte a él directamente, es probable que se esconda, pero si te ocupas en hacer otras cosas, puede que se acerque silenciosamente y se acurruque a tu lado ronroneando. Pero depende en gran medida de él.

Era un día soleado en la costa chipriota. Me había montado en la moto y recorría el camino que va desde Tala, el pequeño pueblecito donde vivo, y Pafos, que es la ciudad más cercana, la tengo a unos ocho kilómetros. No recuerdo bien qué iba a hacer aquel día, porque en mi isla mediterránea las jornadas son bastante similares: hace un sol radiante, el Mediterráneo parece abarcarlo todo, chirrían las cigarras, y es inevitable que tengas que volver un par de veces para resolver los asuntos porque en la cultura chipriota está implantada muy firmemente la creencia de que todo puede resolverse mañana. Ellos dicen «sigá sigá». Despacito, despacito. El caso es que la moto rugía mansamente entre mis piernas, la brisa tenía el punto justo de humedad y el asfalto parecía una laguna en calma. Por aquel entonces mi canal de YouTube había comenzado a crecer y tenía en la mente muchos temas para un pódcast. El negocio iba bien. Mi salud era perfecta y la naturaleza a mi alrededor se esponjaba como un fragante bizcocho. Y justo en ese momento, pensé: «Estás donde tienes que estar». Ser excesivamente ambicioso siempre me había proporcionado quebraderos de cabeza, y mi falta de éxito siempre había sido fuente enorme de frustración. En mis noches de insomnio me he reprochado muchísimas veces mi escaso talento y lo poco que he persistido siempre, por cobardía, timidez o pereza, a la hora de intentar progresar. Sin embargo, ese día asumí mi destino. Hacía felices a las personas con mis vídeos, había conquistado una tímida voz que era sólo mía, estaba en un lugar maravilloso y podía ducharme dos veces al día. ¿Qué más quieres, Sísifo?

Sin embargo, fíjate que, si analizo con frialdad ese momento preciso de mi vida, me doy cuenta de que había seguido a pies juntillas, tal vez de forma inconsciente, los pasos que el mismísimo Aristóteles había dictado para alcanzar la *eudaimonía*.

Te los cuento, por si puedes incorporarlos a tu vida.

En primer lugar, perseguir la virtud, lo que Aristóteles llamaba *areté*. No puedes estar a bien con el cosmos si no eres buena gente. Aristóteles nos invitaba a cultivar la valentía, la templanza, la sabiduría y la justicia. Pero creo que para el hombre moderno, puede bastar simplemente con intentar tener la conciencia en calma. Acostarse por las noches sabiendo que no has perturbado el cosmos es una sensación gloriosa. El cosmos suele tener muy mala leche. No hagas daño a nadie, y todo irá bien.

En segundo lugar, invitar a la razón, el *logos*, a formar parte de tu vida. Esto puedes conseguirlo empleando tu propio juicio para discernir qué es lo correcto. Lo que sabes que debes hacer, aunque te joda.

En tercer lugar, Aristóteles nos instaba a cultivar la contemplación filosófica, o la *theoria*. Si has llegado hasta aquí, paciente lector, quizás te hayas dado cuenta de la importancia que esto juega en mi propia vida. La *theoria* no consiste sólo en leer libros de filosofía, sino que hoy diríamos que incluye también el desarrollo de una «vida filosófica»: el diálogo de cosas importantes con los amigos, el estudio, las experiencias estéticas...

En cuarto lugar, Aristóteles quería que cultiváramos la moderación. La *sophrosyne*. En cierto modo, me enorgullezco de haber aprendido a base de hostias a controlar los deseos y las pasiones. No tengo ningún problema en reconocer que gran parte de mi vida la viví obsesionado con el lujo y la ostentación. Luego vino Epicuro, y tuve que darle la razón. Y vinieron los estoicos y los cínicos, y no pude menos que sonrojarme ante la pérdida de tiempo, esfuerzo y dinero que supuso todo aquel boato inútil. Creo que en esto también influyeron mucho mis viajes, cuando me expuse a las inclemencias del mundo y tuve que rebajar a la fuerza mis expectativas sobre el lujo y la comodidad. Así, hoy considero que el culmen de mis experiencias gastronómicas tuvo lugar en México, cuando una anciana me preparó en su puestecito a pie de carretera unos huevitos rancheros que todavía recuerdo hoy relamiéndome. En cierto modo, esa anciana supuso una inmensa cura de humildad: ella era capaz de sacar más sabor de un par de huevos con un cuchillo oxidado y una espumadera llena de roña de lo que pude conseguir yo con una Visa Oro en un restaurante de moda decorado por Philippe Starck. De verdad que no hace falta nada más que unos huevitos rancheros de una vieja mexicana, bajo un toldo de plástico, a pie de carretera. Te lo dice alguien que estuvo al otro lado del espejo.

En quinto lugar, Aristóteles hablaba de la autosuficiencia. O, en sus propias palabras, la *autarkeia*: cada uno de nosotros debe ser responsable de mantenerse a sí mismo y no depender excesivamente de los demás. Hablaremos un poco más de este concepto. En esto, la verdad es que he tenido bastante suerte en la vida. Siempre me he esforzado por depender sólo de mí mismo, y esto venía de serie en mi carácter, así que no es nada de lo que pueda enorgullecerme. Es como tener la nariz de patata que tengo. Y entiendo que para muchas personas esto se haga un poco cuesta arriba. Pero nadie dijo que alcanzar la *eudaimonía* fuera fácil.

Aristóteles también habló de la buena fortuna: la *eutychia*. Si bien la virtud es central, reconoció que una cierta cantidad de buena fortuna es necesaria para proporcionar las condiciones en las que uno puede practicar virtudes y vivir bien. Sin embargo, y esto es importante, creo que en gran medida somos incapaces de ver la buena fortuna aunque nos salte a la cara y nos muerda la nariz. A veces, para sentir la buena fortuna simplemente basta con reconocerla en nuestra vida. Tal vez en ese momento, montado en mi moto, llegó la epifanía porque supe darme cuenta de la enorme suerte que tenía de estar vivo, en ese momento único.

En séptimo lugar, Aristóteles quiso que cultiváramos la *philia*, la amistad. De hecho, éste es un componente esencial en las filosofías clásicas. Los seres humanos somos animales sociales. En muchas culturas, la pena más dura, por encima incluso de la muerte, era el destierro. No hay más que recordar que Sócrates, el filósofo más feo del mundo, optó por la cicuta cuando lo amenazaron con el ostracismo. Si quieres un consejo de un viejo lesbiano, abre una puertecita muy pequeña para entrar en tu vida, y una enorme para que salga de ella quien quiera. De ese modo, te asegurarás de que sólo se quede quien valga la pena.

Finalmente, Aristóteles nos invitó a llevar a cabo estas enseñanzas todos los días. Él hablaba de *héxis*: 'hábitos'. Sólo anclando estos dogmas en tu rutina podrás llegar a florecer como te mereces.

12

La importancia de saber no opinar: *epoché*

Hay otro problema al que se enfrenta el mono desnudo del siglo XXI del que no hemos hablado, y que los griegos tenían muy claro. Tenemos la puta manía de querer tener una opinión acerca de todo. De hecho, opinar sobre la realidad es la forma fundamental en la que entendemos lo que nos rodea. No somos capaces de percibir el mundo a nuestro alrededor sin juzgarlo. Somos sujetos, de ahí que nuestra visión sea siempre subjetiva. Si quisiéramos ser objetivos, deberíamos ser objetos.

Detente un momento y respira profundamente. Imagina que estás frente a un hermoso paisaje, digamos, una playa al atardecer. Las olas rompen con suavidad, la brisa acaricia tu rostro, los matices anaranjados en el cielo, el aroma de las algas que se secan al viento. Ahora, deja ir por un instante todos tus juicios y opiniones. No pienses si te gusta o no la playa, si hace frío, si preferirías estar en otro lugar. Simplemente obsérvala, ábrete a la experiencia tal cual es.

Esta idea fue explorada por el filósofo Edmund Husserl. Él notó que siempre observamos la realidad a través de las lentes de nuestros supuestos y conceptos. Nunca la experimentamos directamente, en sí misma. La *epoché* sería una invitación, por breve que sea, a contemplar el mundo sin esos filtros. A dejar de lado la experiencia que consideramos «real» y zambullirnos en el mundo de las ideas: dejar la «actitud natural» y concentrarnos en un solo fenómeno.

Podemos aplicar esto en muchas situaciones cotidianas: al escuchar a alguien con una opinión contraria a la nuestra, al probar un alimento nuevo, al leer un libro de un género inusual o al pasear por una galería de arte. Se trata simplemente de estar plenamente presentes y abiertos. Como hace el personaje de Molly Bloom al final del *Ulises*, de James Joyce, diciendo su monumental «sí» a la vida.

Sin embargo, esta idea no es nueva, y constituyó otro de los ejes centrales de las filosofías griegas clásicas. La *epoché*: suspender temporalmente nuestros juicios habituales sobre las cosas. Dejar de lado por un rato esa vocecilla interior que constantemente categoriza y evalúa todo lo que percibimos. Es como hacerle una actualización al software de nuestra mente, liberar espacio mental dejando el disco duro en modo «sólo lectura».

La *epoché* te permite ver el mundo con una mente abierta. Te permite tomar decisiones informadas y basadas en la razón en lugar de las emociones. Además, puede ayudarte a encontrar la paz interior y la serenidad al permitirte ver el mundo tal como es, sin la influencia de prejuicios o emociones.

Esta poderosa idea tiene su origen en el pensamiento de Pirrón de Elis, una figura enigmática y fascinante de la filosofía antigua, que más adelante será protagonista de una parte de este libro. Nacido alrededor del 360 a. C. en Elis (Grecia), Pirrón es a menudo considerado el padre del escepticismo filosófico, esa corriente de pensamiento que cuestiona la posibilidad de alcanzar la certeza absoluta.

Imagina a Pirrón como un personaje de una antigua epopeya griega, un hombre que se embarca en una odisea del pensamiento. Su vida es un lienzo en el que se pintan las tensiones entre el conocimiento y la duda, entre la sabiduría y la incertidumbre. En su juventud, Pirrón fue soldado, lo que lo llevó con la expedición de Alejandro Magno a la India, un viaje que sin duda expandió su visión del mundo y lo expuso a nuevas formas de pensamiento, en especial a las filosofías orientales.

Se han derramado ríos de tinta sobre la posible influencia del pensamiento indio en el de Pirrón. ¿Cómo es posible que un soldado griego y un gurú indio hubieran podido entenderse hasta el punto de intercambiar pareceres sobre temas tan abstractos?

Para entender cómo se lograba esta comunicación, pensemos en la naturaleza de las expediciones de la época. Alejandro Magno no sólo llevaba consigo soldados, sino también académicos, intérpretes y eruditos. Estos individuos servían como puentes esenciales para la comunicación entre diferentes pueblos. Algo similar fue copiado recientemente por Estados Unidos cuando tuvieron que enviar antropólogos y sociólogos a Irak y Afganistán para entender formas de pensar y traducir textos. A esta unidad la llamaron Human Terrain System.

En el caso concreto de los filósofos y pensadores, es probable que emplearan una mezcla de lenguas comunes y de intercambio, y que a medida que la expedición avanzaba los intérpretes hubieran ido relevándose unos a otros. El griego, por ejemplo, era ampliamente utilizado como *lingua franca* —una lengua común que permitía la comunicación entre personas de diferentes lenguas maternas— en todo el imperio de Alejandro y en las regiones circundantes. Seguramente los intérpretes jugarían un papel crucial. Estos individuos no sólo traducían palabras, sino que también interpretaban conceptos y contextos culturales, facilitando un entendimiento más profundo entre las partes.

Mi experiencia viajando a lugares bastante remotos del planeta me ha enseñado que si dos personas quieren entenderse, de alguna forma el universo se aparta y las deja hacer. Del mismo modo, si una de ellas no quiere, no hay nada que puedas hacer para conseguir comunicarte. Recuerdo en cierta ocasión, en una gasolinera de un pueblo de Laos, cuando me saqué el casco y señalé el depósito de la moto, poniendo la mano en horizontal sobre mi cabeza para indicar que quería llenarlo, haciendo ruidos de líquidos vertiéndose, señalando el surtidor con creciente desesperación, y no hubo forma de hacerme entender. Del mismo modo, recuerdo detenerme en mitad de la estepa kazaja para contemplar una manada de caballos. Allí, en mitad de la nada, apareció un tipo escuchimizado y con piel de pergamino que se presentó humildemente como Ruslán. El bueno de Ruslán y yo estuvimos hablando de la cría de potros, de cuáles eran las hembras más fértiles, de cómo elegía al semental perfecto, él en kazajo y yo en gallego, una buena media hora, como si las barreras idiomáticas fueran sólo un levísimo escollo divertido de esquivar.

Gran parte de la naturaleza exacta de los intercambios entre eruditos griegos y gimnosofistas indios sigue siendo un misterio. Este velo de incertidumbre añade un toque de romanticismo a la idea de estos encuentros intelectuales, invitándonos a imaginar las conversaciones y debates que podrían haber tenido lugar bajo cielos extranjeros, uniendo mundos a través del amor compartido por la sabiduría y el conocimiento.

Sea como fuere, hay demasiadas coincidencias entre los pilares del pensamiento griego que ha llegado hasta nosotros y las creencias filosóficas y religiosas de Oriente. En el caso que nos ocupa, la *epoché*, pensemos por ejemplo en el jainismo. Esta antigua filosofía y práctica religiosa de la India introduce el concepto de *anekantavada*, que se traduce como la 'no unicidad del punto de vista'. La *anekantavada* es una doctrina que sostiene que la realidad es demasiado compleja y multifacética para ser comprendida completamente desde cualquier punto de vista individual. Reflejando una forma de suspensión del juicio similar a la *epoché*, esta idea invita a los seguidores del jainismo a considerar todos los puntos de vista posibles antes de llegar a una conclusión.

Del mismo modo, en el budismo encontramos el concepto de *Śūnyatā*, o vacuidad. *Śūnyatā* sugiere que todos los fenómenos están vacíos de una esencia intrínseca o identidad independiente. Este entendimiento invita a una forma de escepticismo acerca de las afirmaciones definitivas de la verdad y fomenta una apertura mental similar a la suspensión del juicio de Pirrón.

Además, en la escuela filosófica del Advaita Vedanta se encuentra la idea de que el mundo fenoménico es *maya*, una ilusión —o una simulación, que diría Elon Musk—, y que la única realidad última es Brahman, el ser universal. Esta perspectiva, que además se parece un huevo a la teoría de las formas, las ideas inmutables de Platón, lleva a cuestionar la realidad de las experiencias sensoriales y los juicios basados en ellas, alineándose con un tipo de escepticismo similar al propuesto por Pirrón.

Pirrón no dejó escritos, y lo que sabemos de él proviene principalmente de su discípulo Timón de Fliunte y otros filósofos posteriores, como Sexto Empírico. Esta falta de textos directos hace que Pirrón sea una figura casi mítica, un eco de pensamientos perdidos en la bruma del tiempo. Sin embargo, su influencia es innegable. Inspiró a generaciones de escépticos y su pensamiento resuena en la filosofía moderna y contemporánea, recordándonos la importancia de cuestionar y mantener una mente abierta.

La idea de la *epoché* no es sólo un ejercicio intelectual, sino también una forma de vida. Para los escépticos, la suspensión del juicio era el camino hacia la *ataraxia*. Al no aferrarse a creencias firmes, uno podía mantenerse a salvo de la turbulencia de las disputas y los conflictos, un concepto que resuena con la búsqueda moderna de la paz mental y el equilibrio emocional.

Supongo que es más fácil contarlo que hacerlo. Imagínate intentar aplicar esto en Tuícter.

Si bien es un concepto profundamente arraigado en la filosofía escéptica, la *epoché* encuentra ecos y resonancias en varios autores modernos de psicología que han tomado prestado el concepto y lo han retorcido, maquillado y tuneado para aplicarlo al fangoso mundo actual, invitándonos a cultivar el arte de observar de manera desapasionada nuestras propias percepciones y pensamientos. La obra de Carl Rogers se centra en la importancia de saber aceptar y entender a los demás sin prejuicios, un concepto paralelo a la *epoché*. Su enfoque en la escucha empática y la aceptación incondicional invita a suspender los juicios para comprender mejor la experiencia humana. A través de su trabajo en psicología y economía conductual, Daniel Kahneman analiza el modo en que los prejuicios y los juicios automáticos afectan nuestra toma de decisiones, y nos invita a considerar que la suspensión del juicio automático (*epoché*, a fin de cuentas) puede llevar a decisiones más reflexivas y menos sesgadas. Irvin D. Yalom enfocaba la terapia sobre la base del estudio de cómo las personas interpretan sus experiencias, y las animaba a cuestionar y a veces suspender estas interpretaciones para lograr una comprensión más profunda de los dramas internos a los que cada uno de nosotros nos enfrentamos.

Así pues, dedica un momento del día, tal vez durante tu caminata matutina o mientras tomas un café, a observar simplemente lo que ocurre a tu alrededor sin emitir juicio alguno. No es una tarea sencilla, porque estamos cableados de tal forma que incluso el color de una flor o la ropa de un tipo con el que nos cruzamos por la calle siempre desencadenan una serie de opiniones de nuestro tribunal íntimo. Los viejos griegos nos invitaban a despojarnos de este monólogo interior. Imagina que en lugar del protagonista de una tragicomedia en primera persona del singular eres un espectador imparcial en un documental sobre la vida cotidiana. En este sentido, cualquier situación capaz de generar una reacción emocional en ti es el momento perfecto para detenerte y preguntarte: «¿Estoy reaccionando a la situación en sí, o a la interpretación que hago de ella?». Te sorprenderás de cómo el hilo de tus pensamientos te lleva a valorar de un modo más desapasionado circunstancias que antes resultaban asfixiantes.

Cuando mi abuelo Pepe llegó al declive definitivo, se hizo muy difícil de querer. Se había quedado medio sordo, y esto dificultaba mucho la comunicación con él. En cierto modo, creo que su sordera había amargado su carácter, que ya de por sí había sido bastante complicado a lo largo de su vida. Aunque no sólo esa sordera explicaba que se hubiera convertido en alguien taciturno y hosco. Conociendo los detalles de su infancia difícil y su lucha encarnizada con la vida, era bastante fácil entender por qué se comportaba con una mezcla de egoísmo, altanería, amargura y desdén con todos los que tenía cerca.

Recuerdo una tarde en que me tocó pelar patatas para la cena familiar. Llevaba un buen rato pelándolas con mucha frustración, batallando con el típico cuchillo de abuela que no corta nada, cuando oí sus pasos acercarse por el pasillo. Abrió la puerta y se me quedó mirando largo rato mientras yo seguía concentrado en mi tarea. Finalmente, dictaminó con sorpresa:

—¡Coooño! —Se produjo un silencio, y por un momento pensé que iba a felicitarme. Pero entonces continuó—: ¡Las pelas como si fuéramos ricos! ¡Mira todo lo que desperdicias!

Sentí una ira verduzca burbujeando en la entrada de mi estómago. ¿Cuál era el sentido de ese ataque gratuito? ¿Qué había hecho yo para merecer esa burla?

—¿Las pela mejor usted? ¡Venga, aquí tiene el cuchillo! —respondí ofreciéndoselo.

Pero, entonces, algo en mi interior cambió al mirar su rostro amargado y profundamente triste. Esa burla era en realidad el producto de una vida en la que posiblemente nadie lo hubiera felicitado por nada. Una vida dura y difícil que lo había convertido en un viejo que sentía la muerte soplándole la nuca, reconcomido de rencor y condenado a la incomunicación. En realidad, yo no sabía absolutamente nada de lo que pasaba por la cabeza de aquel anciano. Tal vez incluso aquella frase era su forma hosca de expresar su amor. Quizás sólo buscaba comunicarse conmigo torpemente. Miré su rostro confundido, a la defensiva, y sonreí.

—¡Es que somos ricos, abuelo! ¡La casa está caliente, tenemos montañas de comida y estamos juntos!

Seguí pelando patatas. No creo que me entendiese, es posible que sólo le llegara mi inesperada sonrisa a través de la sordera. Pero desde ese instante, mi actitud hacia él cambió drásticamente. Y qué si era un viejo resentido. Como dirían los griegos escépticos, para mí era imposible conocer su realidad, seguramente no le faltaban motivos para serlo. Juzgarlo a estas alturas de su vida y la mía sólo nos traería a los dos más rencor y más amargura.

13

Podando el jardín de las emociones: *apatheia*

El concepto de *apatheia* tiene un problema inicial de bulto que no resulta fácil de esquivar. Se parece demasiado a la palabra *apatía*. Y, claro, así no hay quien se haga entender. Por un momento, piensa que la palabra *apatía* no existe. O bien intenta aplicar la *epoché* e imagina que dejar de sentir ciertas cosas no necesariamente es algo malo.

Apatheia proviene del griego, un idioma especialmente dado a combinar palabras para aportar nuevos significados. Como curiosidad, te diré que la palabra griega para mariposa, *petaloúda*, es una contracción de los vocablos *petó*, 'volar', y *louloúdi*, 'flor'. Una flor que vuela. Cuando mi profesor de griego me lo contó, tuve un orgasmo intelectual del que todavía me estoy recobrando hoy, hace ahora dos años, cuatro meses, veintiún días, ocho horas, siete minutos y doce segundos.

Apatheia está compuesto de *a*, que significa 'sin', y *pathos*, que significa 'emoción' o 'sufrimiento'. Pero lejos de sugerir un simple estado comatoso, en la filosofía griega la *apatheia* se refiere a una condición del ser en la cual uno está libre de perturbaciones emocionales. Ojo: es un estado en el que las emociones existen, pero están en armonía con la lógica y la virtud.

El término fue cultivado extensamente por el estoicismo. Los estoicos no buscaban erradicar todas las emociones, sino más bien aspiraban a cultivar las que eran constructivas y alineadas con la naturaleza racional del ser humano. Para ellos, la *apatheia* era una fuerza liberadora, un camino hacia la tranquilidad interior y la sabiduría. Un poco como le ocurrió después a Kant: sentir las pasiones, pero no dejarse dominar por ellas.

En este contexto, la *apatheia* se convierte en una especie de puerta hacia la autenticidad y la libertad personal, permitiendo que uno navegue por la vida no como un barco a merced de las olas, sino como un navegante que conoce y respeta el poder del mar, pero que no permite que éste gobierne su rumbo.

En su esencia más pura, la *apatheia* es un arte del vivir bien: el arte de seleccionar consciente y sabiamente nuestras emociones, como un maestro pintor elige los colores para su lienzo.

Piensa en un jardinero que, con sumo mimo y dedicación, selecciona qué flores cultivar en su jardín. Así es como los estoicos veían las emociones. No todas las emociones deben ser arrancadas del jardín de nuestra psique; algunas, como la alegría genuina, el amor compasivo y el deseo constructivo, son capaces de embellecer y enriquecer nuestra existencia. A las emociones buenas, ellos las llamaban *eupatheiai*: las que te permiten actuar según la razón. Pero otras emociones, como el miedo irracional, la tristeza, la ira destructiva y el deseo desenfrenado, denominadas *pathé*, necesitan ser arrancadas de cuajo, lo antes posible, antes de que inunden los parterres que tantísimo trabajo nos costó cultivar. Si lo piensas un poco, guarda cierta lógica. Imagina una ciénaga en la que crecen los rastrojos y las flores más bellas se ven ahogadas por las malas hierbas. ¿Quién querría vivir en un jardín así?

De hecho, esta selección consciente y sabia de emociones implica una profunda comprensión de nuestra naturaleza humana. Los estoicos entendían que somos seres racionales, pero también emocionales. La *apatheia* no busca negar esta realidad, sino armonizarla. Al elegir qué emociones permitimos que florezcan en nosotros, nos alineamos más estrechamente con nuestra virtud y nuestro propósito en la vida. Buscando la *apatheia*, los estoicos no buscaban anular sus emociones, sino más bien entenderlas, controlarlas y alinearlas con la razón y la virtud. En la *apatheia*, cada emoción tiene su lugar y momento; no se trata de no sentir, sino de sentir de forma adecuada.

En la práctica, esto significa desarrollar una especie de alerta emocional. Ante una emoción que surge, debemos preguntarnos: ¿esta emoción es útil? ¿Es proporcional a la situación? ¿Sirve para algo o simplemente mi cerebro me está jugando una mala pasada? ¿Me ayuda a vivir de acuerdo con mis valores y principios? Si la respuesta es no, entonces, con la serenidad de un maestro zen, permitimos que esa emoción se disipe, no a través de la represión, sino mediante la comprensión y la liberación.

La prima tosca y pobre de la *apatheia*, la apatía moderna, es un silencio en la sala de conciertos, una ausencia de música emocional. Es desconexión, indiferencia, un lugar mental en el que las emociones están ausentes o son tan tenues que apenas se perciben. No existe una selección consciente de emociones; hay una ausencia general de ellas. Un estado de desinterés, desapego y, a menudo, un síntoma de una problemática más profunda, de algo que no encaja en nuestras vidas. ¿Ves ahora la diferencia y por qué era tan importante que olvidaras la similitud de ambos términos? Mientras que la *apatheia* es activa y dinámica, la apatía es pasiva y estática. La *apatheia* implica un compromiso con la vida, una participación consciente en la gestión de nuestras emociones, es la jardinería del alma. La apatía, en cambio, es como un erial abandonado, donde las emociones no se cultivan ni se cuidan.

En la filosofía moderna, la *apatheia* ha encontrado eco en especial en corrientes que valoran la autonomía del individuo y el dominio de sí mismo. Filósofos como Kant, aunque no directamente influidos por el estoicismo, promovieron ideales de autodominio y racionalidad que tienen un regusto reminiscente de la *apatheia*. La idea de que debemos evitar que nuestras emociones gobiernen nuestras decisiones morales y racionales puede verse como una variación moderna del ideal estoico de control emocional.

En la esfera de la psicología moderna, sobre todo en la terapia cognitivo-conductual, encontramos paralelismos notables con la *apatheia*. Esta terapia nos enseña a racionalizar nuestras interpretaciones de todos los eventos de nuestra vida. ¿No es evidente el paralelismo? Por otro lado, la archiconocida escuela moderna del *mindfulness*, que nos invita a observar nuestras emociones plenamente, sin juicio, y sin ser arrastrados por ellas, también comparte similitudes con la *apatheia*. Asimismo, en la ética contemporánea y en debates sobre la inteligencia emocional vemos reflejada la idea de que ser emocionalmente inteligente no significa ser arrastrado por las emociones, sino comprenderlas, manejarlas y utilizarlas de manera adecuada y ética.

Tanto las filosofías clásicas como las formas más modernas de pensamiento nos han proporcionado estrategias para abrir las puertas de nuestra mente a la *apatheia*. Es imposible convertirse de la noche a la mañana en ese jardinero hábil que sabe mantener los parterres inmaculados, e incluso él, seguramente, se encontrará de vez en cuando un tojo brotando entre las rosas. No te preocupes. Nadie dijo que fuera fácil. Supongo que Hércules también se sentiría un poco desbordado cuando el rey Euristeo, que por cierto era su primo, presentó ante él sus doce trabajos, pero les dedicó doce años, y ya ves, al final no le salió tan mal la cosa.

Marco Aurelio sugería enfocar los problemas desde muy arriba. Visualizar una situación problemática desde una perspectiva más amplia y objetiva. Imaginemos ver cada problema como un águila desde los cielos, como un observador externo o un narrador omnisciente. Esta perspectiva puede ayudar a reducir la intensidad emocional y fomentar una respuesta más racional y serena. Así lo dejó plasmado en sus *Meditaciones*:

> Sube a las alturas de una vida filosófica y mira las cosas terrenales desde arriba; observa cuántos ejércitos marchan y cuántos ríos fluyen, cuántas personas nacen y cuántas mueren, cuántas bodas se celebran y cuántos funerales.

Séneca sugería realizar un ejercicio que Cicerón bautizó más tarde como *praemeditatio futurorum malorum*: adelantarse a todos los males. Comerse un sapo, que diría Mark Twain, cuanto más verrugoso mejor, con el primer café del desayuno. Repasar cada mañana los desafíos que cada uno podría enfrentar durante el día y cómo podría responder a ellos de manera estoica. Este ejercicio prepara la mente para mantener la calma y la serenidad ante situaciones adversas.

Supongo que Brian Tracy se habrá inspirado en Séneca y en Twain en su libro *¡Tráguese ese sapo!*, en el que ha refinado y desarrollado el ejercicio de Twain para volverlo un amuleto contra la procrastinación: Tracy asegura que si tuvieras que comerte un sapo vivo hoy, deberías hacerlo a primera hora de la mañana y no después. Porque si no lo haces, pasarás el resto del día mortificado ante la idea de tener que comértelo más tarde. Pero si lo haces nada más levantarte, te sientes aliviado al instante, y todo lo que hagas después te parecerá fácil.

Praemeditatio futurorum malorum ha sido usado a lo largo de la historia por la mayoría de los grandes líderes, aunque no siempre con ese nombre específico. Durante la Segunda Guerra Mundial, preparando a Gran Bretaña para escenarios adversos, Winston Churchill anticipó muchos de los desafíos y estrategias del enemigo. Eisenhower era conocido por su meticulosa planificación para hacer frente a diversos escenarios desfavorables. Durante su largo encarcelamiento, Mandela se preparó mentalmente para los desafíos de negociar el fin del *apartheid* y liderar una nueva forma de vida para la comunidad negra de Sudáfrica. El mismo Milei en Argentina empleó esta estrategia para mentalizar a sus votantes ante la creciente inflación, recordándoles que tendría que pasar un tiempo de penuria antes de volver a alcanzar la estabilidad económica.

Llevar esta técnica a la vida cotidiana puede resultarte enormemente útil. En los desafíos profesionales, en las relaciones personales difíciles, ante la pérdida y el duelo, al gestionar el éxito... Imaginemos, por ejemplo, a Alex, un tipo con una pasión ardiente por la escalada en roca. Para Alex, cada ascenso no es sólo un desafío físico, sino también un diálogo íntimo con la montaña. Sin embargo, en este deporte el filo entre la euforia del triunfo y el abismo del fracaso es precario como la cuerda que lo mantiene vivo. En este contexto, la *praemeditatio futurorum malorum* se convierte en su compañera silenciosa.

Antes de cada ascenso, Alex se sienta, cierra los ojos y se sumerge en la quietud de su mente. Comienza a visualizar no sólo el éxito, sino también todos los posibles contratiempos que podría enfrentar en la montaña: una repentina tormenta que oscurece el cielo, un mosquetón que se desgasta más de lo esperado, o incluso la posibilidad de un error en su juicio que le haga perder el agarre. Con cada imagen que su mente dibuja, también contempla cómo respondería, los pasos que tomaría para garantizar su seguridad y la manera en que mantendría la tan necesaria *apatheia*.

Esta meditación sobre los males futuros no merma su pasión ni su determinación. Al contrario, al abrir los ojos y comenzar su ascenso, Alex se siente más preparado que nunca. La certeza de los riesgos y la preparación mental ante todo lo que está por venir le otorgan una sensación de control y serenidad. Cada movimiento es meditado, cada decisión un reflejo de una mente que ha contemplado el abismo y ha aprendido a danzar en el borde con confianza.

14

El punto justo: *mesotés*

La doctrina del justo medio de Aristóteles —en griego, *mesotés*— sostiene que la virtud se encuentra en el equilibrio entre dos extremos, uno de exceso y otro de defecto. Por ejemplo, la valentía es el término medio entre la cobardía (defecto) y la temeridad (exceso). Se me ocurren muchos más ejemplos: el generoso está entre el derrochador y el avaricioso. El amable entre el indulgente y el huraño. El sincero entre el franco (con perdón) y el falso. Este concepto busca un equilibrio racional y moderado en el comportamiento y las decisiones que podamos tomar en nuestra vida, evitando los extremos que irremediablemente nos hacen sucumbir.

Aristóteles no hablaba de huir de los extremos como quien evita la peste. Nos invitaba a armar un kit de virtudes y hábitos que nos sirvieran para lidiar con las mil y una situaciones de la vida. La *mesotés*, este término medio, consistiría en realidad en un ejercicio de mirarte al espejo, controlarte a ti mismo, encontrar tu propio punto de equilibrio, ese que te funciona a ti y sólo a ti, teniendo en cuenta tu propia película y las circunstancias que te rodean.

Este concepto fue llevado por los griegos a muchos rincones de la vida. Platón, en *Las leyes*, por ejemplo, hablaba de cómo ni la monarquía ni la democracia puras eran la solución, sino una mezcla de ambas. Sin embargo, la filosofía griega no se limitó a hacer apuntes vagos en política. En el arte, por ejemplo, los griegos cultivaron estrictamente la mesura: las estatuas ya no son dioses distantes, sino seres con emociones, con músculos tensos y ropas mojadas que parecen pegadas al cuerpo. Pero no se van al extremo del barroquismo; mantienen una cierta *mesotés*, ese término medio que no cruza la línea hacia el exceso o la sobriedad total.

En cuanto a las obras públicas, eran maestros de la grandiosidad, pero sin pasarse. Piensa en bibliotecas, ágoras, anfiteatros, termas, templos..., construcciones que imponen, pero que no aúllan desesperadamente «mírame». Hay una especie de equilibrio entre la funcionalidad, la estética y la magnificencia sin caer en la extravagancia pura o en la simple utilidad.

Cada escuela de pensamiento helenístico interpretó la *mesotés* y la aplicó de manera diferente a sus sistemas éticos y filosóficos. En el estoicismo, por ejemplo, se enfatiza la importancia de la moderación emocional y el control de los deseos para alcanzar la tranquilidad. Aunque se busca el placer, en el epicureísmo se insiste en que sea un placer moderado y sostenible que a la larga evite el dolor. El concepto era tan axial y tan reconocido y reconocible que llegó a estamparse para la posteridad en el oráculo de Delfos en la máxima de Solón: «Nada con exceso, todo con medida».

La *mesotés* fue luego impregnando lentamente el pensamiento occidental, y floreció más adelante con el *aurea mediocritas*, esa expresión latina —el 'brillo de la moderación'— que nos habla del término *medio dorado*, ese lugar mágico en el que no se tocan los extremos. El viejo truco de decir que ni mucho ni poco, justo lo necesario. Una idea que nos lleva de vuelta a Horacio y sus *Odas*, en las que nos pintaba un cuadro de una vida sin miserias de techos que se desploman ni palacios que despiertan envidia. Un poco como decir: «Mejor en mi casita tranquilo que en un castillo con problemas».

En la cultura y filosofía romanas, la moderación era considerada una virtud importante, vista como un medio para alcanzar una vida armoniosa, y este concepto se cultivó y se mantuvo a lo largo del tiempo en varios aspectos de la cultura occidental. En la literatura, en la filosofía e incluso en algunos aspectos de la ética y la conducta social se ha valorado la idea de buscar un «camino medio» o un estado de equilibrio y moderación.

Como ocurre con la *apatheia*, eso de *aurea mediocritas* nos hace torcer el gesto de inmediato. *Mediocre*, esa palabra que hoy suena a algo de calidad media, incluso tirando a malucho. No obstante, en su origen, *mediocritas* no tenía esa connotación tan desabrida. Es un juego lingüístico que refleja cómo cambian las percepciones con el tiempo.

La importancia de la *mesotés* en la cultura griega era tal que es el epicentro de una de las historias más bellas de su mitología.

Dédalo era el más grande de los inventores de Grecia. Su talento desbordante, su fecunda imaginación y la habilidad de sus manos lo habían hecho famoso mucho más allá de los confines de su Atenas natal. Él fue el pionero en el arte de la carpintería, creó la primera casa de baños y diseñó la primera pista de baile. De las manos de Dédalo habían brotado esculturas tan realistas que el mismísimo Hércules había llegado a confundirlas con personas de carne y hueso. Aunque reconocido, apreciado y célebre, Dédalo era en verdad un personaje egoísta y celoso, envenenado de ese toque de vanidad que sólo los verdaderos genios son capaces de vestir como una capa impenetrable. Corrían rumores de que su sobrino, Perdix, aprendiz suyo desde hacía algunos años, estaba superando al maestro, por lo que decidió acabar con su vida. Sin embargo, fue descubierto, y como castigo fue expulsado junto con su hijo Ícaro fuera de Atenas, a los confines del imperio.

Dédalo tomó entonces un barco y se dirigió a Creta. Su fama le había precedido, y allí fue recibido con honores en calidad de asesor técnico del palacio por el rey Minos. Dédalo siguió expandiendo entonces los límites de su imaginación, su talento y su habilidad. Para los hijos del rey, fabricó pequeños autómatas que parecían vivos. Para Minos, inventó el mástil de los veleros, de tal forma que su armada era temida en los siete mares, y dio así a los hombres el control sobre las fuerzas de los vientos. Con cada creación, Dédalo desafiaba más y más a los dioses, quienes comprobaban enfurecidos que poco a poco iba ganando espacio en destrezas y habilidades que hasta entonces sólo ellos podían disfrutar. Hasta que un día Dédalo cruzó la frontera.

Minos había prometido sacrificar a Poseidón aquello que el dios le enviara del mar para probar su derecho al trono de Creta. Esperando que Minos lo inmolara en su honor, Poseidón le había enviado un soberbio toro blanco. Sin embargo, Minos, maravillado por la bravura del animal, decidió conservarlo y sacrificó otro mucho más enclenque en su lugar. Enfurecido por la afrenta, Poseidón se propuso castigar a Minos haciendo que Pasífae, su esposa, se enamorara locamente del toro. El toro era una bestia orgullosa, poderosa, de amplia cornamenta blanca y piel suave, músculos tensos y movimientos elegantes. Observándolo pastar en las dehesas, la reina sentía alojado en el interior de sus entrañas un sol ardiente y burbujeante de lascivia. En sus noches oscuras, la reina gozaba en su lecho real, imaginándose montada por aquella prodigiosa bestia. Poseída por el hechizo, Pasífae suplicó a Dédalo que la ayudara a seducir a aquel hermoso animal.

Con su característica audacia, Dédalo en secreto accedió a ayudar a la reina. Desplegó pergaminos e hizo infinidad de dibujos a escala, trabajó sin descanso con buriles, sierras, cinceles y martillos durante días y días, semanas y meses. Talló madera de pino y esculpió la estatua de una vaca hueca en cuyo interior se ocultó Pasífae. La estatua fue depositada en la dehesa bajo la luz de la luna llena. Enardecido por la belleza ultraterrena de aquella estatua blanca, el toro enloqueció de lujuria y la montó con la fuerza de mil soles. Y allí estaba Pasífae, acurrucada a cuatro patas en el interior de la vaca, con su vulva asomando por un agujero entre las nalgas de la escultura. Dentro de la creación de Dédalo, sometida a los placeres de la carne, Pasífae sintió las embestidas salvajes del toro del rey Minos, su enorme miembro desgarrándola por dentro con un placer indescriptible, como hembra alguna ha sentido jamás. El toro, por fin, con un bramido poderoso, desparramó su simiente en tromba en las entrañas de Pasífae, que fruto de aquella unión dio a luz nueve meses después a una extraña criatura: el bebé era un trémulo minotauro, mitad humano, mitad toro. Por supuesto, esto enfureció al rey

Minos, que culpó a Dédalo por permitir una perversión tan horrible de la ley natural. Como castigo, Dédalo se vio obligado a construir un intrincado laberinto bajo el palacio para sepultar en él al minotauro hasta el fin de sus días.

Cuando se terminó de construir el laberinto, Minos, todavía envenenado de rencor, encerró a Dédalo y a su único hijo, Ícaro, en lo alto de la torre más alta de la isla de Creta, donde fueron condenados a permanecer cautivos hasta la muerte. Pero Dédalo seguía haciendo gala de su ingenio. Mientras contemplaba el vuelo de las aves que rodeaban su prisión, rozando las nubes, tuvo una idea: él y su hijo Ícaro volarían lejos de su cárcel, imitando a los dioses y a los pájaros. Así, durante meses, él e Ícaro fueron guardando con enorme paciencia las plumas que se caían de las alas de las parvadas de gaviotas, palomas y golondrinas que sobrevolaban la torre, y rasparon la cera de las velas que iluminaban sus interminables noches. Cuando hubo juntado suficiente material, Dédalo construyó dos pares de alas gigantes, enlazando las plumas entre sí, asegurando las más grandes con hilo y las más pequeñas con cera, y le dio al conjunto la suave curvatura de las alas de un pájaro. Ícaro buscaba ser útil, agachándose para recoger plumas y moldeando cera entre sus dedos, sin saber que, sin querer, entorpecía la tarea de su padre.

El día de su partida, Dédalo hizo a su hijo una solemne advertencia: volar demasiado bajo empaparía las plumas con la espuma del mar, haciéndolas demasiado pesadas. Elevarse demasiado haría que el sol derritiera la cera. Ambos escenarios auguraban un final fatal. Así, la única vía hacia el éxito radicaba en mantener un equilibrio, volando a una altura intermedia.

Con las instrucciones claras, ambos saltaron de la torre. En ese momento de gloria, fueron los primeros hombres mortales que volaron jamás. El rugir del viento, los rayos del sol, el bramar del mar escupiendo espuma, los olores embriagadores de las algas secándose al mediodía, de las piedras cuajadas de salitre, de los campos estallando de vida: todo alrededor de Ícaro era un mundo nuevo. Divisó manadas de delfines danzando sobre las olas, el vuelo en picado de los cormoranes, el bramido sordo de una solitaria ballena saltando sobre la película resplandeciente del mar. Se embriagó por el tacto esponjoso de las nubes, sintió la brisa acariciando su piel tersa y desnuda, el aletear inquieto de traviesas gaviotas.

Ícaro era joven y desafiante. La muerte no era para él una opción posible. Por lo tanto, mientras que Dédalo se quedó volando cuidadosamente entre dos mundos, Ícaro se sintió enardecido por el éxtasis del vuelo. Sintiéndose el rey del mundo, emprendió una ascensión deslumbrante hacia el añil de los cielos. Alto, más alto, era una lanza más allá de las nubes. El cielo se oscureció y mil estrellas comenzaron a despuntar a plena luz del día, y la Tierra, que había sido su cárcel tantos años, se volvió más y más insignificante. Su confianza, inflada por los vientos, hizo que el muchacho comenzara a creerse no sólo un rey, sino un dios mismo, y así continuó ascendiendo mientras allá abajo el mundo se hacía cada vez más pequeño.

Corroído por la impotencia, Dédalo sólo pudo observar con horror cómo su único hijo ascendía más y más alto. Lo llamó a voz en grito, su llanto desesperado se perdió entre las nubes mientras Ícaro seguía ascendiendo en su vuelo, deslumbrado por el bramido del viento y la luz dorada del mediodía. Cuando el joven se quiso dar cuenta de cuán alto había llegado su osadía, era demasiado tarde, y el calor del sol ya había empezado a derretir la cera de las alas.

Ícaro se dejó llevar por la misma arrogancia que había demostrado su padre cuando desafiaba las leyes de los dioses para alimentar su ego. Dédalo presenció entonces la imagen terrible de su hijo precipitándose a gran velocidad, sin que él pudiera hacer nada para evitarlo, en las profundas aguas del mar, que desde entonces se conocería como el mar de Icaria.

Finalmente, ambos sufrieron las consecuencias de desviarse del camino de la moderación: Ícaro lo pagó con su vida; y Dédalo, con su pesar. Carcomido por la tristeza, Dédalo partió hacia Sicilia, donde fue acogido por el rey Cócalo. Allí, el inventor y arquitecto vivió hasta sus últimos días sin volver a crear nada. El recuerdo de su hijo cayendo en picado en las aguas del mar lo atormentaba, y al no querer ceder de nuevo a su vanidad, decidió habitar de una manera más humilde hasta el fin de sus días.

La historia de Ícaro nos dice que la vida es un regalo y que, manteniendo el equilibrio, podemos asegurar un vuelo largo y lleno de experiencias y de placeres. El sol y el océano son los extremos de negarte la posibilidad de hacer cosas o de entregarte a veleidades peligrosas. Volar en medio de ambos, la tan ansiada *mesotés*, es la respuesta. La caída de Ícaro es un relato trágico sobre la cautela. Siempre es mejor un vuelo rasante, aunque largo y lleno de satisfacciones, que el fogonazo de luz de un par de segundos con el que un meteoroide se estampa contra la atmósfera.

15

Bastarse a sí mismo para hacer frente al mundo: *autarquía*

El término *autarquía* ha sido adoptado en muchas vertientes de nuestra vida como sinónimo de autosuficiencia. Bueno, de hecho, la traducción literal de la palabra es precisamente esa: *autarkeia*, donde *auto-* significa 'por sí mismo' y *-arkeia* se relaciona con el sufijo que indica poder o autoridad. Se habla de la autarquía en la economía, en la Administración pública, en los Estados, en la política. En todos estos casos, hace referencia a bastarse a uno mismo, y en muchas ocasiones se ha confundido la autocracia (el poder absoluto de un gobierno) con el autarquismo (el rechazo a toda forma de gobierno).

Quizás la política haya sido la que más ha ordeñado este concepto. La autarquía, ese sueño loco de ser una isla autosuficiente, ha sido el juguete de todo tipo de ideólogos, en especial de los soñadores de la izquierda: el socialismo africano, el mutualismo, el comunismo de guerra y otros tantos -ismos que se pelean por ver quién se desconecta mejor del mundo para montar sus propias verbenas lejos de los ojos curiosos o, más bien, para proteger sus preciados recursos de los vecinos que miran con ojos hambrientos. Piensa en Pol Pot y su empeño por convertir Camboya en un arrozal, con eróticos resultados para casi dos millones de personas. Sin embargo, la derecha y los nacionalismos también han coqueteado con esta idea, viéndola como un vehículo para mantener sus tradiciones, sus industrias y, quizás, sus bolsillos llenos. No olvidemos el plan económico del tío Paco en España desde el final de la Guerra Civil hasta los años sesenta.

Sin embargo, en filosofía ha adoptado unos matices peculiares. Hablamos de *autarquía* cuando nos invitamos a tener presentes nuestras propias características, nuestras cualidades, cuando tomamos conciencia de que podemos —debemos— bastarnos a nosotros mismos para ser felices.

Tanto para los cínicos como para los epicúreos y los estoicos, la *autarquía* es la forma de autonomía que se consigue cuando prescindimos de nuestras necesidades y cuando abrazamos la indiferencia ante las penurias y, muy en especial, ante lo material. Filósofos como Sócrates, Platón y Aristóteles ya contemplaban la idea de una vida autosuficiente, aunque cada uno lo contaba a su manera.

Sócrates no hizo especial hincapié en el tema, pero su modo de vida, su desapego de las necesidades materiales y su búsqueda de la sabiduría son ejemplos vivientes de este concepto. A través de los diálogos de Platón, vislumbramos a un Sócrates que en su constante cuestionamiento parece encontrar en la comprensión y el conocimiento interno una forma de autosuficiencia emocional e intelectual. La importancia de la *autarquía* en Sócrates se ve reflejada en su forma de vida: se dice en la *Apología* que nunca cobraba por enseñar, nunca aceptaba regalos, y condenaba a los mendigos por ser una carga para los demás. Si fuera un youtubero ni siquiera monetizaría su canal. Platón, discípulo de Sócrates, en su obra *La República* explora la idea de autosuficiencia en el contexto de una ciudad-Estado ideal. Para él, la *autarquía* no es sólo un asunto personal, sino también político y social. La polis ideal es aquella que no depende de otros para su subsistencia o para mantener su forma de vida. Pero en el terreno individual, llegó a equiparar la *autarquía* a la perfección, considerándola la base para la felicidad de todos y cada uno de nosotros. Aristóteles, a su vez, ofrece una visión más pragmática y terrenal de la *autarquía*. En su *Ética a Nicómaco* postula que la verdadera felicidad proviene de la realización y perfección de las virtudes, un estado que, en cierto modo, debe ser autosuficiente. Sin embargo, Aristóteles reconoce que los seres humanos somos por naturaleza seres sociales o, como diría John Donne, ningún hombre es una isla y, por lo tanto, la autosuficiencia completa es más un ideal que una realidad práctica.

Avanzando en el tiempo, pero retrocediendo a la simplicidad, nos encontramos con los estoicos. Para ellos, la *autarquía* era fundamental en sus vidas. La verdadera felicidad, argumentaban, no depende de los demás, sino del control de las propias pasiones y deseos, de la capacidad de vivir conforme a la razón y la naturaleza. En este sentido, la *autarquía* se convierte en sinónimo de libertad, una libertad interna frente a las vicisitudes, favores y caprichos del mundo exterior.

La idea de la autosuficiencia fue sembrada entonces y recogida milenios después. En el terreno de la psicología resuena con conceptos modernos como la resiliencia —tan de moda en la actualidad, hasta el punto de que muchos le han cogido tirria al palabro— y la autosuficiencia emocional. Por ejemplo, estudios en psicología positiva subrayan la importancia de encontrar satisfacción en uno mismo y de desarrollar una fortaleza interna que no dependa excesivamente de factores externos. En este sentido, la *autarquía* no se trata tanto de aislarse, sino de cultivar una relación equilibrada con el mundo, en la que la felicidad no sea rehén del mundo exterior.

Curiosamente, podríamos ver un paralelismo entre la *autarquía* y ciertas prácticas contemporáneas como el minimalismo, que busca reducir las necesidades y dependencias materiales para enfocarse en lo esencial de la vida. O incluso en el movimiento de autoayuda, en el que el énfasis en el autodescubrimiento y la autosuficiencia emocional refleja, aunque de manera distinta, aquel antiguo ideal griego.

No nos engañemos. La autosuficiencia total es una utopía, un ideal romántico. Necesitamos a los demás, aunque sólo sea para recordarnos que somos humanos. Pero en un mundo donde estamos cada vez más conectados y, paradójicamente, más solos, aprender a valerte por ti mismo es como tener un as bajo la manga o un superpoder oculto.

Imagina que eres un programador *freelance*, y un martes

cualquiera se produce una tormenta perfecta que haría perder los cabales a un santo Job anestesiado: una importante reunión de trabajo se cancela sin previo aviso, tu ordenador no arranca y pierdes horas de trabajo no guardado y, para colmo, en tu barrio se corta el servicio de internet por obras no anunciadas. Para muchos, éste sería un cóctel perfecto para un desastre emocional; sin embargo, decides tomarlo como una oportunidad para ejercitar tu *autarquía.*

Primero, ante la cancelación de la reunión, en lugar de ceder al enojo o la frustración, aprovechas el tiempo extra para meditar y reorganizar tus prioridades, para recordar que tu valía no depende de la validación externa de clientes o proyectos, sino de tu capacidad para adaptarte y encontrar satisfacción en tu propio crecimiento y aprendizaje. Luego, enfrentado a la pérdida de tu trabajo debido al fallo del ordenador, respiras hondo y recuerdas que la verdadera maestría en tu oficio no reside en el código perdido, sino en el conocimiento y la experiencia que has acumulado a lo largo de los años, y eso no te lo puede arrebatar ningún error en ningún disco duro. Por último, la ausencia de internet, lejos de ser el obstáculo final en tu ya de por sí caótico día, se convierte en una invitación a desconectar y recargar. Te pones a leer un libro y redescubres el placer de aprender sin la constante interrupción de las jodidas notificaciones. A través de estos desafíos, aprendes que ser autosuficiente no significa aislarse o negar la necesidad de otros, sino encontrar un equilibrio en el que la felicidad depende únicamente de tu fortaleza interna y de una paz que se cultiva día a día.

La práctica de la *autarquía* no requiere condiciones extraordinarias o retiros espirituales lejos del mundanal ruido; está al alcance de nuestras manos, en las pequeñas adversidades y decisiones cotidianas. La *autarquía* nos enseña a enfrentar la vida con una serenidad firme, nos recuerda que a pesar de los vaivenes del destino podemos encontrar un refugio inmutable en la fortaleza de nuestro propio ser.

Como casi todo en esta vida, supongo que aquí lo crucial es llegar a un compromiso entre ser un Robinson Crusoe moderno y acabar como un ermitaño loco hablando con una pelota a la que has puesto de nombre Wilson.

Sin embargo, sí creo que es importante crear un escudo mental que sirva de puñetazo en la mesa en este mundo de dependencias. ¿Economía? ¿Sociedad? Te burlas de ellas cuando puedes cultivar tus propias zanahorias o cuando no necesitas que un gurú te diga cómo vivir. Es un grito de independencia, un «yo puedo solo» en la cara de un sistema que te quiere atado de pies y manos.

Pero no constituye sólo un acto de rebeldía. Bastarse a sí mismo es también un ejercicio de introspección profunda. Te enfrentas a tus demonios, a tus miedos, y aprendes qué es en realidad lo que te hace funcionar. Es como desarmar un reloj y volver a armarlo, sólo que el reloj eres tú. Es saber bailar con tus propios pasos en este loco baile que es la vida.

16

Duerme tranquilo por las noches: la *areté*

Antes de entrar en materia, hay otro asunto que debemos abordar y que reconozco que es un poquito coñazo, pero analizarlo brevemente nos ayudará a comprender mejor el pensamiento que nos dejaron los que vinieron antes.

En su esencia, la *virtud —areté—* es la cualidad de ser moralmente bueno y justo, una brújula interna que guía nuestras acciones hacia lo que es correcto y ético. Sin embargo, la interpretación y el énfasis de la virtud varían según los filósofos y las épocas.

En la filosofía aristotélica, la virtud ocupa un lugar central en su ética, y su enfoque es conocido como *ética de la virtud* o *ética aristotélica*. Aristóteles considera que la virtud es esencial para lograr la *eudaimonía*. Es el camino que nos lleva a ella. Para Aristóteles, la virtud es una cualidad moral que se encuentra en el punto medio entre dos extremos viciosos, concepto que ya hemos analizado al hablar de la *mesotés*. Aristóteles identifica una serie de virtudes morales, como la generosidad, la honestidad, la amistad, la justicia y la moderación, entre otras. Cada una de estas virtudes está en el punto medio entre dos extremos viciosos. Por ejemplo, nos invita a no ser ni tacaños ni excesivamente pródigos, a no ser esclavos de los demás ni a abandonar su amistad. Aristóteles nos advirtió de que las virtudes no son innatas. Debemos entrenarnos y desarrollarlas como hábitos mediante la repetición. Para cultivar la virtud, uno debe practicar actos virtuosos una y otra vez hasta que se conviertan en parte de su carácter. Intenta ser un poquito bueno todos los días hasta que la bondad se convierta en parte de ti. Sin más. Durante un tiempo seguí en YouTube a un campesino estadounidense, Justin Rhodes, que cría gallinas en su granja de Carolina del Norte. Sus vídeos eran maravillosos para garantizarte una siesta placentera, prácticamente todos los días ocurría lo mismo. Uno de sus lemas era que debía mejorar cada día un 1 por ciento. Siguiendo esa teoría, en poco menos de tres meses habrías mejorado un cien por cien. Ya sé que suena un poco a filosofía barata, pero, coño, es que tiene razón: la *areté* se alcanza poquito a poco.

Sin embargo, en el mundo moderno la búsqueda de la *areté* no está exenta de desafíos. En nuestros días, a veces la *virtud* puede parecer un concepto pasado de moda, y si alguien te invita a practicarla seguramente te parecerá un loco, y si la defiendes abiertamente es posible que te tilden de sieso o de gilipollas. La presión por el éxito a cualquier coste puede llevar a la corrupción moral y la falta de ética en los negocios y la política, y esa misma corrupción cotidiana que sufre nuestro mundo puede hacernos proclives a abandonar ese concepto apolillado. En este contexto, filósofos contemporáneos como Alasdair MacIntyre han argumentado que necesitamos redescubrir la *virtud* en nuestras vidas. Sugieren que la virtud no es sólo una cuestión de ética personal, sino que también es esencial para la construcción de una sociedad justa y moralmente sólida.

Podemos y debemos encontrar la virtud en nuestras vidas manifestándose como una flor en la mierda en actos cotidianos de bondad, honestidad y empatía.

Tercera parte

Epicureísmo

17

De cómo el control de los placeres puede cambiar tu vida

En la estatuaria antigua, Sócrates es invariablemente narigudo y feo. Marco Aurelio, el emperador estoico, parece un tipo en el que se puede confiar. Epicuro, con los ojos profundamente hundidos detrás de una frente fruncida, parece estar permanentemente de mala hostia. No es un voluptuoso, ni un aburrido gastronómico. Es un radical con una idea ardiente. Aún arde con fuerza.

Epicuro se enmarca en una corriente filosófica más amplia, el hedonismo, que tuvo dos escuelas principales: la cirenaica, dirigida por Aristipo de Cirene, y la epicúrea, encabezada por él. Hablar de la escuela cirenaica y la epicúrea es como comparar una noche de fiesta a lo loco con una cena de tranquis entre amigos. Los cirenaicos llevaban el placer al extremo. Para ellos, la vida era un festival enloquecido de sensaciones y placeres inmediatos. No les interesaba el mañana, sólo el aquí y ahora, y si eso significaba zambullirse de cabeza en los placeres más carnales y efímeros, pues adelante, qué coño, hemos venido a emborracharnos, el resultado nos da igual. En cambio, Epicuro y sus seguidores eran más como esos tipos que prefieren una buena charla y una copa de vino. Su visión del hedonismo era más refinada, más sutil. Epicuro no negaba el placer, pero lo entendía de una manera más... sostenible, a falta de una palabra mejor.

Mientras que los cirenaicos se lanzaban de cabeza a cualquier fuente de sensualidad, sin preocuparse demasiado por las consecuencias, los epicúreos buscaban un equilibrio. Consideraban que algunos placeres llevaban a más dolor a largo plazo y, por lo tanto, debían evitarse. Su enfoque era más estratégico, pensaban en el bienestar a la larga. A mí me caen mejor, pero supongo que serán cosas de la edad.

Epicuro fue un filósofo despreocupado que voluntariamente en vida se alejó de los dioses y de la política. Él sólo quería disfrutar. Su doctrina nunca tuvo una escuela consolidada como la de los grandes filósofos de la época, como la de Aristóteles en su Liceo o Platón en la Academia. Pese a que en cierto modo creo que Epicuro disfrutaba de esta intimidad. Se dice que era conocido por su amor a los gatos y que tenía varios como mascotas en el Jardín. Al parecer, mientras dictaba sus lecciones, Epicuro a menudo acariciaba a los mininos y los usaba como ejemplo para ilustrar cómo buscar la satisfacción en las cosas simples y cotidianas.

Los epicúreos se dedicaron a la búsqueda del placer, pero su filosofía abarcó mucho más, porque para alcanzarlo se centraron en la disminución del dolor y en la importancia de la racionalidad. Mostraron un profundo interés por llevar una vida pensante, un concepto que en la actualidad podría interpretarse como el acto de consumir de manera consciente.

La obra de Epicuro ha llegado a nosotros a través de un poema, *De rerum natura* o *Sobre la naturaleza de las cosas*, un mamotreto de algo más de siete mil líneas escrito por el filósofo romano Lucrecio, que vivió dos siglos y pico después de Epicuro. Asimismo, entre los papeles de Herculano, lo primero que se ha llegado a descifrar son textos epicúreos, más en concreto su *tetrapharmacos*, del que hablaremos un poco más adelante. *De rerum natura* se mantuvo limitado a un reducido círculo de eruditos hasta que, según se cuenta, fue redescubierto en el siglo xv, momento en que supuso un desafío radical al cristianismo.

Para el hombre moderno, el poema ha envejecido sorprendentemente bien. Lucrecio se queda a gusto. Argumenta que la realidad se compone de partículas invisibles y que ni el espacio ni el tiempo tienen fin. Ve la naturaleza como un laboratorio inagotable y fascinante, la sociedad humana como consecuencia de la lucha por la supervivencia, niega rotundamente la existencia de un más allá, considera a las religiones engañifas y sostiene que el universo carece de un propósito determinado. Para él, el mundo es material y tan sólo nos permite cierto margen para el libre albedrío. Entonces, ¿cómo deberíamos vivir? De manera racional, despojándonos de engaños y falacias estériles. Al reducir el dolor que provocan, conseguimos alcanzar la paz de espíritu.

El concepto de *ataraxia* redimió de alguna forma al epicureísmo. Epicuro estaba convencido de que los seres humanos debían aspirar a vivir en un estado perpetuo de dicha. Si bien esto puede parecer una filosofía superficial de indulgencia o de codicia, en realidad es todo lo contrario gracias a la *ataraxia*. Fíjate bien en esta frase: el objetivo del epicureísmo no es satisfacer tus deseos, sino *cambiarlos*.

El hombre que disfruta de un vaso de agua fresca obtendrá más placer en su vida que un hombre que quiera disfrutar de vinos finos cada vez más caros. Nuestras necesidades, la sed, el hambre, son simples. Nuestros deseos, en cambio, son complejos, caprichosos, cambiantes. Si nuestras necesidades básicas fueran nuestros deseos, nos sentiríamos plenos todo el tiempo. Así pues, el epicúreo no busca cualquier tipo de placer ni a toda costa. Si estás pensando en salir a comprar unas medias de látex muy caras para dar rienda suelta a tus fantasías sexuales más enrevesadas te estás equivocando. Epicuro no abogaba por la indulgencia despendolada, sino más bien por la satisfacción de los deseos naturales y necesarios para la supervivencia y el bienestar. Según los epicúreos, la *ataraxia* se logra al evitar los deseos innecesarios y los placeres que llevan al sufrimiento. La filosofía debía ayudarnos a alcanzar la *ataraxia* al permitirnos distinguir entre deseos naturales y vanos.

Desde la perspectiva del hombre moderno, si se toma a la ligera, si sólo atendemos a sus eslóganes de buscar la felicidad a través del placer, el epicureísmo tiene una mala fama injustificada. Esto es así porque el hombre del siglo XXI ha modelado su moral y sus costumbres basándose en dos pilares muy sólidos que han conformado quiénes somos y quiénes aspiramos a ser. Por un lado, la sociedad occidental se basa en la productividad por razones filosóficas y culturales que se remontan a la época de la Ilustración y la Revolución Industrial. Durante este período histórico se produjo un cambio significativo en la forma en que entendemos la naturaleza humana y su relación con el mundo. Como movimiento intelectual, la Ilustración enfatizó la razón y la ciencia como herramientas para el progreso humano. La Revolución Industrial, por su parte, trajo consigo una nueva forma de organización económica basada en la producción en masa y la eficiencia, lo que condujo a una mayor riqueza y prosperidad para las sociedades occidentales a costa de una más que evidente pérdida de sentido y propósito.

Estos movimientos filosóficos y económicos tuvieron un impacto brutal en la forma en que se entendía la naturaleza humana y su relación con el mundo. La productividad se convirtió en un valor central, y desarrolló una cultura del trabajo y el logro que valora el éxito individual sobre todas las cosas. El trabajo se ha convertido en una forma importante de definir la identidad de las personas, lo que ha llevado a una cultura de esfuerzo y dedicación para alcanzar objetivos personales y profesionales, y a que en las cuatro líneas que pueden escribir sobre sí mismas en sus perfiles en redes sociales, las personas empiecen diciendo en qué trabajan, y ya si eso, todo lo demás. Por otro lado, somos herencia de lo que dictaron los padres fundadores de las religiones abrahámicas. En concreto, en el judaísmo y el cristianismo, el placer no es considerado como un fin en sí mismo, sino como algo que debe ser controlado y dirigido hacia objetivos virtuosos y justos. Además, la idea de que la felicidad es el objetivo principal de la vida puede ser vista como egoísta y materialista, dado que para estas religiones la vida tiene un propósito más elevado y trascendental. Las religiones abrahámicas dieron desde siempre un valor axial al sufrimiento y el sacrificio, y han tendido a ver la búsqueda del placer, la pereza o el hedonismo como pecados capitales.

Por ese motivo, hoy Epicuro es visto como un holgazán y su filosofía un canto a la mediocridad y a la laxitud.

Cuando la gente recurre a las antiguas filosofías terapéuticas, o artes de la vida, suelen buscar consuelo en el estoicismo. Pero el epicureísmo, que insiste en que aprendamos a ser felices con menos, es tal vez una mejor opción para la vida ansiosa y enloquecida del hombre moderno.

La razón por la que el epicureísmo no se menciona a menudo en este contexto es que durante más de dos mil años ha sido malinterpretado. Hoy en día, el epicureísmo se considera una forma de conocimiento gastronómico. En la Antigüedad, era exactamente lo contrario.

18

En un jardín a las afueras de Atenas

Un buen día, Epicuro abandonó la ciudad de Atenas por una casa y un jardín fuera de sus murallas. Imagínate esa casa. Tal vez habría tenido paredes de piedra caliza o arcilla y un techo de tejas rojas o de paja. La entrada habría estado quizás adornada con un par de columnas dóricas sencillas, en línea con la arquitectura griega de la época. Alrededor de la casa, habría un pequeño huertecito con una parra umbría bajo la que sentarse a charlar al atardecer. El interior sería austero, con bancos de madera, una mesa sencilla y tal vez un lecho de paja. Aquí y allá habría jarrones de cerámica, aperos de labranza, utensilios de cocina decorados con motivos geométricos o toscas escenas de la vida cotidiana, una característica común en la artesanía griega de la época.

Ahí se fundó un rincón de despreocupación filosófica, el Jardín de Epicuro. Un lugar en el que las uvas de la sabiduría cuelgan bajitas, listas para ser arrancadas, y los senderos están plagados de pensamientos libres de todo miedo y ansiedad.

Aquí, el cielo no se despliega en un amasijo de divinidades cascarrabias y vengativas, sino como el techo de un mundo infinito en el que se celebran orgías estelares. Los dioses, si es que existen, están demasiado ocupados con sus propios enredos cósmicos como para entrometerse en los asuntos humanos.

Este Jardín es el escenario de una rebelión tranquila contra la tradición. No hay tronos de marfil para los sabios ni un culto a la mortificación. Aquí, el placer es el rey, y es un placer refinado que busca la tranquilidad del alma y la ausencia de dolor. Los bancos están llenos de almas que aprendieron a darse cuenta de que sus deseos más grandes pueden satisfacerse con las cosas más pequeñas. Aquí, los banquetes de filosofía se sirven con platos de gratitud y copas de amistad. No se permiten las discusiones altisonantes, sólo el diálogo tranquilo y el intercambio de ideas que buscan aliviar el sufrimiento humano. La vida en este Jardín está lejos de ser una carrera sin sentido hacia la riqueza y la fama. En cambio, es un paseo alegre y despreocupado por senderos de simplicidad. Los problemas de la vida se resuelven no a través de sacrificios hercúleos, sino con un enfoque práctico y realista.

Epicuro planteó abordar su filosofía de vida deliberadamente lejos del bullicio de la ciudad y de la tediosa seriedad de la Academia platónica y el Liceo aristotélico. Lo que Epicuro buscaba era un lugar donde sus discípulos y él pudieran entregarse a la reflexión profunda y al cultivo del alma, pero siempre con una sonrisa en los labios y una chispa de humor en los ojos. Un lugar en el que pudieran reír a carcajadas de las ironías y absurdos de la vida.

El Jardín de Epicuro se convirtió rápidamente en un lugar legendario, donde se reunían personas de toda condición y clase social: hombres, mujeres (incluso cortesanas), esclavos y seres virtuosos y disolutos. Todos ellos compartían el deseo de aprender, reflexionar y, sobre todo, disfrutar de la vida sin prejuicios ni ataduras. En el Jardín, la amistad y la convivencia eran los pilares fundamentales de la vida, y la filosofía epicúrea se entendía más como una forma de vida que como un conjunto de teorías abstractas.

La vida en el Jardín de Epicuro era un festín de placeres intelectuales, emocionales y sociales. Los discípulos y visitantes se entregaban a la lectura, al estudio, a la meditación y al debate, pero siempre con humor y alegría. El sarcasmo y la ironía eran armas filosóficas que se esgrimían con maestría en las charlas y discusiones que tenían lugar en las sombras de los árboles y bajo el sol radiante de la campiña ateniense.

Epicuro enseñaba a sus discípulos a enfrentarse a los temores y preocupaciones de la vida con una sonrisa y una actitud lúdica. El miedo a la muerte, el miedo a los dioses y el deseo desmedido de placeres y bienes materiales eran temas que se trataban en el Jardín con humor y desenfado, en busca de la serenidad y la felicidad. Y, por supuesto, también se combatían con risas y sarcasmo las ideas y prejuicios de otras escuelas filosóficas, como el platonismo y el aristotelismo.

Aunque el Jardín de Epicuro desapareció físicamente tras la invasión de los hérulos en el siglo III, el legado de risas, sabiduría y placeres que dejó a la humanidad sigue vivo en la imaginación y en las obras de los filósofos y escritores que han seguido sus enseñanzas. Desde el mismísimo Lucrecio hasta los más modernos pensadores y artistas, la laxitud y la visión sencilla y despreocupada epicúreas han sido un bálsamo y un refugio contra los sufrimientos y las penurias de la vida.

Hay innumerables películas que han inspirado a generaciones enteras basadas en la premisa de la felicidad sencilla de aquel Jardín ateniense. ¿Recuerdas *La gran belleza*, de 2013? En ella se explora la belleza y los placeres de la vida a través de los ojos de un escritor en Roma. La semilla de Epicuro florece con fuerza en *Come, reza, ama* (2010), película en la que una mujer emprende un viaje de autodescubrimiento en busca de placer, espiritualidad y equilibrio en su vida. *El festín de Babette* (1987) es un canto al epicureísmo, y *Siddhartha*, tanto la novela como la película homónima, exploran la búsqueda de la felicidad y la tranquilidad a través de lo más sencillo del mundo. En cierto modo, *El club de los poetas muertos* (1989) narra la historia de un jardín epicúreo, en el que un grupo de muchachos se alejan del academicismo y el mundanal ruido para buscar propósito y belleza en la literatura y la camaradería.

Hoy en día podemos pensar en el Jardín de Epicuro como un refugio en el que los placeres de la mente y el espíritu se entremezclan con la belleza de la naturaleza y la risueña camaradería de los amigos. Un símbolo de desapego, deleite y ánimo imperturbable que nos enseña a reírnos de nosotros mismos y del mundo que nos rodea, a desentrañar los misterios de la vida con una sonrisa y a no tomarnos demasiado en serio.

Quienes lo siguieron en busca de la felicidad adoptaron el principio del placer como guía. Sin embargo, Epicuro creía que el placer más rico de todos era la libertad del sufrimiento. Algo que él denominaba *aponía*. Insistía: «Por placer entendemos la ausencia de dolor en el cuerpo y de problemas en el alma». Fíjate que en comparación con las búsquedas de placer más enrevesadas y más obsesivas del hombre moderno, la búsqueda de placer de Epicuro se nos antoja, cuando menos, modesta. ¿En serio? ¿Sólo es eso? ¿Sólo evitar el dolor? *Really, bitch?*

Intentaré explicártelo con un ejemplo muy cercano y que muchos de nosotros hemos padecido en primera persona.

Es posible que durante muchos años hayas luchado contra algún tipo de adicción. La mía es y será siempre el tabaco. Fumé durante muchos años, y durante muchos años eludí el vulgar cigarrillo, disfrazando mi dependencia de ritual, para convencerme de que en realidad no estaba enganchado a la nicotina. Así, fumé en pipa, fumé cigarrillos liados, cigarrillos electrónicos con aspecto de nave espacial, e incluso pipas de agua, que en Oriente Próximo, donde vivo, han alcanzado un grado de sofisticación realmente asombroso.

El mecanismo de adicción al tabaco funciona de un modo similar a otras muchas adicciones. Cuando fumas obtienes el placer inmediato que provoca saciar una necesidad, y cuando no, vives anhelando el siguiente chute que calme tus deseos. El placer que se obtiene de fumar no lo proporciona el propio acto en sí, sino que proviene de aplacar el deseo de hacerlo. Cuando finalmente has consumado ese deseo, necesitas consumarlo de nuevo. Es una espiral infinita. No tiene cura, salvo que conscientemente decidas que tu deseo es artificial.

En este caso, Epicuro nos explicaría bajo la parra que los deseos que tienes son en realidad fruto de la carencia y la dependencia. Basta con eliminar esa dependencia para no desear más. Sé que es mucho más fácil plantearlo que llevarlo a cabo, pero racionalmente esa lógica es aplastante. Los deseos que tienes son fuente de infelicidad, y colmarlos sólo aplaza temporalmente la calma. Del mismo modo, desear una langosta Thermidor, unas palas de pádel de fibra de carbono, un deportivo rojo, las tetas turgentes de la vecina o que tu equipo gane la liga únicamente podrá colmarse de forma temporal: mañana querrás más dopamina. Por eso para Epicuro era tan importante controlar los deseos artificiales y centrarse únicamente en saciar aquellos apetitos simples y mundanos. Liberar el sufrimiento y poco más.

Para Epicuro, el ser humano consigue vivir bien, consigue ese estado de plenitud, cuando practica las cosas que producen felicidad, pero sobre todo cuando aprende a valorarlas por minúsculas que parezcan. Sentir el calor del sol o contemplar un atardecer ante un tablero de dominó, sin más. Pudiera parecer que Epicuro tiene un listón considerablemente más bajo para lo que cuenta como felicidad que el resto de los mortales. El objetivo de la vida placentera no es el goce absoluto, sino la ausencia de dolor en el cuerpo y de perturbación del alma. Y si el placer es la ausencia de dolor, la felicidad es la ausencia de angustia. En sentido estricto, la felicidad es el desplazamiento de esa angustia; la felicidad es la eliminación de la angustia de la mente. Del mismo modo, el placer es el cese del dolor.

Durante su tiempo, la filosofía epicúrea disfrutó de cierto renombre, lo que llevó a que inevitablemente se interpretaran de forma errónea sus enseñanzas, empañando un poco su imagen y su mensaje. Epicuro no promovía el despendolado estilo de vida que algunos de sus seguidores hedonistas adoptaron al equiparar el placer y la felicidad. En cambio, la templanza es la marca de la casa del hedonismo epicúreo; la búsqueda del placer no implica ceder a lo loco ante las extravagancias para lograr una satisfacción perpetua. Por el contrario, se hace imprescindible rechazar ciertos placeres y elegir sabiamente aquellos que en verdad importan. En sus propias palabras: «Se pueden perseguir los deseos naturales innecesarios hasta la satisfacción del corazón, pero no más allá».

Así pues, el deseo artificial y desenfrenado estaba en el epicentro mismo de la infelicidad humana.

Pero había otro ingrediente que, según Epicuro, era causa de las desdichas del alma: el miedo a la muerte.

19

De cómo evitar el miedo a la muerte

Llega un momento en la vida de las personas, cuando todavía somos niños, en que una de las verdades inmutables nos golpea como una maza. Es ese momento en el que nos damos cuenta de que, tarde o temprano, todos los que conocemos morirán. Y no sólo eso, algo mucho más grave: nosotros mismos vamos a desaparecer en una nada de la que nada sabemos. Puede ser porque se muera tu mascota, un abuelo, porque un compañero de clase tenga un accidente y su mesita se quede desierta el resto de lo que queda de curso, y nadie sepa darte una explicación plausible de por qué nunca más vais a poder correr en el patio del recreo detrás de una pelota. Por qué el abuelo ya no está, ni va a estar. Por qué tú mismo tienes los días contados.

Hay otro momento importante que se revela como algo angustioso y atronador: cuando la gente que conoces empieza a morir. Un primo lejano, un amigo de la infancia. Todos hemos sentido el vértigo de imaginar que eso nos va a tocar en cualquier momento. Esta angustia es el elefante en la sala que todos pretenden ignorar, pero que está ahí, en toda su magnitud, y nos acompañará a lo largo de nuestra vida. El temor a la muerte está incrustado en nuestro genoma, forma parte integral de la experiencia de ser humano.

La obra más famosa de Epicuro es su *Carta a Meneceo*. Como

guionista de la vida, Epicuro se centró en perseguir algo tan simple como aliviar el dolor humano y, para eso, pretendía identificar su origen. ¿Cuál es la principal fuente de sufrimiento para la humanidad? Para él, el mayor mal, lo que más nos hace sufrir, es el temor. Lo que tememos siempre parece más aterrador que lo que en realidad enfrentamos.

La *Carta a Meneceo* es un breve texto en el que Epicuro condensa su pensamiento en cuatro recomendaciones diseñadas para dirigir el espíritu hacia la *aponía*, para superar así los cuatro temores básicos: a los dioses, al dolor, al fracaso y a la muerte.

Según la carta de Epicuro, las barreras a la felicidad humana son los miedos al juicio divino, al sufrimiento corporal, al fracaso social y a la muerte orgánica. Epicuro entiende la filosofía como un remedio terapéutico para curar el alma. Para ello prescribe un remedio de cuatro partes que se corresponden con esos cuatro temores universales. Es lo que se conoce como el *tetrapharmakos*. El remedio cuádruple.

Aunque en su época la forma de entender el placer que nos propuso Epicuro supuso una revolución, lo cierto es que si se recuerda su obra es sobre todo por la manera en que abordó la muerte. Porque, verás, Epicuro había llegado a la conclusión de que la certeza de que hemos de morir es capaz de embarrar cada momento de felicidad que somos capaces de alcanzar.

Su concepción de la muerte fue en verdad vanguardista, y si como civilización hubiéramos escuchado más sus enseñanzas, todos los temores, miedos y pesadillas que nos provoca no existirían. Para demostrar que el miedo a la muerte es irracional, lo auténticamente innovador de la filosofía epicúrea se basa en las siguientes palabras: «El peor de los males, la muerte, no significa nada para nosotros, porque mientras vivimos no existe, y cuando está presente, nosotros no existimos».

En realidad, Epicuro ofrece dos argumentos para respaldar su conclusión de que la muerte no significa nada para nosotros.

Su primer argumento es que la muerte implica la privación de la experiencia sensorial. Esta perspectiva, con la que no podría estar más de acuerdo, sugiere que los humanos somos, en esencia, máquinas de procesar sensaciones. Viajamos a playas remotas, comemos en nuevos restaurantes, buscamos parejas sexuales distintas, volamos en globos aerostáticos y disfrutamos de la lluvia contra la ventana porque estas experiencias nos proporcionan sensaciones que nos hacen sentir vivos. Para Epicuro, un amante de las sensaciones, la muerte no es ni buena ni mala porque no provoca ninguna sensación en nosotros. Su argumento es el siguiente: todas las cosas buenas y malas se basan en la experiencia sensorial. La muerte es la privación de la experiencia sensorial. Por lo tanto, para nosotros la muerte no es ni buena ni mala.

El primer argumento es el más fuerte de los dos porque sus premisas son sólidas y respaldan la conclusión. Incluso si se rechaza la segunda premisa y se cree en la vida después de la muerte, la conclusión aún se mantiene. Si la vida continúa después de la muerte, el proceso de morir sería muy breve. La duración de un momento es infinitesimalmente corto, por lo que la muerte es más fácil de soportar que algo que temer.

El segundo argumento de Epicuro sostiene que la muerte no significa nada para nosotros porque cuando estamos vivos, la muerte no está presente, y cuando la muerte está presente, ya no existimos. Este argumento sugiere que la muerte siempre llega demasiado tarde para ser relevante para nuestra experiencia de vida. Nunca experimentamos la muerte, por lo que no podría causarnos ningún daño o miedo justificado.

Podría argumentarse que, a pesar de estos razonamientos, todavía es plausible temer a la muerte porque interrumpe nuestros proyectos y pone un límite a nuestros planes. Sin embargo, Epicuro también tiene una respuesta para esto. El epicureísmo es el arte de vivir cada instante y de desapegarse de los planes futuros. La clave para dominar el arte de vivir radica en desapegarse de todo, en especial de aquello que más valoramos. Esta perspectiva puede parecer triste, pero funcionó para él y los locos que lo siguieron a su Jardín. No te aferres demasiado a nada, ya que el dolor de la pérdida puede ser mayor que el placer que obtienes.

20

De cómo evitar los deseos

En cuanto al deseo, Epicuro aconsejó una disposición muy cercana a la simplicidad ascética del Este: debemos evitar la búsqueda de placeres innecesarios, de más posesiones, y en su lugar encontrar profundo placer en las cosas simples que ya tenemos. Y, además, gratis. Como explican algunos de los pocos fragmentos supervivientes de sus escritos, él apuntaba a vivir frugalmente. El archiconocido racimo de uvas en compañía de un amigo.

¿Qué pensarías de alguien que se define como epicúreo? Es probable que tengas imágenes de un gordito sibarita del vino, de la cocina gourmet y los puros enrollados en el muslo de una negra, frívolo, superficial, ocioso, decadente, egoísta y, por supuesto, hedonista.

El placer —y la filosofía epicúrea en la que juega un papel central— es una estrella fija de la desaprobación filosófica. Todos los grandes, desde Platón hasta nuestros teóricos modernos del bienestar, sin mencionar a los padres de la Iglesia primitiva, advirtieron y siguen advirtiendo en su contra.

En aquel entonces, los ataques al placer se centraban en la superioridad de los humanos sobre los animales y en nuestras competencias, obligaciones y responsabilidades especiales. El placer es lo que persiguen los animales tontos e irracionales: comer, follar, holgazanear y hozar en el barro. Como insistían los estoicos, los antiguos oponentes de los epicúreos, nosotros los humanos estamos en este mundo para cosas más elevadas, más difíciles y a veces más dolorosas: la fortaleza en la adversidad, el autocontrol, el trabajo intelectual, las inferencias lógicas, el arte sublime, la contemplación de entidades espirituales e inmateriales. Hoy en día, la incomodidad respecto al placer también refleja una aversión al consumismo y a las promesas vacías de los anunciantes que nos inducen a creer que este o aquel producto o actividad son la clave para vivir días llenos de diversión y sueño reparador.

Imagínate un universo en el que la libertad humana no es sólo un mero concepto, sino una realidad tangible. Éste es el universo que Epicuro imaginó al proponer la idea del desvío de los átomos, una versión primitiva de la teoría de las partículas de la materia. Al permitir que los átomos se desvíen de su trayectoria lineal, se creó una cualidad errática e impredecible, una especie de «movimiento libre» que emancipó a la humanidad de las cadenas de la predestinación. Con esta idea, Epicuro desafió los límites de lo que se consideraba posible y afirmó que la libertad era una característica inherente del cosmos.

En la filosofía epicúrea, el mundo no es un lugar controlado por una deidad cósmica o un destino inevitable, sino un lugar lleno de posibilidades y libertades. No hay nada que deba aplazarse a un paraíso en el más allá, ya que la vida en este mundo puede ser satisfactoria y plena en sí misma. En lugar de esto, Epicuro propone que al morir simplemente nos disolvemos en los constituyentes básicos del universo, los átomos, en un regreso a la naturaleza.

Reducido a su esencia, el mensaje epicúreo es en realidad una llamada a la liberación: de un miedo supersticioso a la muerte y del deseo destructivo. Veintitrés siglos después de que fuera formulada por primera vez, su ética de «menos es más» es sorprendente, improbable y providencialmente relevante. Desde la tumba, Epicuro nos invita a aprender a estar contentos con lo que satisface las necesidades fundamentales renunciando a lo superfluo. Una fórmula sencilla, pero que no puede sino implicar una revolución radical en nuestras vidas.

Si se traduce a términos contemporáneos, este pensamiento podría obligarnos a moderar nuestra obsesión por el consumo. Lo que hace que el epicureísmo sea útil en la actualidad es que no habla de la necesidad angustiosa y llena de culpa de conformarse con menos, sino del placer que se puede obtener de hacerlo. En esencia, es una filosofía egoísta o egoísta con consecuencias altruistas.

Puede parecer sin sentido trasladar una filosofía de la profunda Antigüedad veintitrés siglos después de su origen y esperar que se adapte con precisión a las necesidades contemporáneas; y, sin embargo, es proféticamente escalofriante.

¿Cuánto es suficiente en nuestras vidas para hacernos felices? Si preguntas a un habitante del voraz siglo XXI, contagiado por la sensación de crecimiento exponencial de todo lo que nos rodea, seguramente te dirá que algo más de lo que tiene. Permíteme responderle con una cita de Epicuro mismo: «Nada es suficiente para el hombre para el que suficiente es demasiado poco». Y algunas líneas del poeta epicúreo Lucrecio, escritas en el apogeo del paganismo, también llegan al corazón en la era del teléfono presuntamente inteligente: «Aunque no podemos obtener lo que queremos, lo que parece más deseable de todo, una vez obtenido, debemos tener algo más».

Es asombroso lo directamente que el ideal epicúreo habla a muchas necesidades contemporáneas que todos cristalizamos en tener un plasma más grande, un coche más ruidoso, una casa más bonita o un diamante más gordo. En la Antigüedad, este ideal se destilaba en un cuarteto de frases concisas pero hermosas:

Nada que temer en Dios;
nada que sentir en la muerte;
el bien se puede alcanzar;
el mal se puede soportar.

Este *tetrapharmakos* nos muestra cómo alcanzar el ideal epicúreo de ser feliz en este momento, de dejar de posponer nuestra alegría, de, en la famosa formulación del poeta epicúreo romano Horacio, «¡Aprovechar el día!».

Collige, virgo, rosas! Carpe diem! Parece tan fácil, ¿verdad? Aprovecha el día, sácale su jugo, haz que cuente, ¡vive la vida!

Tan fácil y tan difícil de llevar a cabo.

Y bien. ¿Cómo pensaba Epicuro que podríamos cristalizar este mandato? ¿Cómo asegurarnos de estar viviendo plenamente la vida que nos corresponde?

21

No olvidemos rendirnos ante la belleza

En el corazón de la filosofía epicúrea yace una invitación sutil a redescubrir la belleza que se anida en lo cotidiano, una invitación tanto poética como académica. En este marco filosófico, la búsqueda de la felicidad se convierte en un arte delicado para encontrar una belleza profunda y a menudo inadvertida en las cosas mundanas. Esta apreciación, que no deja de ser una especie de precursora del *mindfulness*, nos permite estar plenamente presentes en cada momento para encontrar alegría en los detalles más minúsculos de la existencia.

Me gustaría hablarte de una actitud extraordinaria ante aquella situación que nos dejó a todos en jaque: el confinamiento más estricto allá en los meses más oscuros del apocalipsis. Cuando nadie sabía qué estaba ocurriendo, los gobiernos reaccionaban a trompicones, los medios no paraban de meternos miedo y las personas nos sentíamos más solas y desamparadas que nunca.

Una mujer jubilada estaba encerrada en un piso cuyas ventanas dan a una calle más bien tristona y estrecha de un barrio de la periferia, alejada de su hijo, lo que más quiere en el mundo, por un mar de 3.500 kilómetros de longitud. Pues bien, todas las mañanas, esa mujer miraba por la ventana a la calle vacía y contemplaba unos pequeños olmos muy raquíticos que se mecían al viento suavemente.

Y esa mujer es mi madre.

Cada pocos días, mamá me informaba de los avances de los olmos en su lento tránsito de una estación a otra: el brote de las hojas, el leve tintineo de sus copas con la brisa, o cómo el sol los acariciaba cuando un rayito tímido conseguía colarse por casualidad entre los edificios.

Mamá es una hija de los campos.

Todos hemos vivido nuestro drama personal al estar confinados: personas en la más estricta soledad, familias que no se llevan bien atrapadas en una olla a presión, vigoréxicos viendo su cuerpo atrofiarse, yo qué sé.

El drama de mi madre consistía en estar rodeada de hormigón, como un pájaro tropical desconcertado, atado a una pértiga en un balcón, echando de menos las flores de la jungla. Era una mariposa de otro planeta. Sin embargo, en un entorno urbano decididamente rectilíneo, austero, soso, forrado de cemento, esa mujer sabía encontrar la belleza de las cosas más simples y más mundanas.

Y ése es uno de los superpoderes epicúreos que tiene mi madre y que siempre he envidiado. Yo sé apreciar la belleza de las cosas de este mundo, pero para que ésta realmente me emocione es imprescindible que sea una cosa grande, majestuosa, impactante. No me conformo con menos que con una puesta de sol gloriosa en una cala rocosa de Chipre.

Y ella no.

Mamá sabe encontrar la belleza de la inmovilidad de una pequeña piedra que se quedó encajada de forma azarosa en una esquina de una acera de cemento. Mamá encuentra la belleza en la brizna de hierba cubierta de barro, en el ala verde de un pájaro, aunque esté volando en un polígono industrial, en la disposición de las patatas fritas en un cuenco de acero inoxidable. Es capaz de emocionarse con esas cosas diminutas, sutiles, que los demás mortales somos incapaces de ver. Imagínate hasta qué punto ese superpoder de mamá era importante para ella porque de la enorme magnitud de los montes, los campos, los cielos, las playas, de todo eso que ella echaba de menos, sólo tenía acceso a un mundo pequeño y feo, y, sin embargo, era capaz de exprimir de esa minúscula ventana gris la energía suficiente como para sentir ilusión un día más.

Esos sorbos raquíticos de belleza se mecían al viento en una ciudad completamente paralizada por la peste. Era la gasolina que todos los días le permitía otorgar perdón a la fealdad del mundo.

Fíjate que mamá no sólo veía lo bello de las hojas de los árboles, sino que me enviaba fotos y, con una infantil ilusión de niña vieja, me contaba cuando un pajarito se posaba en sus ramas o cuando una hoja se daba por vencida y se caía ante sus ojos. Porque después de poder apreciar la belleza, la segunda cosa más maravillosa de este mundo es poder compartirla.

Hace tres mil años, Platón dijo en *El banquete*: «Si hay algo por lo que vale la pena vivir es por contemplar la belleza». Claro que la belleza de la que hablaba Platón no es exactamente la misma belleza de la que hablamos ahora, demasiado empobrecida y limitada al placer instantáneo: un paisaje bello, un cuadro bello, un vestido tan bello, hoy se te ve taaan bella.

La gran belleza, la película de Sorrentino que hemos mencionado hace un rato, quería volver a recuperar el concepto de lo Bello con mayúsculas, como queda patente desde sus primeros minutos, una secuencia en la que se ve Roma desde otro ángulo, con la música de un coro femenino que impregna la atmósfera, pero en la que los turistas japoneses son incapaces de reparar en una belleza que parece haberse esfumado, aunque el eco de la música y la presencia de los edificios nos recuerden que un día existió.

Sorrentino es una voz solitaria clamando en el desierto porque, desde principios del siglo pasado, Occidente ha decidido dar la espalda a la belleza. Sí, muchas veces disfrutamos de una belleza de plástico, de una belleza digital, de una belleza muerta generada por inteligencias presuntamente artificiales, una belleza comercializada a un nivel de perfeccionismo inalcanzable que permite vender más hamburguesas o más coches eléctricos. Pero en una cultura que premia los extremos, también hay un movimiento que rechaza la belleza, y gran parte del arte, la música y los esfuerzos creativos han abrazado ahora una moda de la fealdad, como para sugerir que la belleza ya no debería formar parte de nuestras vidas.

Al acabar la secuencia inicial de *La gran belleza*, el siguiente plano es un barrido de una bailarina en una discoteca en la que suena una música estridente. Un sujeto calvo y repelente sólo tiene una frase en la boca: «Te quiero follar, te quiero follar, te quiero FOLLAR».

Marilyn Manson, *Aquí no hay quien viva*, la colección completa del Reina Sofía, las obras de teatro que pretendidamente tienen un mensaje, pero se pierden en vómitos, los programas de televisión en los que la gente chilla o hace alarde de su ignorancia o de sus granos o de si se ha follado a la hermana del primo del cuñado, los burdeles de luces estridentes, el reguetón, los centros comerciales, las pasarelas de moda en las que los modelos van vestidos con bolsas de basura o trajes de presidiarios, los grafitis de Banksy, los concursos de tetas operadas y labios rellenos de bótox, las imágenes de stock, los muebles de Ikea, TikTok, los formularios y las flores de plástico, los cementerios modernos que parecen polígonos industriales, el pan de supermercado que dicen que es de pueblo y está fabricado en China, las películas con un argumento paupérrimo, pero que son *trending topic*, los políticos dando discursos con camisetas raídas, las rotondas con arbustos testimoniales y agonizantes, las áreas de servicio de las gasolineras, los colegios que parecen cárceles, los bloques de apartamentos de la periferia, los Hard Rock Cafés planificados para durar diez años con esculturas de Mazinger Z, los monovolúmenes, las hamburguesas en cajas de cartón o el brutalismo soviético. Todos son ejemplos de una sociedad que se ha rendido, ha dado la espalda a la belleza como si fuéramos demasiado orgullosos como para reconocer que hace falta. A veces aparecen en mi *feed* de Tuícter imágenes rescatadas de alguna hemeroteca, en las que se ven las calles de una ciudad cualquiera en los años treinta. Es imposible no comparar a esas personas de punta en blanco paseando entre edificios hermosos con la estridencia enloquecida que hoy vivimos en las grandes ciudades.

Antaño, incluso el porno era hermoso: esa Venus emergiendo de una concha desnuda, los músculos en tensión del *David*, de Miguel Ángel, el culo para comérselo a dentelladas de la *Venus del espejo*, de Velázquez, los pelitos sugeridos de la vulva de Pepita Tudó caracterizada como la maja desnuda... Todo eso ha quedado reducido a cenizas.

Hubo escultores en el pasado que fueron capaces de cincelar un velo de seda del mármol frío. Hoy, se exhiben en los museos tarros de mierda de autores de nombre impronunciable. Y, lo que es peor, la gente paga por verlos. Y por llevárselos a su casa.

Como sociedad hemos dejado de lado uno de los pilares que, desde épocas inmemoriales, sabía hacernos felices. Porque sin la belleza, el alma se vuelve fea, por eso en consecuencia somos una sociedad fea. Pero como la única rebelión posible es la personal, nuestro deber para con nosotros mismos es dar la espalda a la sociedad fea y buscar la belleza, incluso en unos olmos raquíticos, porque eso nos garantiza que nuestra alma será hermosa.

En todas las culturas de la Tierra, las personas han decorado sus posesiones y a sí mismas y han disfrutado del arte visual, han mirado con asombro los grandes paisajes y el cielo estrellado, y cantan, bailan y hacen música hermosa que celebra la vida, porque la respuesta parece obvia: les proporciona placer. Pero ¿por qué deberían hacerlo? ¿Qué beneficio otorga la capacidad del placer estético al organismo humano?

Sabemos que el placer estético no es sólo un impulso como el hambre o el deseo sexual. El hambre es prospectiva, nos impulsa a comer; el placer, en cambio, acompaña la comida, nos dice «sigue comiendo», pero comer no debe continuar indefinidamente, por lo que una vez que el cuerpo está saciado, el placer se desvanece. Así pues, el placer estético es un impulso de acompañamiento muy distinto a los demás impulsos.

A lo largo de cerca de treinta mil años de historia, desde que el primer homínido con un mínimo de sensibilidad dibujó bisontes en las protuberancias de una cueva o tomó entre sus dedos deformes una pieza de barro para modelar con ella la imagen rechoncha de Gaia fecunda, la belleza se convirtió en el objetivo inequívoco del arte. Porque durante esos treinta mil años o, mejor dicho, veintinueve mil novecientos años ha sido también un valor tan importante como la verdad, la integridad, la generosidad o la bondad. La vida ha sido siempre tan jodida que la única forma de atenuar todo su dolor y todo su sufrimiento ha sido acudir a la belleza para mostrarnos que estar aquí, atornillados a esta bola de barro que gira en la ingravidez de la nada, a veces vale la pena, y vale tanto la pena que compensa las sombras que nos aterran.

Por eso para mi madre era tan importante presenciar el lento devenir de los rayos de sol en las copas de unos olmos raquíticos, por eso espero pacientemente la hora en que el sol está más hermoso para ir hasta una cala en Chipre y contemplar un día más muriéndose en un espectáculo pirotécnico.

Y por eso, a lo largo de estos veintinueve mil novecientos años de historia, los que vinieron antes nos advirtieron de la importancia que tiene la belleza en nuestras miserables vidas. Platón dijo que «la belleza da nacimiento a la verdadera virtud»; John Keats dijo que «la belleza es la verdad y la verdad es la belleza»; y Oscar Wilde señaló que una vez que el corazón humano ha experimentado la belleza, experimentamos para siempre una profunda hambre de más. Aristóteles nos explicó en *Ética a Nicómaco* que la felicidad se encuentra en la contemplación, y nos otorga en nuestros sentidos la percepción de nuestras emociones, la percepción de nuestros pensamientos, la percepción de nuestra propia existencia.

La filósofa francesa Simone Weil, conocida por su compasión a los que sufrieron durante ambas guerras mundiales, dijo que la belleza y la aflicción son las dos únicas cosas que pueden atravesar nuestros corazones. Por eso necesitamos la belleza, por eso debemos perseguirla, por eso debemos incorporarla a nuestras vidas, por la aflicción del mundo que nos rodea, porque la belleza es la única forma de curación que existe para teñir la oscuridad del mundo con los colores que lo hacen un lugar mejor.

No es de extrañar que en especial los regímenes totalitarios hayan pervertido y prostituido el arte. Los regímenes totalitarios, tanto de derechas como de izquierdas, se ensañaron en destruir la cultura y reemplazarla por propaganda que reflejara los ideales del partido. Los libros fueron quemados durante la Inquisición, bibliotecas históricas se incendiaron, y en nuestros tiempos, algunos intentan erradicar la literatura clásica de las universidades porque no es paritaria, ecorresiliente, vegana o no se alinea con los postulados de la Agenda 2030. La censura de ideas creativas, de discursos, o incluso de pensamientos bellos, es una señal de advertencia. Si a las personas no se les permite ser creativas, terminamos en la miseria y en el caos.

Sin embargo, incluso en los momentos más oscuros, las personas también experimentan la belleza y el consuelo que trae consigo. En su libro *El hombre en busca de sentido*, Viktor Frankl escribió que él y otros prisioneros de los campos de concentración nazis experimentaron a menudo un sentimiento más intenso por la belleza de la naturaleza. A pesar de la miseria y el dolor, se tomaban el tiempo para admirar la puesta de sol y se sentían asombrados y hechizados ante la vista de los Alpes de Salzburgo mientras eran transportados como ganado desde Auschwitz y Dachau. Frankl dijo que durante el tiempo que estuvo encerrado experimentó la verdadera belleza humana, gente que no perdió su humanidad en un momento tan terrible.

La belleza sobrevive, la belleza persiste, la belleza es como esa primera flor que siempre brota días después de que el monte arda, la belleza se defiende, pugna por salir, por emerger, por recordarnos incluso en los momentos más sombríos que es imprescindible para seguir adelante.

Debemos buscar la belleza bajo las piedras, debemos reservar momentos para encontrarla dondequiera que esté, debemos perseguir su fugacidad creyendo que nos bastamos a nosotros mismos para subsistir a la mezquindad y a la fealdad del mundo. Hemos abandonado la belleza como un valor en nuestras vidas, la hemos reemplazado por sucedáneos de sacarina y chapado en oro falso. Y eso no es más que otro de los colosales errores que el hombre moderno, en su incomprensible esfuerzo por autodestruirse, ha adoptado para cavarse su propia tumba.

Mi madre ha sido una fuente de inspiración para mí, enseñándome a apreciar la belleza en las cosas más simples y mundanas. Y así, a través de sus ojos, he podido aprender el poder transformador que tiene la belleza en nuestras vidas. Debemos buscarla y apreciarla, porque la belleza es la clave para curar nuestras almas y hacer de este mundo un lugar mejor. No podemos permitir que la sociedad fea en la que vivimos nos robe la capacidad de apreciar lo bello que nos rodea, incluso en medio de la oscuridad y la adversidad.

Como se encargó de recordarnos Epicuro, la belleza está en todas partes y esperando a ser descubierta. Está en la naturaleza, en los pequeños detalles, en las sonrisas y gestos de amor, en la creatividad y el arte. No necesitamos esperar a que la belleza se nos presente en grandes acontecimientos. La belleza se encuentra también en lo cotidiano, en las cosas simples que a menudo pasamos por alto.

Para encontrar la belleza, debemos aprender a mirar con ojos nuevos y corazón abierto. Debemos estar dispuestos a detenernos y contemplar lo que nos rodea, a valorar lo que otros pueden considerar insignificante. La belleza no sólo está en lo externo, sino también en lo interno, en las emociones, en la bondad y en la compasión.

La búsqueda de la belleza nos conecta con algo más grande que nosotros mismos, con algo trascendente y misterioso. Nos hace sentir parte de algo más profundo y significativo, y nos recuerda que somos seres conectados con el universo y con los demás.

Así que, al igual que mi madre, debemos cultivar el superpoder de apreciar la belleza en lo pequeño y lo ordinario. Debemos ser capaces de encontrarla incluso en medio de la adversidad y la oscuridad, porque es en esos momentos cuando más la necesitamos.

La belleza está ahí, esperando a ser descubierta. Sólo tenemos que abrir los ojos y el corazón para verla y sentirla en toda su magnitud.

22

Epicuro contra los lujitos burgueses

Desde la implantación de la producción incesante de bienes de consumo, la sociedad se ha visto condenada a la trampa dopamínica de la búsqueda de felicidad por medio de la compra incesante de cosas innecesarias. Para conseguir mantener a flote las empresas, hemos echado mano de una colosal engañifa que nos acompaña desde que el hombre es hombre, y que sin embargo ha adoptado el estatus de omnipresente y plenipotenciaria con el despunte virulento de la Gran Corporación.

Con el surgimiento de los mercados, el comerciante siempre ha intentado cantar las excelencias de sus productos: esa gallina raquítica siempre se voceaba como género de primera calidad, y el precio de las alubias siempre era mejor en tu puesto que en el de enfrente. En las antiguas civilizaciones, como Egipto, Grecia y Roma, ya existían formas de publicidad, principalmente inscripciones en piedra o papiros que anunciaban productos o servicios. En Roma, por ejemplo, se pintaban murales en las paredes para promocionar eventos de gladiadores.

Con la invención de la imprenta en el siglo XV, la publicidad tomó un nuevo rumbo. Los primeros folletos y volantes comenzaron a distribuirse en las ciudades europeas. La Revolución Industrial trajo consigo la producción en masa, y con ello la necesidad de llegar a un público más amplio. Nacen los primeros periódicos con espacios dedicados a anuncios publicitarios. Además, con la expansión del ferrocarril, los carteles se popularizaron en estaciones y vagones.

Las empresas crecieron como la espuma, y también la necesidad de colocar sus productos a cualquier precio. Durante el siglo XX, la publicidad experimenta un auge sin precedentes con la llegada de nuevos medios de comunicación. La radio, el cine y, posteriormente, la televisión se convierten en los principales canales para los anunciantes. Las agencias de publicidad se profesionalizan y nacen conceptos como el *branding* y el posicionamiento.

Con la llegada de internet y la digitalización, el soporte publicitario se vuelve más y más sofisticado. Surgen empresas colosales que tienen como único objetivo captar tu atención, mantenerte enganchado a la tenue luz de la pantalla de colores a veces empleando artimañas casi delictivas. Esas empresas hozan en tu privacidad para venderte como un par de ojos altamente segmentados. Si eres hombre, urbanita, de más de cuarenta, y has buscado un crucero o una máquina cortacésped, recibirás impactos publicitarios diferentes a los que recibe una mujer que acaba de parir. Aparecen nuevas formas perversas de hacer llegar el mensaje, como el marketing de contenidos y el de *influencers*.

Como consecuencia de este crecimiento de los impactos publicitarios, el hombre del siglo XXI se ha visto embarcado en una cruzada por conseguir ser feliz a través de lujitos innecesarios. Estos lujitos ya existían y eran criticados en época de Epicuro, pero hoy en día los queremos todos, los queremos ya, estamos convencidos de que son fuente de felicidad, y los buscamos todos los días para sentirnos únicos y especiales. Nuestra vida se convierte en una espiral de consumo espurio: la búsqueda de mayores ingresos nos lleva a alejarnos de las personas y del tiempo de ocio necesarios para sentirnos bien. Empezamos a sentirnos infelices y esperamos que un coche mejor, una casa más grande, viajes más caros nos hagan más felices, lo que nos lleva a querer buscar más ingresos, lo que reinicia la espiral de infelicidad.

Así, en esa incesante búsqueda de dopamina, en ese intento

por apaciguar al monstruo de la vacuidad, compramos con enorme sentimiento de culpa un botecito de caviar, y obviamos que quizás los humildes huevos de gallina son infinitamente más ricos. Para celebrar un cumpleaños regalamos a nuestras parejas un día de circuito conduciendo un Ferrari para contemplar sus torpes avances por la pista con el corazón en un puño. Dejamos un piso en una ciudad dormitorio durante una semana para disfrutar de un resort de lujo que nos recuerde lo triste de nuestra vida cotidiana. Comemos en restaurantes en los que el plato principal se devora con dos cucharadas para luego sentirnos engañados, pero al día siguiente contamos en la oficina lo bien que nos trataron y lo mucho que valió la pena el despilfarro. Acudimos a las rebajas para hacernos con un vaquero de diseñador que sabemos perfectamente que tiene la misma calidad y ha sido cosido en las mismas fábricas que el que podrías haber comprado en Carrefour. Acudimos a un spa para darnos un baño de chocolate y regresamos a casa más pobres y más pegajosos. Compramos un anillo con un diamantito que resulta ser insuficiente para sus lúbricos propósitos porque, al final, que nos quieran o no jamás va a depender de los quilates de una joya.

Si te fijas, aplicándoles la lógica epicúrea, todos estos lujitos que nos regalamos tienen varias venenosas características en común: por un lado, son efímeros. Sacian una necesidad fugaz que al cabo de muy poco tiempo es reemplazada por otra tal vez más cara. Por otro, tienen un componente muy grande de culpa. Además, se suelen consumir con el objeto de ser exhibidos, más que disfrutados. También su necesidad ha surgido al ver a otra persona disfrutarlos, y no porque esa necesidad haya crecido en ti espontáneamente. Y, finalmente, en realidad su valor es muy relativo. Relativo al valor que tú quieras darle al momento en que los consumes, o al valor que le otorguen los demás.

Hay innumerables ejemplos que podría darte de objetos que, a lo largo de la historia, han sido valorados muy por encima de su valor real, debido a su escasez, a su dificultad de acceso, o simplemente debido al hecho de que sólo podían permitírselo los más pudientes, lo que los convertía de inmediato en objetos de deseo. El más curioso es la piña. Entre los siglos XVII y XVIII, en Europa la piña fue considerada un artículo de lujo. Su importación era costosa, toda una odisea, y su conservación difícil, lo que la convertía en una fruta muy codiciada y un signo de estatus. De hecho, había entre la burguesía europea una red de alquiler de piñas que se exhibían como centros de mesa en cenas elegantes, y al día siguiente presidían otra fiesta, y luego otra, hasta que la pobre piña acababa sus días cubierta de moho sin que nadie la hubiera probado. Los jardines del Vaticano tuvieron durante muchos años parterres inmensos sembrados de patatas, todo un lujo al alcance sólo del afortunado que pudiera traérselas del Nuevo Mundo. Cuesta creer que una planta tan poco atractiva, que parece haber sido diseñada con desgana, pudiera ser percibida como hermosa, ¿verdad? En la Edad Media, las especias como la nuez moscada, la pimienta y la canela eran consideradas lujosas. Venían de Oriente y su ruta de comercio era larga y peligrosa, lo que aumentaba su precio. Lo mismo ocurrió con el azúcar. Llegó a Europa alrededor del siglo XVI, cuando era considerado un lujo caro, consumido principalmente por los ricos. El té, el café, la porcelana, el hielo, la ropa de seda o el chocolate tenían el mismo tratamiento. Qué coño, incluso los libros eran oscuros objetos de deseo hasta mucho después de la invención de la imprenta.

El viaje del aluminio, de ser un metal precioso a convertirse en un recurso cotidiano, es un fascinante ejemplo de la relatividad de los lujos. En el siglo XIX, el aluminio era considerado un metal raro y exquisito, más valioso incluso que el oro o la plata. Esta percepción se debía a la dificultad de extraerlo de sus minerales, una tarea que, en ese entonces, era extremadamente complicada y costosa.

Pensemos en el aluminio como una estrella en una obra victoriana de teatro, brillando intensamente en el escenario de los metales. Era tan apreciado que fue utilizado para coronar el monumento a Washington en 1884. Esta pirámide de aluminio, de nueve pulgadas de alto y poco menos de tres kilos, representaba el pináculo del lujo y la innovación, un símbolo de prestigio y progreso de una nación en plena efervescencia.

Sin embargo, en un giro dramático de los acontecimientos, la historia del aluminio tomó un rumbo inesperado. En 1886, casi simultáneamente, el estadounidense Charles Martin Hall y el francés Paul Héroult descubrieron un proceso electrolítico para extraer aluminio de su mineral, la bauxita. Este método, conocido como el proceso Hall-Héroult, revolucionó la producción de ese metal y lo hizo mucho más económico y accesible.

Con la industrialización y el avance de las tecnologías de producción, el aluminio pasó de ser una curiosidad de lujo a convertirse en un material omnipresente en la vida moderna, hasta el punto de que hoy lo tiramos a la basura sin más contemplaciones. Lo encontramos en la cocina en forma de papel para envolver pechugas de pollo, en latas de refrescos, e incluso en la tecnología de consumo. Esta transición de un metal precioso a un recurso cotidiano es un testimonio de cómo la innovación y la tecnología pueden transformar completamente la percepción del lujo asociado a un objeto.

Para Epicuro, todos los lujos, presentes, pasados y futuros, respondían a una idea muy simple. Llamar felicidad a todo lo que te encadena. Y para hacer frente al deseo de cosas innecesarias, Epicuro echaba mano de tres razones muy contundentes. Por un lado, estos deseos son innaturales y absolutamente innecesarios. Para él, satisfacerlos no aportaba a la felicidad verdadera y, con frecuencia, llevaba a más deseos y a una insatisfacción perpetua. Por otro, suponían una constante perturbación del alma. Para él, los lujos y la riqueza podían generar ansiedad, miedo a perder lo adquirido y envidia, perturbando la paz interior.

Por último, estaban en contra de algo que Epicuro valoraba sobre todas las cosas: una vida sencilla.

Un fenómeno común en nuestro tiempo que ilustra por qué en nuestros días es imprescindible abrazar el epicureísmo es lo que se conoce como «paradoja de la elección». Imagina que quieres comprarte un móvil. Podrías pensar: «¿Entre cuántos móviles me gustaría poder elegir?». Y tal vez respondas: «Unos mil. Quiero entrar en una tienda de móviles y ver mil modelos de teléfonos en las estanterías para poder hacer la mejor elección». Así que las marcas escuchan tus plegarias y te dan a elegir entre mil modelos: que si refrigerados por líquido, que si pantallas plegables, que si cámaras con gran angular, que si asistidos por inteligencia artificial, que si pantallas con más o menos densidad... Pero, paradójicamente, el consumidor, asediado por las marcas y sus infinitas opciones, no se siente satisfecho ni feliz cuando por fin ha comprado su puñetero móvil. Porque ¿cuál es la probabilidad de que elijas el mejor móvil de entre esos mil modelos? Inevitablemente, la probabilidad tiende a cero, porque ¿qué demonios sabes tú sobre móviles? La elección infinita equivale a una ansiedad interminable y al abismo.

La *paradoja de la elección* es un concepto acuñado por Barry Schwartz, un psicólogo estadounidense, en su libro *The Paradox of Choice: Why More Is Less*, publicado en 2004. Esta teoría sugiere que, aunque la libertad de elección es fundamental para el bienestar y la autonomía, un exceso de opciones puede, paradójicamente, conducir a la disminución de la satisfacción y el aumento de la ansiedad.

En la era digital, estamos inundados de información y opciones, y ello resulta abrumador e impide la toma de decisiones efectivas. Con tantas opciones disponibles, las expectativas por encontrar la «mejor» opción son irrealmente altas, lo que a menudo lleva a la decepción. Pero es que, además, al elegir una opción se renuncia a otras, lo que puede llevar a un constante cuestionamiento y arrepentimiento por las alternativas no elegidas. Esto puede conducirnos a un estado de indecisión crónica, en el que el miedo a tomar la decisión incorrecta impide tomar cualquier decisión en absoluto.

A veces, la apabullante variedad de productos nos hace actuar de un modo que desafía abiertamente la lógica. Casi nadie compra toallitas húmedas para limpiarse el culo. ¿Por qué? ¿Acaso si te pones a hurgar en las entrañas de tu moto y entras luego en casa te parece razonable la idea de frotarte las manos vigorosamente con una servilleta de papel para limpiarte la grasa? Normalmente... usas agua y jabón. Entonces, ¿por qué la parte de tu cuerpo que necesita con más urgencia una lavadita es la única que limpias con papel seco? Es muy probable que todo tenga que ver con la angustia que provoca la elección y los atajos que nos vemos obligados a tomar para evitarla y no volvernos locos. El papel higiénico se despliega en los supermercados en todas las formas y colores imaginables. Ocupa el 95 por ciento del espacio visible en ellos. Sin embargo, las toallitas húmedas están reducidas a una esquinita, sólo hay un par de marcas, y el cerebro humano piensa de forma instintiva que es probable que sea un producto para tipos extravagantes que sufren alguna clase de enfermedad del tracto digestivo, así que mejor me someto a la norma.

Si bien la libertad de elegir es crucial para nuestro sentido de autonomía y satisfacción, un exceso de opciones puede generar decisiones irracionales, ansiedad, insatisfacción y una permanente y corrosiva sensación de estar abrumados. Esto se refleja en múltiples aspectos de la vida contemporánea, desde las decisiones de consumo hasta las elecciones profesionales y personales. Aprender a navegar este mar de posibilidades sin caer en la parálisis, la irracionalidad o la insatisfacción constante se convierte en un desafío crucial para el bienestar individual y colectivo. La paradoja de la elección nos invita a reflexionar sobre cómo equilibrar la libertad de elección con la simplicidad y claridad que a menudo necesitamos para sentirnos satisfechos y realizados.

23

De cómo superar los deseos

Quisiera traer a colación una vieja historia japonesa en la que un monje llamado Genpin visita la casa de un gran consejero y no puede evitar fijarse en su esposa. La mujer se mueve por la casa como un ángel, sus tobillos son de nácar, su cabello es suave y sedoso, y su perfume resulta casi dolorosamente palpable. El monje hierve en deseos, aunque se supone que los monjes deben permanecer impasibles ante este tipo de tentaciones. El consejero se da cuenta de la turbación del monje y le pregunta qué ocurre, a lo que el monje responde:

—Consejero, debo admitir que la presencia de su esposa me resulta muy perturbadora.

El consejero confía y respeta a Genpin, pero decide poner a prueba su entereza y esa noche envía a su esposa a la habitación del monje. Cuando la mujer entra en la alcoba sigilosa cual gatita de angora, Genpin no la toca, ni siquiera se le acerca. Tan sólo la mira fijamente, imaginando su cuerpo muerto y en descomposición, su piel tersa convertida en burbujas verdes devoradas por los gusanos, sus ojos convertidos en uvas pasas y su pelo enmarañado y apelmazado por la putrefacción. Esta imagen macabra es como un jarro de agua helada sobre sus ardientes deseos. El consejero se entera de lo sucedido y queda aún más impresionado por el autocontrol del monje.

En ese momento, el monje Genpin logra la iluminación, porque se da cuenta de la temporalidad de su deseo y del cuerpo que anhela. Un cuerpo hermoso siempre terminará siendo un cadáver repugnante. Es una tontería complacerse en los deseos temporales de la carne.

Un antiguo texto budista llamaba al cuerpo «una herida infectada que nunca sana, un forúnculo con ocho aberturas que expulsa fluidos repulsivos». ¿Por qué el budismo era capaz de sentir tanto desdén por el cuerpo humano? Los budistas pensaban que el mundo de los mortales era impuro, al igual que las cosas que había en él. El objetivo del hombre es subirse al tren de la iluminación para huir de allí. Para la secta más grande del budismo, si realmente entendieras la impureza de este mundo, ganarías una mayor fe en el Buda, quien te llevaría a su paraíso. Una forma de obtener esta comprensión profunda del mundo era reflexionar sobre la impureza del cuerpo humano. Y la mejor manera de ver lo repugnante que era el cuerpo era velar varios días un muerto y asistir a su descomposición. Esta práctica de meditar ante un cadáver fue popular en Japón desde los años 1200 al 1800. La idea surgió de antiguos textos budistas de la India y China. Su primer uso en Japón fue para evitar que los monjes se volvieran hacia ese lado oscuro llamado deseo. Durante esa época se escribieron historias destinadas específicamente a sacarte el deseo a hostias. En una de ellas, la esposa de un gobernador muere, pero él está tan enamorado que no puede decidirse a enterrarla. Así que el gobernador deja el cadáver tendido a su lado en su cama. Un día acostado allí, acurrucado, la besa en los labios. El hedor de la muerte lo golpea en tromba, y el choque lo devuelve a la realidad. El gobernador se da cuenta del vacío de su apego a su esposa y finalmente la entierra.

Esta historia se ajusta a la idea budista de la impermanencia, de la que hemos dado buena cuenta al principio del libro. La belleza es temporal, el deseo es temporal, las cosas que anhelamos son temporales, los placeres que buscamos son temporales. La vida de una mujer desgarradoramente bella era un ejemplo perfecto de impermanencia. Es hermosa cuando es joven, pero su belleza se desvanece con el paso de los años. Luego muere, y su belleza se volatiliza.

Los deseos no son sólo una necesidad humana, sino una forma de vida profundamente arraigada que consiste en necesidades instintivas que la vida transforma lentamente, y si son tratados como algo efímero, pueden convertirnos en seres más plenos y desarrollados.

El hombre es complejo porque es una combinación de cuerpo e instinto y las necesidades de lo que muchos llaman alma. Su cuerpo es atraído por la pasión y la terrenalidad, y su alma, su conciencia, su trascendencia, es arrastrada por algo mayor. Sólo las cosas terrenas, temporales, efímeras, provocan deseos que rompen el equilibrio. Por eso los deseos son tan jodidos.

En realidad, el recipiente alquímico que somos conecta estos elementos, y durante nuestra vida tratamos de abstraernos primitivamente en nosotros mismos y seleccionar lo mejor y conectarlo con el principio espiritual.

Esto nos convierte como humanos en alquimistas. Y el más poderoso alambique es la certidumbre de que los deseos son simplemente temporales.

24

Introducción al existencialismo de la mano de Epicuro, Sartre y Camus

Sí. Todo acabará. Pero lo más angustiante no es eso, lo peor de todo es que la existencia de todo aquello que te rodea y te importa es inútil, es absurda y no tiene ningún propósito. Más pronto que tarde, de ti no quedará más que un suspiro. El último recuerdo que reste de tu existencia se vaporizará en menos de un siglo y, después, habrá dado absolutamente igual que hayas existido o no.

Que, entiéndeme, ahora tampoco importa mucho. Aunque desaparecieras esta misma noche, el mundo seguiría girando exactamente igual. Se sucederían los mismos dramas, las mismas alegrías, las estaciones seguirían su curso, las naciones caerían y se alzarían una y otra vez, estuvieras o no para presenciarlo.

¿Por qué vivir si vamos a morir?

Esta cuestión fue central para el filósofo francés laureado con el Premio Nobel Albert Camus, que consideraba que la muerte despoja a la vida de su significado: «¿De qué sirve vivir si todo lo que nos espera es una tumba fría e infestada de gusanos y de moho?».

La Ilustración tuvo como consecuencia directa la aniquilación de Dios, el principal eje sobre el que se vertebraba hasta entonces la actividad humana. Por eso se pronunció la frase

«Dios ha muerto», que sería repetida luego por Nietzsche con bastante más marketing, para explicar la pérdida irreparable de un valor universal que nos mantenía cuerdos en un mundo sin sentido que se muere sin parar a nuestro alrededor.

La declaración completa de Nietzsche es: «Dios está muerto. Dios permanece muerto y lo hemos matado. ¿Cómo vamos a consolarnos a nosotros mismos, los asesinos de todos los asesinos? Lo más sagrado y poderoso de todo lo que el mundo ha poseído hasta ahora se ha desangrado bajo nuestros cuchillos. ¿Quién nos limpiará esta sangre? ¿Qué agua habrá para que nos limpiemos? ¿Qué festivales de expiación, qué juegos sagrados tendremos que inventar? ¿No es la grandeza de este hecho demasiado grande para nosotros? ¿No debemos nosotros mismos convertirnos en dioses simplemente para parecer dignos de ello? Dios está muerto y, en consecuencia, una vida eterna después de la muerte ya no parece una posibilidad plausible. Sin religión que nos salve, sin religión que nos dé un sentido, ¿cómo podemos vivir con la inutilidad de la existencia, con lo absurdo de todo esto?».

Durante siglos se aceptó sin rechistar que todos los que vivían en la Tierra tenían algún tipo de propósito inherente que les había otorgado Dios, el universo o quien sea. Esta teoría se conoció como el esencialismo, la idea de que todos teníamos una esencia a la que teníamos que seguir para poder vivir una buena vida, y que nos fue concedida incluso antes de nacer. Luego llegamos a los siglos XIX y XX, cuando los ideales fundamentales por los que la humanidad había vivido durante miles de años fueron masticados, digeridos y cagados por una plétora de nuevos pensadores y filósofos. Entre ellos se encontraban algunos grandes nombres como Nietzsche, Albert Camus y Heidegger, quienes sacaron adelante las filosofías del nihilismo y el absurdo, y cuestionaron la esencia misma del ser.

El nihilismo propone que la vida no tiene ningún significado, no importa lo que hagamos y no hay forma de que podamos cambiar este hecho. Por lo tanto, es mejor que no hagamos nada o que llevemos un estilo de vida puramente hedonista. El absurdo caracteriza la búsqueda inútil de sentido en una existencia que no lo tiene, y se pone de relieve fundamentalmente en la obra de Camus *El extranjero*.

Estas ideas fueron posteriormente revisitadas por Jean-Paul Sartre en el siglo xx, y así se creó la máxima filosofía de vida que puede existir; la más refinada, la más poderosa: el existencialismo.

¿Por qué vivir si vamos a morir?

Ensayos líricos y críticos es un volumen de ensayos en el que Camus explora esta cuestión fundamental y arroja más luz sobre las ideas expresadas en sus libros. En 1937, mientras viajaba por Italia, Camus se dio cuenta de que ese país era de una belleza desgarradora. En él, la gente moría igual y no importaba nada. «¿De qué sirve que exista tanta belleza y de qué sirve experimentarla si está destinada a perderse para siempre? ¿Cómo podemos reunir la fuerza para seguir adelante frente a nuestra inevitable desaparición?»

Él también experimentó una belleza natural innegable, pero se volvía loco de angustia por su falta de sentido. Las cosas pasan, las experimentamos y luego morimos. No se puede encontrar un significado metafísico en nada. Estamos inmersos en un tiovivo perpetuo con la misma melodía cansada, de los mismos oradores cansados, aplastándonos en una angustia y desesperación implacables. Camus halló la solución al vacío existencial en una aceptación firme e inquebrantable de nuestra trágica condición.

«Si vamos a morir y no hay nada que podamos hacer para cambiarlo, en lugar de revolcarnos en la angustia por nuestra situación, ¿por qué no simplemente aceptarla?» Esta aceptación actúa como un acto de rebelión contra la cruel impotencia que supone simplemente respirar.

¿Sabes qué, hijo de puta? ¡Voy a morir, pero que te jodan, lo aceptaré igualmente!

El conflicto interno de Camus, atrapado entre la desesperanza por la futilidad de la existencia y la apatía del mundo, se traduce en una elección crítica: aceptar o negar, optar por abrazar la vida en su totalidad o rendirse e inclinarse por el suicidio.

Fantasear con otra vida es una tragedia. Sin embargo, con la perspectiva correcta, la nuestra puede ser deslumbrante. Para Camus, si hay un pecado contra la vida, tal vez radique menos en desesperar de ella que en esperar otra vida y eludir la grandeza de la que tenemos. De acuerdo con Camus, el antídoto más que poderoso que hay frente a la vacuidad de una vida sin propósito no fue otro que una «aceptación desenfrenada de todo lo que nos pasa». Porque al existir de esa forma, nos rebelamos contra el absurdo de nuestra condición. Camus encontró un consuelo sin fin en la belleza natural y las habilidades sensuales que nos permiten recibir el mundo a portagayola. Le bastaba la conciencia de las cosas insignificantes que pueblan nuestro mundo, tuvieran o no un significado.

Simplemente experimentar el mundo *era* el propósito. Un poco como se encargaba de repetir Epicuro: el verdadero sentido de todo es la sensualidad, en todas sus formas. Esto es algo que entendí como una bofetada hace unos diez años y, desde entonces, lo he aplicado en cualquier faceta de mi vida porque me ha permitido crecer como persona y asumir de forma plena, consciente e incluso alegre, la inutilidad de cualquier esfuerzo, de cualquier preocupación o de cualquier desesperanza. Cuando entendí que experimentar el mundo *era* el propósito de todo, la absurdez de mi propia existencia me resultó infinitamente más fácil de llevar. Mi vida sí era vacía y no tenía ningún propósito, y eso me desesperaba, me angustiaba, me hacía creer que la estaba desperdiciando, que era un fracasado y que algún día me arrepentiría por no haberle encontrado un sentido a todo esto. Pero entonces descubrí que ese propósito que solemos buscar, más elevado, más trascendente, es en realidad un espejismo. La esencia de nuestra existencia radica en la máquina que hemos concebido para experimentarla. Tan sólo somos una entidad sensorial ubicada en un jardín a las afueras de Atenas, y eso es todo. Somos una máquina perfecta, creada con precisión para percibir la grandeza y también la miseria de este mundo. El sentido de la vida es ver estos cielos, y no comerse la cabeza por nada más. En palabras de Camus: «Cuando soy más cierto es cuando soy el mundo».

Mi copa rebosa antes de que tenga tiempo de desear. La eternidad está ahí y la estaba esperando. Lo que deseo ahora ya no es felicidad, sino simplemente conciencia. Saber que millones de ojos han contemplado este paisaje. Este paisaje que ahora experimento me saca de mí mismo en el sentido más profundo de la palabra. El mundo es hermoso y, fuera de él, no existe la salvación. Sólo siendo sinceros con nosotros mismos, aceptando por completo lo absurdo de nuestra existencia sin limitaciones, podemos superar el miedo a nuestro inevitable final. Recuerda lo que decía Epicuro de la muerte: es la ausencia de sensación. Por lo tanto, la vida es la sensación misma.

Debemos centrar nuestros esfuerzos en esa asombrosa capacidad que tenemos de percibir el caleidoscopio que nos rodea. Sólo allí se puede encontrar el significado, a menudo amargo, incómodo, pero significativo. Esto resuena con la máxima epicúrea de abrazar los placeres sencillos: en ellos está la clave. ¿Por qué vivir si vamos a morir?

Si te paras a pensarlo, esta preocupación es un poco patética. Pasamos nuestros días pensando que estamos haciendo cosas importantes, preocupándonos por todos nuestros problemas y los del resto del mundo, indignándonos en Tuícter, escupiendo espumarajos por la boca cada vez que alguien tiene la osadía de contradecirnos o el gobierno se saca de la manga un nuevo impuesto. Creemos que sabemos lo que está pasando, estamos arraigados en nuestros propios pequeños mundito de escayola y rara vez nos detenemos a considerar la inutilidad de todo. Navegamos por nuestras vidas, asistimos a reuniones de negocios, estudiamos durante horas, trabajamos como esclavos por un cheque menguante, tal vez tratando de cambiar un poco el mundo, y la realidad es que sólo somos manojos de carne y huesos arrojados por el universo en una precaria y diminuta roca, agobiados por nuestros insignificantes problemas. La cruda realidad es que no somos más que materia, conformada por los mismos átomos que surgieron hace 13.700 millones de años y que hemos tomado prestados. Polvo de estrellas que además tenemos que devolver.

Voy a pedirte que te detengas un momento y pienses por un segundo: «¿Qué le da sentido a mi vida?».

¿Realmente estás viviendo con un propósito? Y, si es así, ¿ese propósito es tuyo o te lo vendió otra persona? Como seres humanos, anhelamos significados para tratar de mejorar nuestra vida y la de los demás. Sin embargo, debemos reconocer que todas estas ideas no son más que formas en las que la humanidad se ha desarrollado para hacer frente a la falta fundamental de sentido que nos concede nuestra existencia.

Con facilidad podríamos defender el nihilismo, pero si hubiera que elegir ese camino, daría igual sugerirte que te arrojes desde una azotea ahora mismo, y no me sale de los cojones aceptar una muerte abrupta sin más. Es mucho mejor, más sano, más razonable, considerarse una especie de existencialista epicúreo. No creo que la vida tenga más sentido que el que le damos. Ya que estamos aquí, habrá que hacer algo al respecto, digo yo. El existencialismo establece que nuestras vidas no tienen un significado o un propósito inherente, sino que es el propósito que creamos para nuestras vidas lo que le da un significado. Este significado sólo está presente en nuestra conciencia. Sin embargo, a Dios o al universo le importa una mierda qué estés haciendo.

Básicamente, esto nos da una máxima libertad para vivir nuestras vidas de la forma que queramos, porque no hay un código moral presente en el universo que debamos acatar. Tenemos el control total de lo que decidimos hacer y una responsabilidad individual para llevarlo a cabo. Creo que la gente debería tomar esto como un punto positivo, no como algo negativo.

Si, por fortuna, la vida no tiene sentido, ¿por qué debería ser esto algo malo? Una vez que aceptamos tal cosa como un hecho, podemos seguir viviendo nuestras vidas libremente, haciendo lo que disfrutamos, en la medida en que nuestro entorno nos lo permita. Nos vamos a un jardín a las afueras de Atenas y nos sentamos a charlar con los amigos.

Si decides adoptar una religión o una perspectiva política rígida como una forma de darle sentido a tu vida, sigue adelante. Es tu vida, haz lo que te salga de los cojones. Pero, personalmente, creo que ésta nunca es la manera correcta para todos, porque estás aceptando una autoridad que en realidad no existe. Personas como tú y como yo creamos esas estructuras religiosas, esas estructuras políticas, personas que, como tú y como yo, no tienen ni idea de qué coño es el sentido de la vida. Necesitas crear tu propio significado de la vida, indagando muy dentro de ti qué te hace feliz de verdad, a la manera de Epicuro.

Deberíamos, al menos, hacer todo lo posible por buscar algo que dé sentido a nuestras vidas y otorgarnos la inclusiva noción de felicidad. Todos deberíamos asumir que tenemos una sola oportunidad en la vida, porque nadie tiene las respuestas para ti. Todo el mundo en el planeta está tan desorientado como tú, así que pasa tu vida haciendo algo que te distraiga del vacío esencial de nuestra existencia: experimenta, siente, absorbe el mundo en la sencillez de un jardín.

Porque la vida tiene todos los ingredientes para ser espectacular si conseguimos vivirla con la actitud adecuada. Experimentaremos todo lo que se nos arroje: alegría, agonía, depresión, esperanza, lujuria, amor, ambivalencia, olores hediondos, duchas frías, atardeceres de sangre, montañas de basura, árboles calcinados, niños violados, un médico portador de buenas o malas noticias y un extraño que hace algo desinteresadamente por ti, un beso que llevabas años esperando, paisajes yermos, paisajes frondosos, despedidas incompletas, tumores malignos, paraplejía, amor puro, eyaculaciones explosivas, carcajadas a medianoche, llantos a medianoche, suspiros a medianoche, conversaciones eternas bajo la luz de la luna, llagas y pústulas podridas, gusanos royendo la carne, familiares que se mueren, hijos que nacen, flores que brotan, pasillos que no van a ninguna parte, esfuerzos inútiles, un columpio, toallas calientes, las manos de tu abuela, bochornosos ridículos, políticos infames, malas decisiones, el epicúreo vaso de agua fría en verano, un pincho de tortilla, ratones en el desván, la primera vez que falla la segunda, la segunda vez que falla la primera, dentelladas permitidas, relaciones furtivas, la verdadera y genuina vista, ese extraño sentimiento de conexión con un animal, quemaduras por el sol, el hoyuelo de alguien a quien amas, el triunfo infantil que se siente cuando matas a un mosquito en la noche de verano, la mirada de alguien a quien odias, bandadas de pájaros, ganar un trofeo, ganar tu primer sueldo o perderlo, recibir un mensaje en el teléfono móvil que no esperabas y que te hace plenamente feliz, los aspersores regando el césped una tarde de verano, sábanas manchadas de semen y de sudor.

Al recibir todo tal cual viene, nos enfrentamos con coraje a lo irracional y vacío de nuestra existencia. Es sólo mediante esta aceptación total que logramos ser genuinamente libres.

25

Qué le diría Epicuro a Elon Musk

Chico, te has equivocado. Si no te hubieras equivocado tanto, hoy estarías felizmente anclado a la tierra en lugar de pretender huir de ella.

¿Qué es eso de querer colonizar Marte y vender lanzallamas por diversión? La verdadera felicidad no está en acumular riquezas ni en alcanzar las estrellas, sino en disfrutar de lo que tienes aquí, ahora. De la compañía y de lo inmediato. ¿De qué te sirve ser el rey de la tecnología si al final del día te sientas tú solo encerrado en tu castillo de hierro?

El ambiente hermético de tu limusina y el aire viciado de tu jet privado te impiden percibir el aroma de la primavera despuntando en California. No hay olor más hermoso que el de los naranjos en flor, salvo tal vez el de la tierra mojada después de una tormenta. A tu castillo de hierro no llegan esos olores. Te has equivocado, Elon. Te he visto muchas veces deambular de acá para allá, dictar órdenes a diestro y siniestro en tus fábricas y oficinas a personas aterrorizadas que suplicaban tu aprobación, y reducir tus interacciones humanas a chasquidos. ¿Cuándo fue la última vez que tuviste tiempo de calidad para poder contemplar con compasión los ojos de otra persona? ¿Cuándo supiste disfrutar por última vez la brisa suave de un atardecer? ¿Cuándo conectaste con un niño, un perro, un árbol? ¿Cuándo viste por última vez las estrellas como algo simplemente hermoso, y no como una fuente de ingresos o un desafío inútil? Puedo entender que con todas tus ideas febriles la humanidad avance un poco, pero ¿te has parado a pensar en el impacto que esta vida que has elegido ha tenido en ti?

Las estrellas no están para ser conquistadas. Están para ser disfrutadas desde la humildad serena.

Tómate un momento para apreciar las pequeñas cosas, busca la paz interna más que la conquista externa. La ansiedad y el deseo desmedido por logros materiales son fuentes de sufrimiento. Elon, mi estimado, no es el hombre más rico del cementerio el que gana; es el que logra pasar sus días en serena felicidad, el que puede decir sinceramente que vivió una buena vida.

26

Los seis compromisos epicúreos con uno mismo

En la búsqueda perpetua de la felicidad, el Jardín de Epicuro nos invita a recorrer un sendero menos transitado, sembrado de reflexiones y compromisos personales que desafían el tumulto de deseos y temores que a menudo inundan nuestra existencia. Me gustaría proponerte ahora que incorpores a tu vida la amistad, la *autarquía*, la moderación, la reflexión, la felicidad y la mortalidad entrelazándolas en un compromiso personal hacia una vida plena y consciente.

En primer lugar, debes perseguir sin tregua la *ataraxia*. El objetivo principal del epicureísmo es alcanzar la tranquilidad y el equilibrio mental. En la vida moderna, estamos rodeados de ruido, distracciones y estrés constante. Perseguir la *ataraxia* puede ayudar a desarrollar eso que los modernos llaman la resiliencia emocional y a encontrar la paz en medio del caos. Limpiar la mente de lo accesorio y centrarse en lo fundamental. Reducir el dolor —*aponía*—, despreciarlo, ignorarlo, convertirlo en un pelele sin importancia en el caudal limpio y proceloso de nuestras vidas. Para lograrlo, Epicuro nos aconseja que dediquemos un tiempo a la introspección, a la reflexión sobre nuestras vidas, nuestros deseos y nuestras acciones. Qué coño quieres en realidad. Cómo puedes alcanzarlo evitando el dolor. Para un momento, medítalo. Concédete el derecho a hacerlo.

En segundo lugar, cultivar los placeres simples. El epicureísmo fomenta la búsqueda de placeres sencillos y moderados, y evitar los excesos que pueden conducir a la infelicidad. Al apreciar las cosas sencillas de la vida, como una siesta, un puñadito de almendras y las hojas de hierba a las que cantaba Walt Whitman, podemos encontrar una mayor satisfacción y felicidad en nuestras vidas diarias. Piensa por un momento en los lujitos efímeros y caros del moderno burgués, y te darás cuenta de que, en realidad, son un espejismo. El burgués con sus lujitos intenta arañar desesperadamente la opulencia de quienes tienen más, y gasta y gasta en esa búsqueda inútil de la felicidad que nunca llega. Pues bien. No, no va a llegar por ese camino, porque siempre habrá un lujito mayor que no vas a alcanzar, o que será tan caro que te provocará ansiedad intentar alcanzarlo. Sólo llegará valorando las cosas más simples.

En tercer lugar, Epicuro nos invitaba a cultivar la amistad. La amistad está en el epicentro del pensamiento epicúreo, y no sólo por ser un placer en sí misma, sino por proporcionarnos apoyo, seguridad y confianza en un mundo a menudo incierto y difícil. En *Principales doctrinas* —máximas filosóficas atribuidas a Epicuro—, la máxima 27 dice: «De todos los medios que la sabiduría nos proporciona para asegurar la felicidad a lo largo de toda nuestra vida, el más importante, con mucho, es la adquisición de amigos». Lucrecio y Diógenes Laercio se encargaron de transcribir la importancia que Epicuro daba a tener amigos: «La amistad baila alrededor del mundo, anunciando a todos nosotros que despertemos a la felicidad». Pero la amistad no sólo nos proporciona alegría por sí sola. Epicuro entendía que si te rodeas de cinco millonarios, serás el sexto. Si te rodeas de cinco deportistas, serás el sexto, y si te rodeas de cinco idiotas, serás el sexto. Lo curioso es que, a pesar de que lo sabemos, seguimos cayendo en esta trampa. Bastaría con cortar con quien no te aporte en la vida y buscar a alguien a quien quieras parecerte.

En cuarto lugar, Epicuro insistía en la importancia de perseguir la *autarquía*. La autonomía, entendida como el control de uno mismo y la independencia de la influencia de lo externo, era un componente clave en su búsqueda de la estabilidad emocional. Por ese motivo abandonó la polis y se fue a una casa en el quinto pino, donde no tuviera que depender ni de la aprobación de la Academia ni de los recursos de la ciudad. Al tomar el control de nuestras vidas y ser conscientes de nuestras elecciones, podemos encontrar un mayor sentido de satisfacción y bienestar. En su *Carta a Meneceo* nos recuerda que la mayor parte de lo que llamamos mal «está en nuestro poder evitarlo, y no tendríamos que lamentarnos si no pensáramos siempre en lo que nos falta y no en lo que tenemos».

En quinto lugar, para Epicuro era fundamental aprender a manejar el miedo y la ansiedad. El epicureísmo incide en que nuestras vidas son complicadas porque permitimos que miedos y ansiedad se apoderen de nuestros sentidos. Dado que somos incapaces de distinguir entre deseos naturales y necesarios y deseos vacíos, vivimos aterrados por no poder conseguir lo que no tenemos o por perder lo que hemos conseguido. Al entender y enfrentar nuestros temores, podemos liberarnos de su control y vivir una vida más plena.

Finalmente, Epicuro nos recuerda que debemos entender que todo es transitorio. Para este filósofo, la transitoriedad es clave: disfrutar el momento presente, saboreando las pequeñas alegrías de la vida sin caer en la ansiedad por el futuro o el dolor por el pasado. Un poco como decía Camus: no hay un propósito más allá, disfrutemos. Para superar el pasado, tienes que aceptar que el pasado se acabó. Puedes revisarlo un millón de veces, puedes analizarlo hasta la extenuación, puedes lamentarlo todas las noches en la soledad de tu cuarto antes de dormir. Todo eso ya no te puede hacer daño.

¿Sabes por qué Epicuro consiguió abandonar el mundanal ruido e irse a vivir a una casita modesta con un jardín en el que las personas más humildes pero más estimulantes de Grecia se daban cita para compartir un rato de felicidad? Porque creía firmemente que la felicidad estaba dentro de él. Es un camino tan simple y a la vez tan tortuoso que a muchos puede llevarnos una vida entera conseguir recorrerlo. En tus manos está intentar habitar esa casa de los placeres pequeños, abrazar un mundo más simple, y a la vez más pleno.

Cuarta parte

Cinismo

27

El bípedo implume

Papá detesta que use tacos cuando escribo. Siempre me lo recrimina. En cierto modo lo entiendo, pero para mí es algo inevitable. Si renunciamos a esa forma de expresión tan española, terminaremos por convertirnos en una sociedad de plástico, insulsa y aséptica como la estadounidense. El taco es una imprescindible forma de expresión popular, como la *muiñeira*, los nazarenos, los *castells* o los chorizos. Yo por ahí no paso, cojones.

Pues bien, la causa de mi empecinada actitud está también en la antigua Grecia.

El cinismo es una escuela filosófica del período socrático que sostiene que debemos vivir nuestra vida con desvergüenza, o lo que ellos llamaban *anaidea*, de acuerdo con la naturaleza. Para ellos, esto se cristalizaba, como para los epicúreos, mediante el rechazo de todos los deseos convencionales de riqueza, fama y poder, para vivir una vida despreocupada, libre de todas las posesiones y propiedades. Y, sobre todo, reírse de todo. Abrazar la transgresión y la irreverencia como forma de vida.

Los cínicos eran fanáticos del desapego. Para ellos también, el camino hacia la felicidad no estaba en el lujo, el poder, o la fama, sino en liberarse de todas esas trampas materiales y sociales. Se podría decir que fueron los primeros minimalistas, mucho antes de que Marie Kondo nos dijera que debíamos decir gracias y adiós a nuestros viejos calcetines.

Fíjate, han pasado 3.000 años y el ser humano sigue obsesionado con las mismas cosas. Dinero. Fama. Apariencias. Normas sociales. Los cínicos vivían expuestos impunemente a la opinión del populacho, pero al mismo tiempo se mostraban impermeables a los insultos que pudieran resultar de su conducta... llamémosla alejada de las convenciones. Para los cínicos, gran parte de su labor consistía en actuar como el perro guardián de la humanidad y evangelizar y azuzar a las personas, advirtiéndoles del error de sus caminos, en particular a través de la crítica sin piedad a cualquier muestra de codicia, que para ellos era una de las principales causas de angustia.

Pero no te equivoques, no eran santos. De hecho, se dice que Diógenes se hacía pajas en público, porque, según él, «ojalá se pudiera aliviar el hambre frotándose el estómago».

La escuela cínica era básicamente una gran patada en el culo a la conformidad social y al materialismo. Iban por la vida con nada más que andrajos alrededor del pubis, y se reían de todos aquellos que pensaban que necesitaban más que eso para ser felices.

Los vagabundos filosóficos originales se arrastraban por Atenas, vivían en barriles y nos recordaban a todos que la vida es demasiado corta para preocuparse por cosas sin importancia. Un buen recordatorio, ¿no crees? Aunque por el momento quizás no sea mala idea prescindir de la masturbación pública.

En diversos núcleos académicos se considera que el fundador del cinismo como movimiento filosófico fue Antístenes, uno de los pupilos más importantes de Sócrates, a principios del siglo v a. C. Defendía un estilo de vida austero, y sus lecciones abarcaban tanto el diálogo como la literatura, y se extendían más allá de la mera ética, que fue el foco principal de los cínicos que lo siguieron. Cuando el estoicismo se hizo fuerte en el siglo III a. C., el cinismo se desinfló, aunque volvió a renacer brevemente durante la época romana. Cuando en el siglo I d. C. despuntó la Roma imperial, se podía ver a los cínicos mendigando y predicando por todas las ciudades del imperio, en las que eran tratados con una mezcla de desprecio y veneración.

El cinismo pudo haber tenido una cierta época dorada hasta el siglo IV d. C. A diferencia del estoicismo, que en ese momento se había volatilizado, el cinismo finalmente pasó de moda a finales del siglo V de nuestra era, aunque muchos de los primeros cristianos adoptaron algunos de sus métodos ascéticos y retóricos.

Diógenes persiste en la memoria popular como el antiguo filósofo griego que vivía en un barril sacándole brillo al cetro, pese a que en realidad, al parecer, era una especie de tinaja de almacenamiento. Supuestamente fue él quien pidió al mismísimo Alejandro Magno que se apartara para dejarlo disfrutar del sol. En su época, su fama era tal que Aristóteles en su obra *Sobre retórica* se refería a él simplemente como «el perro», sin necesidad de mayor explicación. Para Platón, era un Sócrates enloquecido por haber llevado al extremo la forma de vida sencilla del maestro. Para la posteridad, parece algo así como un excéntrico o un exhibicionista, el tema de numerosas anécdotas, muchas de ellas de dudoso valor histórico. No quedan escritos suyos, si alguna vez escribió algo, sólo numerosos registros de sus dichos y sus hechos, algunos en versiones contradictorias entre sí y muchos de una precisión digamos cuestionable.

Diógenes no fue un excéntrico aislado, sino, simplemente, el exponente más famoso de un movimiento filosófico que duró con interrupciones cerca de mil años. San Agustín, en su *Ciudad de Dios*, relata con cierto desagrado que todavía se ven filósofos cínicos, aunque ya empezaban a ser una *rara avis* en vías de extinción. El último cínico conocido, Salustio —quien ni siquiera era un cínico de manual, sino más bien un neoplatónico raruno—, estiró la pata en el siglo V. El cinismo llegó a ser un problema serio para los primeros apologistas cristianos. Diógenes fue el tema de una obra superviviente del emperador Julián de Roma, conocido como el Apóstata porque trató de reintroducir el paganismo en el Imperio romano. En esa obra, Julián elogia el cinismo en general como un tipo de filosofía, ni la peor ni la más ruin, sino una de las mejores, y sitúa a Diógenes como un ejemplo de cómo vivir, y lo compara con los cínicos decadentes de su propia época.

En general, parece que el cinismo disfrutó de menos popularidad entre los romanos que entre los griegos, quizás porque ofendía demasiado la reverencia y la costumbre, y florecía mejor en las ciudades helenizadas de las provincias orientales. En esas ciudades, los cínicos eran reconocidos de inmediato por su uniforme, que consistía en una capa, un bastón de peral y una bolsa de viaje, y por su cabello enmarañado y barbas descuidadas. Al parecer eran una vista familiar, y mendigaban hospitalidad a cambio de una muestra de ingenio y de sabiduría; es decir, por sus lenguas satíricas y su narración sin licencia de verdades mundanas.

A diferencia de Julián, pocos afirmarían ahora que el cinismo se encuentra entre las mejores filosofías, y a muchos les resultaría difícil considerarlo como una filosofía en absoluto. Pero para haber logrado una mención tan distinguida a lo largo de los siglos y, de hecho, para que el movimiento haya sobrevivido durante un período tan largo, debe haber más en el cinismo que la historia de un hombre metido en una tinaja haciéndose manuelas. A pesar de todo, puede decirse que constituye una filosofía de vida que es interesante tener en cuenta.

Diógenes procedía de Sinope, una ciudad en el mar Negro, donde su padre, que dirigía el banco local, aparentemente estuvo envuelto en un plan fraudulento para devaluar la moneda, por lo que se vio obligado a exiliarse. Diógenes vivió como su propia misión desfigurar la moneda de la costumbre; es decir, mostrarle a la gente la falta de valor de las cosas por las que vivían, para reemplazarlas por otras mejores.

La palabra *cínico* proviene de la palabra griega que significa 'perro'. El cinismo se consideraba una especie de filosofía canina que reducía a los seres humanos al nivel de los animales. Sin embargo, sería más exacto decir que los cínicos elevaron a los animales por encima de los humanos, y que en su relativa autosuficiencia y su simple capacidad para la felicidad los veían más cerca de los dioses que de los hombres. Los animales se contentaban con poco; los seres humanos nunca estaban satisfechos, por mucho que tuvieran. ¿Te suena? Los hombres siempre se esforzaban por adquirir posesiones de las que no tenían ninguna necesidad; por lo tanto, vivían vidas de miedo y ansiedad, y dedicaban su tiempo a trabajar para obtener cosas sin valor intrínseco y a protegerlas obsesivamente después. El trabajo no ocupa un lugar destacado en el ideario cínico, y, por cierto, no es un valor en sí mismo. Para ellos, es en el ocio, en la libertad de hacer lo que uno quiere, donde reside la esencia de la vida.

En sus escritos, Antístenes dice que para abrazar la vida sencilla: «El ocio, lo más envidiable de todo, debe ser siempre mío. Para disfrutarlo, debo deleitarme con las imágenes y los sonidos que más valoro». Este énfasis en el disfrute de las fuentes de placer que están disponibles de inmediato para cualquiera que sepa abrazarlas, el encontrar gratificación en lo que está aquí hoy y no preocuparse por el mañana, forma parte del corazón del mensaje cínico. Cuantos menos deseos te entrenes a tener, más probable será que halles satisfacción en la vida.

Diógenes lleva al extremo el desprecio por las meras posesiones materiales. Al ver a un niño ahuecando sus manos para beber agua, rompe su propia escudilla y la deja como un artículo menos para llevar en sus viajes. Al menosprecio del lujo y la riqueza, se une una nivelación irreverente hacia abajo de los grandes de la tierra. Éste es el punto de la historia sobre el supuesto encuentro con Alejandro Magno, que es históricamente improbable, pero podemos tomarlo como un cuento cínico ejemplar en el que los de la talla de Alejandro, con todas sus riquezas, su poder, no tienen nada que ofrecer a los de la talla de Diógenes, que se bastan a sí mismos. El contraste poético entre el hombre para el que la conquista del mundo entero no fue suficiente para satisfacerlo y el hombre que se satisfizo con casi nada. La riqueza y el poder se ven no sólo como conquistas sin valor, sino como males positivos en el sentido de que te quitan tu propia libertad interior. La implicación radical de esto es que no sólo podemos ser tan felices como los reyes, sino que podemos ser más felices en virtud de nuestra autosuficiencia.

En todo lo que nos cuenta, Diógenes en sí mismo es más afortunado que el rey Jerjes en su trono persa de oro. Se dice que Diógenes escupió a la cara de un hombre rico, y explicó que no podía encontrar un mejor receptáculo para su saliva. Para él, el amor al dinero es la ciudad madre de todos los males. Supongo que los problemas que tuvo su familia por culpa de la usura tendrán algo que ver con esta concepción de la vida. Hasta los filósofos griegos tenían *daddy issues*.

Se suponía que el cínico estaba acostumbrado a las dificultades físicas y a una dieta simple. Las semillas de lupino y las lentejas tenían un gran peso porque eran baratas y fáciles de conseguir. Sin embargo, si a un cínico le ofreces pastel de miel o vino, el cínico no los rechaza argumentando que también son sustento. El objetivo es satisfacer las necesidades del estómago, pero no complacerlo. El pastel de miel y el vino no son superiores al guiso de lentejas.

Si una parte del entrenamiento del cínico es lograr la indiferencia ante la incomodidad física, otra es prepararse para la burla. Este entrenamiento implicaba, por ejemplo, aparecer en público con un solo lado de la cabeza rapada o llevar algún objeto vergonzoso o ridículo.

Pero los cínicos también eran otras cosas. Eran nómadas, abandonaban sus hogares, elogiaban a los pobres y despreciaban a los ricos. No tenían en cuenta el mañana, y todo esto los hace asombrosamente congruentes con el cristianismo de los Evangelios. Creo que las similitudes son más que fortuitas; hay en todo esto algo más que casualidad. El mundo en el que Jesús llevó a cabo su misión era en gran medida helenizado y de hecho algunas figuras cristianas primitivas se confundían con los cínicos. San Simeón el Loco, por ejemplo, llevaba arrastrando un perro muerto por ciudades sirias en el siglo VI y apagaba las velas de los templos.

El desafío a la autoridad o el desprecio por las riquezas presentes en los Evangelios beben de la filosofía cínica. Aunque la palabra de Diógenes era tan radical como la de Jesús, tenía un fin muy diferente. Para Diógenes, el único mundo era *este* mundo; los dioses no contaban. El abandono de los bienes materiales no era preludio de una vida eterna en el cielo a la derecha del

Padre, sino el mejor modo para asegurar la felicidad en la tierra, aquí, hoy. De hecho, se puede decir que el objetivo principal del cínico es llevar a la humanidad a una mejor comprensión de lo que es en realidad la felicidad. Los cínicos querían que las personas vivieran sus vidas a la luz de esa comprensión, que se libraran de sus cadenas autoimpuestas y que vivieran de una forma que, en términos modernos, llamaríamos «auténtica».

El mismo Diógenes fue lo suficientemente claro en cuanto a que había pocos seres humanos auténticos a su alrededor. En una famosa historia apócrifa, sale a plena luz del día con una lámpara encendida, y cuando la gente le pregunta qué está haciendo, él declara: «Busco a un hombre honesto». Ésta es una historia que algunos aseguran que retomó Nietzsche, declarado admirador de Diógenes, cuando salió a la luz del día con su lámpara buscando a Dios.

Los cínicos mismos no negaban la existencia de los dioses; pocos de los antiguos filósofos eran ateos. Pero tampoco eran exactamente reverenciales con ellos. Se burlaron de lo que vieron como mera superstición o credulidad excesiva. Hacer sacrificios, prestar atención a los oráculos, usar amuletos, rezar, para ellos eso no tenía sentido alguno. Se negaron a entrar en los santuarios o en los templos y a tratarlos como lugares sagrados porque los dioses eran autosuficientes y no necesitaban adoración por parte de los humanos. A su vez, para lograr ser tan autosuficientes como los dioses, los humanos debían no sentir necesidad de ellos. Eso significó que cualquier idea de una chispa divina en los seres humanos, a menudo identificada por los griegos con la razón misma, colisionaba en gran medida con el credo cínico. El ser humano no era más que una especie de animal que a base de codicia y de convencionalismos había perdido la simple capacidad de felicidad que tenían los demás animales, y por ello en nosotros no había nada sagrado.

El cinismo es tanto una antifilosofía como una filosofía. Posee un elemento bufonesco que se burla del intelectualismo excesivo. Debo reconocer que esta parte de su pensamiento me seduce mucho. Diógenes se sentía muy feliz cuando satirizaba a los popes de la Academia. Cuando la Academia de Platón se reunió para discernir qué era un ser humano y consensuó la definición de Sócrates del hombre como bípedo sin plumas, él arrojó un pollo desplumado por encima del muro. No hay lógica cínica, no hay cosmología cínica, no hay ética cínica, hay incluso una especie de filisteísmo acerca de los cínicos.

Los cínicos trabajaban principalmente mediante la sátira, la vulgaridad, el ingenio y la provocación. Salvo por ellos, la filosofía era en gran medida una zona libre de risas. Desde que abrazó la filosofía, Antístenes mostró un profundo desencanto por la Academia, de la que se burlaba constantemente. Por eso decidió fundar una especie de escuela informal en el santuario-gimnasio de Cinosargo en la que se acogía a niños bastardos —los *nothoi*—. Como curiosidad, en Chipre —y Grecia—, los liceos todavía se llaman gimnasios. La escuela de Cinosargo, cuyo nombre proviene del griego *kýōn argós*, 'perro ágil', da el nombre al cinismo, en griego *kynikós*, 'similar al perro'. Su popularidad se hizo enorme debido a la sencillez con la que aleccionaba a los jóvenes, y su vestimenta, la famosa capa raída y el bastón, se convirtió en el uniforme oficial de la escuela.

Por otro lado, Menipo de Gadara aportó una dimensión todavía más satírica e irreverente al pensamiento cínico. Con frecuencia su escritura era mordaz y crítica, y empleaba el humor para señalar las debilidades y contradicciones de la sociedad. De hecho, es considerado el inventor de la sátira, que se denomina en su honor sátira menipea. Aunque compartía la creencia cínica en la indiferencia ante los placeres y las penas, Menipo también fusionó elementos del estoicismo en su filosofía y abogó por el autocontrol emocional. Su vida es fascinante y daría para una buena novela de aventuras. Nació esclavo en Gadara, la región de Celesiria. Cuando fue libertado se enriqueció con la usura, pero pronto perdió todo lo que tenía. Su personalidad arrolladora lo convirtió en personaje de ficción de autores como Marco Terencio, Luciano de Samosata o el mismísimo Erasmo de Róterdam. Incluso Velázquez llegó a retratarlo con su larga capa y su mirada despectiva.

Su obra más conocida, *Daithekai* ('falsos testamentos cómicos'), es un ejemplo perfecto de su estilo literario. En esta serie de diálogos, Menipo se burlaba de las normas sociales y religiosas, desafiando la hipocresía de la sociedad de su tiempo con ingenio y sarcasmo.

Crates de Tebas, contemporáneo de Diógenes y discípulo suyo, representó la faceta más amable del cinismo. Provenía de una familia pudiente, pero la semilla del cinismo floreció con tal fuerza en él que llegó a donar su cuantiosa fortuna a la ciudad para adoptar con su mujer la vida de mendigo errante propia de los cínicos. Esta filantropía lo convierte en un cínico muy especial, con un estilo menos agresivo que el de sus maestros. Se cuenta de él que iba abriendo las puertas de las casas para soltar largas peroratas a sus moradores sobre la importancia de ser autosuficiente y desprenderse de las necesidades autoimpuestas y de las cadenas con que nos atenazan la familia o la propiedad. Cuando los parientes intentaban hacerle cambiar de opinión, les sacudía con un bastón, manteniéndose firme en su decisión.

Según él, la filosofía lo llevó a aferrarse a un modo de vida que alimenta tanto el cuerpo como el espíritu. En sus propias palabras, filosofar le proporcionó «un puñado de lentejas y cero preocupaciones». Su verdadero reino era el del pensamiento: «Todo lo que aprendí y contemplé, junto con los venerados preceptos de las Musas, eso poseo. El resto, todo ese montón de cosas supuestamente grandiosas, son pura ilusión».

Gracias a su excéntrica forma de vivir y de expresarse, Crates se convirtió en un modelo para seguir, un verdadero maestro rodeado de putifans y de *groupies*. La historia cuenta que el joven aspirante a filósofo Metrocles, tras pasar un vergonzoso momento al tirarse un pedo en medio de una de esas famosas caminatas de los peripatéticos en la Academia, encontró en Crates una inspiración para vivir de otra manera. Crates se atiborró de lentejas hasta reventar, y se presentó ante el joven humillado soltando una despreocupada ristra de sonoros cuescos para demostrarle que ciertos procesos biológicos son inevitables. Reveló así la crítica cínica a las normas sociales refinadas que ignoran las realidades del cuerpo, y que nos empujan a escondernos, enfermarnos e incluso morir.

Cuenta la tradición que también, como Diógenes, tuvo un

breve encuentro con Alejandro Magno, que le pidió consejo sobre la reconstrucción de la ciudad, a lo que él respondió entre dientes:

—¿Reconstruirla? —masculló—. ¿*Pa*' qué?

Su discípulo más famoso fue Zenón de Citio, del que hablaremos más adelante. Por ahora, sólo adelantaremos que Zenón fundó la escuela estoica, nada más y nada menos. En cierto modo, Crates fue el último de los cínicos, y el que sirvió de puente entre ambas filosofías.

Para alcanzar la *ataraxia*, los cínicos defendían la vida simple y austera de los chuchos, despojada de lujos y comodidades innecesarias. Consideraban que muchas de las preocupaciones y ansiedades humanas se debían a la búsqueda excesiva de placer, riqueza y prestigio social. Para alcanzar la *ataraxia*, los cínicos promovieron un estilo de vida ascético, abrazar el minimalismo y reírse de las posesiones mundanas y de las convenciones sociales que nos encadenan. Como curiosidad, llamaban *atífia* a su versión de la *ataraxia*. *Atífia* significa 'no tener humo en la cabeza'.

La *atífia* cínica no se trata simplemente de la indiferencia abúlica hacia el mundo, sino más bien de una actitud de desapego y desprendimiento de las distracciones que nos impiden vivir una vida auténtica y virtuosa. Los cínicos buscaban liberarse de las normas sociales y las convenciones, y creían que al hacerlo alcanzarían una mayor tranquilidad y libertad interior. Para ello sugerían practicar la *ascesis*, o desprendimiento, y una férrea indiferencia ante las dificultades —la *adiaphora*.

28

Qué le diría un cínico a una *celebrity* de Instagram

Imagina, niña, que estamos en los alrededores de una plaza griega, y no en la glamurosa superficialidad de Instagram, donde los filtros y los *likes* dictan tu valor. Aquí, sobre estas piedras calcinadas por el sol vales lo mismo que yo, aunque mis tetas no sean ni de lejos tan bonitas, y mis fotos no sean vistas por cien mil personas.

Primero, querida diva, considera que tu valor intrínseco no aumenta con el número de seguidores ni con la perfección de tus fotos. ¿Quién eres tú cuando se apagan los focos, cuando no hay cámaras ni pantallas? Éste es el punto de partida para cualquier reflexión auténtica sobre uno mismo.

La naturaleza efímera de tu fama en Instagram es tan sólida como una duna en el desierto, siempre cambiante al capricho de los vientos de las tendencias. Busca la libertad no a través de la acumulación de seguidores, sino liberándote de la necesidad de ellos. La verdadera libertad viene de la *autarquía*: la autosuficiencia. No necesitas un ejército de babosos para validar tu existencia; tu valor como persona no se mide por la aprobación de las masas. Tampoco te compares con quien tiene más seguidores que tú. Esto es absurdo, a ella también le huelen los pies, ella también tiene una muela picada y, además, es más simple que el asa de un caldero.

Niña, considera este pensamiento: en tu búsqueda de la belleza, ¿has olvidado la belleza de la mente? La autenticidad, la virtud y el conocimiento son tesoros que no se pueden cuantificar con métricas sociales. En la simplicidad de vivir conscientemente encontrarás una satisfacción que no puede darte ningún filtro ni ninguna pose mil veces ensayada.

Niña, te invito a que te despojes de la máscara digital que el mundo de Instagram te ha hecho llevar. No literalmente, por supuesto, no te pido que abandones tus redes, sino que las uses con un propósito que trascienda la superficialidad. Que cada publicación sea un reflejo de tu auténtica búsqueda de belleza, sabiduría y virtud. Que puedas ser un faro de autenticidad en una hoguera de vanidades.

Por último, recuerda que en una era definida por la validación digital, el desapego de la opinión ajena es un superpoder. Vive de acuerdo con tus propios valores y virtudes, no con los *likes* y comentarios. En esa autenticidad, en ese desapego, encontrarás una libertad que no podrán darte un millón de pulgares.

29

Otros cínicos memorables alrededor del globo

Siempre que la gente me pregunta por mi fascinación por la India, debo acudir a la historia del pavo que teníamos en casa cuando yo era pequeño. Era un pavo arisco, muy voluminoso, elegante, altivo, y tenía una mala hostia tremenda. Una vez acorraló a papá en un rincón del gallinero y el pobre hombre casi no lo cuenta, tuvo que defender su vida con un trozo de manguera que afortunadamente estaba al alcance de su mano. No sé si te has fijado alguna vez en un pavo, pero los pavos cuentan con un remate casi absurdo atornillado a su voluminoso cuerpo. La cabeza del pavo es un despropósito de grumos de piel, de verrugas horripilantes, por no mencionar la carúncula, esa extravagante protuberancia roja de piel correosa que haría vomitar a una cabra poco escrupulosa. Cuando yo era niño estaba fascinado por aquella piel repulsiva, y siempre que el pavo se dejaba tocar, la acariciaba con una mezcla de fascinación y asco. Algo así me ocurre con la India. He estado casi un año de mi vida en tres ocasiones, y la he recorrido de punta a punta en moto. No hubo un solo día en que no me arrepintiera, pero no hubo un solo día en que no me quedara absolutamente maravillado. En la India siempre verás estiércol coronado por una desconcertante flor de pétalos delicados.

Si hay un lugar que resume a la perfección el espíritu de ese país es el Ghat Manikarnika, en Benarés. Benarés, también conocida como Varanasi, es una ciudad que se alza no sólo como un enclave geográfico a orillas del Ganges, sino como un epicentro de la espiritualidad hindú. En el corazón del hinduismo, Benarés es considerada una de las siete ciudades sagradas. Según las creencias hindúes, morir en Varanasi permite a los difuntos alcanzar la liberación del ciclo de reencarnaciones. Esta creencia convierte la ciudad en un destino para aquellos que buscan la paz final, una especie de portal entre lo terrenal y lo divino. La ciudad cuenta con innumerables hospicios de moribundos, y todos los días, a decenas, los cadáveres son transportados al río para ser cremados a lo largo de las laberínticas callejuelas de la zona vieja. Los *ghats*, esas escalinatas que descienden al río, son escenarios de rituales diarios de purificación que ofrecen una conexión física y simbólica con el Ganges, considerado sagrado y purificador.

El Ghat Manikarnika es el punto de la ciudad donde se celebran más cremaciones. Muy cerca se apilan toneladas de madera y a la orilla del río es habitual ver seis o siete cremaciones simultáneas, día y noche. En Benarés, tradicionalmente la tarea de realizar las cremaciones en los *ghats* ha sido llevada a cabo por miembros de la casta Dom. Los Dom, pertenecientes a una de las castas más bajas, han sido históricamente marginados y relegados a ocupaciones consideradas impuras o contaminantes por otras castas, como el manejo de los cadáveres.

Es posible que el Ghat Manikarnika sea lo más parecido al apocalipsis en la tierra. Los cadáveres llegando sin tregua, el olor de la muerte, de las cremaciones, los perros en busca de algo que llevarse a la boca, las vacas comiendo las flores de los difuntos y cagando por doquier, las ratas saltando de pira en pira, y los cuerpos siendo arrojados, todavía reconocibles, al gran Ganga, todo eso contrasta con la gente que se baña en la orilla, cuajada de cenizas y de humores, y que se siente purificada en el agua marrón llena de partículas en suspensión.

Benarés no es sólo un lugar físico, sino un símbolo de la búsqueda espiritual humana. Para muchos representa el viaje a la comprensión de los grandes misterios de la vida, la muerte y lo que podría haber más allá. En la confluencia de sus calles estrechas, sus templos antiguos y el fluir eterno del Ganges, Benarés ofrece un espejo en el que podemos contemplar la totalidad de la existencia humana. Su importancia espiritual trasciende fronteras y credos, y nos invita a reflexionar sobre los aspectos más profundos y universales de nuestra existencia.

Allí tuve mi primer contacto con un aghori. Era un ser del inframundo, con el pelo apelmazado, la cara tiznada de cenizas de los cadáveres, el cuerpo escuálido y la piel de cartón resquebrajado. Iba vestido únicamente con un taparrabos que, en apariencia, no había sido lavado jamás. Su mirada hosca revelaba lo que para mí eran indicios de locura.

La secta de los aghoris, que emerge del hinduismo shaivita, es fascinante y desconcertante a partes iguales. Su práctica se centra en la búsqueda de la iluminación, pero el camino que eligen es inusual y, para muchos, profundamente perturbador. La inclinación de los aghoris hacia lo que comúnmente se considera repugnante es una puerta hacia una reflexión profunda sobre las normas culturales, la naturaleza de lo sagrado y lo profano y las fronteras de la experiencia espiritual.

En su travesía mística, los aghoris rompen deliberadamente con los tabúes establecidos. Se adentran en prácticas como la meditación en lugares de cremación, la utilización de restos humanos en sus rituales y el consumo de alimentos prohibidos en la mayoría de las culturas, incluida la carne humana y la mierda. Esta aproximación extrema se basa en la creencia de que superando el miedo y el asco, y al trascender las distinciones convencionales entre lo puro e impuro, lo bello y lo grotesco, uno puede alcanzar un estado de no dualidad y unión con el Absoluto, Shiva.

Aunque separados por milenios y culturas distintas, los aghoris de la India y los cínicos de la antigua Grecia comparten paralelismos fascinantes en sus enfoques filosóficos y estilos de vida.

Es posible que la misma repulsión que sentí yo al ver un aghori fuera semejante a la que experimentaban los griegos pudientes de la polis al ver pasar a los cínicos, con sus varas de peral, sus capas cubiertas de roña y su tufo a cebolla podrida.

En su búsqueda espiritual, los aghoris rechazan las normas

tradicionales de pureza e impureza y abrazan prácticas que la sociedad considera tabúes o repulsivas. De manera similar, los cínicos desafiaron las convenciones sociales y materiales de su tiempo. Sus acciones resultaban chocantes, perturbadoras. Comían en el suelo como los perros, vivían en la calle, vestían andrajos, se masturbaban en la plaza pública y se reían a carcajadas de quien se cruzara en su camino.

Tanto los aghoris como los cínicos defendían la renuncia material como un medio para alcanzar un estado superior de conciencia o libertad. Los aghoris renuncian a las ataduras mundanas para alcanzar la unidad con Shiva, mientras que los cínicos renunciaban a las comodidades y valores materiales para lograr la *autarquía*, la completa libertad y autosuficiencia. En su desprecio por las normas convencionales, unos y otros buscaban exponer la hipocresía de las sociedades en que vivían. A través de sus prácticas extremas, los aghoris cuestionan las nociones de pureza y polución; mientras que con su desprecio por la riqueza y el estatus, los cínicos criticaban la falsedad y la corrupción de la sociedad y la política griegas.

Por último, tanto aghoris como cínicos empleaban la provocación y el *shock* como herramientas para aleccionar y desafiar a los demás. Los actos de los aghoris, como rebozarse en cenizas de difuntos o emplear calaveras humanas como escudillas, y las acciones de los cínicos, como el famoso acto de Diógenes buscando un hombre honesto con un candil en pleno día, son ejemplos de este enfoque.

La transgresión ha sido un elemento central en varias filosofías históricas y antiguas. Estas filosofías a menudo desafiaron las normas, los valores establecidos y las percepciones de su tiempo, buscando una comprensión más profunda de la vida, la moralidad y el universo.

En la antigua China, al enfatizar la importancia de vivir de manera natural, espontánea y en armonía con el Tao, el taoísmo desafió con frecuencia las estructuras y rigideces sociales y políticas. El taoísmo promueve el *wu wei* ('no acción'), una forma de transgresión pasiva que se opone a la imposición de la voluntad al mundo.

Más cercano a nosotros, el gnosticismo fue un movimiento diverso y heterodoxo en los primeros siglos del cristianismo que proponía un conocimiento esotérico (*gnosis*) para la salvación. Los gnósticos a menudo cuestionaban las interpretaciones literales de las Escrituras y a los popes, y ofrecían visiones alternativas e iconoclastas del cristianismo que eran vistas como transgresoras por la Iglesia primitiva.

30

Vestigios cínicos

Aunque pudiera parecer una filosofía muerta en nuestro mundo de oropel, el cinismo acabó impregnando con sus babas perrunas el corazón mismo de nuestra cultura. Sin echar mano a la escuela cínica no puede entenderse la tradición de héroes rebeldes, desencantados y hastiados de un mundo artificioso y encorsetado que luchan por dinamitar.

En la literatura podemos encontrar rastros de cinismo en personajes que desafían las normas sociales y que, con una mirada amarga, critican la hipocresía de la sociedad. Holden Caulfield, el protagonista de *El guardián entre el centeno*, de J. D. Salinger, con su desprecio por la «falsedad» de los adultos, palabra que se repite obsesivamente a lo largo de la novela, bien podría ser el tataranieto literario de Diógenes. El bisnieto posiblemente sería Huckleberry Finn, el personaje inmortal de la novela homónima de Mark Twain, que encarna una especie de cinismo juvenil, una mirada fresca, pero desencantada del mundo. *La conjura de los necios*, la novela del malogrado John Kennedy Toole, también tiene un protagonista eminentemente cínico, el inmortal Ignatius Reilly, que al igual que los cínicos se abandonaba al onanismo y despreciaba lujos y convenciones sociales, se reía de los poderosos y carcomía el sistema desde dentro.

Un coloso de la literatura, Baudelaire, fue un reconocido cínico. Si nos adentramos en las profundidades de su obra más famosa, *Las flores del mal*, descubrimos a alguien que no tenía miedo de explorar los rincones más oscuros de la sociedad y la naturaleza humana. Su cinismo, aunque de una variedad más estética y alambicada, se manifestaba en su rechazo a la moral burguesa y su celebración de lo siniestro, lo grotesco y lo maldito.

Como los cínicos, Baudelaire también sentía una especie de desprecio por las masas, desconfianza a la conformidad e inclinación por lo transgresor. Su poesía a menudo destaca la hipocresía, la corrupción y la decadencia de la sociedad moderna, temas que resuenan con los cínicos antiguos.

Otro monstruo de la literatura, Bukowski, con una prosa descarnada y una poesía que destila vapores de whisky, parece ser el epítome del cínico moderno. Su obra, que a menudo explora los rincones más oscuros y sórdidos de la sociedad, lleva el sello distintivo del cinismo en cada línea. Como los cínicos, Bukowski no tenía tiempo para las pretensiones o las falsedades de la sociedad. Su literatura es una hostia en cámara lenta en la cara de la respetabilidad burguesa, una invitación a despertar del sueño complaciente de la conformidad. Igual que los cínicos, Bukowski nos empuja a seguir los impulsos naturales en lugar de las convenciones artificiales. Su personaje recurrente, Henry Chinaski, es un hombre que vive según sus propias reglas, que busca la autenticidad en un mundo lleno de hipocresía.

En el ámbito del cine, directores como los hermanos Coen han hecho una carrera de retratar personajes cínicos en un universo que a menudo parece desprovisto de sentido o moralidad genuina. En *El gran Lebowski*, el personaje principal, conocido como el Nota, parece haber adoptado una filosofía cínica y vive una vida desapegada de las convenciones sociales y económicas, una especie de Diógenes en bata. *El club de la lucha*, con su crítica feroz al consumismo y la cultura corporativa, es también un festín de cinismo. Embarcado en una filosofía de destrucción y renacimiento, Tyler Durden es un cínico moderno que busca liberar a las personas de las cadenas de la sociedad contemporánea. Tampoco podemos olvidarnos de *Into the Wild*, película en la que el protagonista abandona una vida de comodidad y privilegio por una existencia más sencilla y auténtica, un eco de la vida de Diógenes.

En la música, bandas como Nirvana, con su líder Kurt Cobain, han destilado en sus letras una dosis saludable de filosofía canina mediante la crítica a la comercialización y la conformidad de la sociedad. De haber vivido en la Grecia clásica, deambulando de ciudad en ciudad con un zurrón en lugar de una guitarra eléctrica, seguramente Cobain habría derrochado la misma energía, el mismo desdén por la fama, el mismo rechazo a las expectativas convencionales. Sin una perspectiva cínica, no se entenderían actitudes vitales como las de Bob Dylan, cuyas canciones *Masters of War* o *A Hard Rain's A-Gonna Fall* son un verdadero tratado de la perspectiva cínica sobre la política y la humanidad o la deshumanización de la sociedad moderna que también exploran artistas como Radiohead o el mismísimo Marilyn Manson.

Pero el diapasón de los cínicos resuena con fuerza en lugares inesperados, como las redes sociales. La irreverencia de los cínicos ante las normas sociales y su disposición a desafiar el *statu quo* y la autoridad encuentran paralelismo en la cultura del meme del siglo XXI. Con frecuencia los memes cuestionan de forma satírica y directa las normas sociales y políticas establecidas y se ríen de los poderosos, a los que convierten en torpes caricaturas, algo que Diógenes habría apreciado. Además, la cultura del *stand-up comedy*, en el que comediantes como George Carlin o Ricky Gervais desafían y ridiculizan las convenciones sociales, es un legado moderno del espíritu cínico.

Por su parte, el minimalismo, una tendencia popular en el siglo XXI, refleja muchas de las ideas cínicas. El minimalismo defiende que debemos reducir las posesiones y simplificar la vida para enfocarnos en lo que realmente importa, un eco claro de la filosofía cínica de vivir de manera natural y sin lujos innecesarios. Activistas como Greta Thunberg, que critican de forma abierta el materialismo y el consumo excesivo, son reminiscentes de la actitud cínica de volver a lo básico y vivir en armonía con el mundo natural.

Tal vez el cínico más famoso de la era moderna fue Ted Kaczynski, que nació en 1942 en Chicago. Desde muy joven destacó por su mente brillante, en especial en el terreno de las matemáticas, y a los dieciséis años ingresó en la Universidad de Harvard, donde participó en un controvertido experimento conducido por el psicólogo Henry A. Murray. Muchos creen que allí perdió la cabeza. Sin embargo, llegó a ocupar un puesto en la Universidad de California en Berkeley. Renunció abruptamente a ese puesto en 1969 y se mudó a una cabaña en el culo del mundo, sin electricidad ni agua corriente.

En esa cabaña, Kaczynski comenzó a desarrollar una filosofía radical contra la industrialización y el avance tecnológico. Es fácil imaginarse el viaje a la demencia de un hombre inmensamente inteligente y profundamente perturbado. Lejos de la civilización, le daba vueltas a la naturaleza de las cosas, comía bayas, cazaba ardillas, cagaba en la nieve y enfermaba de rabia con el paso de las estaciones. Poco a poco cayó en una espiral de locura que lo indujo a enviar una serie de bombas que mataron a tres personas e hirieron a otras veintitrés. Debido a la naturaleza rudimentaria de las bombas y a las notas manuscritas que dejaba, el FBI se refirió al entonces desconocido atacante como el Unabomber.

En 1995, Kaczynski envió un manifiesto de carácter innegablemente filosófico a varios medios de comunicación titulado *La sociedad industrial y su futuro*, en el que argumentaba sus razones para llevar a cabo estos ataques. Bajo amenaza de seguir enviando bombas, el manuscrito fue publicado en prensa y, a resultas de ello, su hermano David reconoció el estilo y las ideas del texto y contactó con el FBI. El Unabomber fue arrestado en abril de 1996, y acabó suicidándose en su celda el 10 de junio de 2023.

Kaczynski sigue siendo una figura controvertida, retratado por algunos como un radical peligroso y por otros como un pensador profundo, aunque desviado, sobre los peligros de la tecnología avanzada y la industrialización. Dejando a un lado los ataques terroristas, el denominado «Manifiesto Unabomber» incluye una serie de pensamientos que tienen su raíz en la filosofía cínica.

Kaczynski afirma que al expandirse y convertirse en una parte integral de la sociedad, al entreverarse de forma indisoluble con quienes somos, los sistemas tecnológicos modernos han llevado al surgimiento de un sistema social artificial, restrictivo y opresivo. Esto explica la destrucción del medioambiente, la deshumanización de los individuos, la creciente burocracia y la concentración del poder en manos de unos pocos. Para hacer frente a esta situación, Kaczynski pone gran énfasis en la libertad y la autonomía individual. La famosa *autarquía* griega. Asegura que las sociedades industriales la limitan severamente debido a la necesidad de organizar y regular para mantener engrasado el complejo engranaje que las sostiene. En el Manifiesto Unabomber se describe amargamente la dependencia de la tecnología moderna y cómo provoca un gran estrés psicológico, aislamiento social, enfermedades mentales y miseria, y altera además el equilibrio de poder en la sociedad y pone a la mayoría de las personas a merced de los tecnócratas y los poderosos. Un cínico del período helenístico habría firmado cada palabra.

No obstante, en su búsqueda de la autenticidad y la libertad individual, el Unabomber no estaba solo. Su filosofía fue motivada por pensadores anteriores y ha influido de forma definitiva en otros que vinieron después que él. Jacques Ellul, por ejemplo, también argumentó que la tecnología tiene un efecto deshumanizante y que la sociedad se ha vuelto demasiado dependiente de ella. En su libro *Divertirse hasta morir*, Neil Postman critica la dependencia de la sociedad de la tecnología y argumenta que nuestra obsesión con el entretenimiento nos ha hecho menos capaces de manejar la información seria. Esto es algo que veo a diario reflejado en mi propia conducta: mi capacidad de atención no es la misma que hace diez o quince años, y esto no se debe sólo a que mi cerebro empieza ya su lento declive. Sé a ciencia cierta que la sobreexposición a la información y el *fast-food* intelectual están ratonando mis recursos. Consumir TikTok es tan fácil y leer buena literatura tan difícil...

Con su crítica mordaz al autoritarismo y a las sociedades controladas y pacificadas mediante la tecnología, la burocracia y la coerción, Aldous Huxley y George Orwell fueron unos fantásticos cínicos precursores del pensamiento del Unabomber. Ideas también defendidas por Iván Illich, gran crítico de la burocratización y la deshumanización consecuencia de los avances tecnológicos.

Creo que nadie está defendiendo que nos vayamos a una cabaña en Montana sin agua ni luz para fabricar bombas y mear en los arbustos. Pero todos estos pensadores, Kaczynski incluido, nos invitaron a dar un paso atrás, a analizar en qué nos estamos convirtiendo, y lanzar un órdago a favor de la autenticidad, la transgresión y la lucha por nuestra individualidad y autonomía.

31

Explorando la autarquía para ser un feliz cínico

A estas alturas te estarás preguntando qué puedes hacer para ser un saludable cínico. ¿Qué actitudes cínicas puedes adoptar para llevar una vida más despreocupada y canina?

Si Diógenes el chucho fuera catapultado a nuestra sociedad hambrienta de fama y obsesionada con los logros y la riqueza, lo primero que nos aconsejaría es que nos liberáramos de toda necesidad de aprobación. ¿Para qué preocuparte por lo que piensen de ti los demás? Deja de buscar la aprobación constante y acepta que no todos te van a entender ni valorar.

Un cínico no te permitiría ser excesivamente comprensivo y estar perdonando los caprichos de los demás porque ello inevitablemente lleva a que te pierdan el respeto. Atrévete a ser tú mismo sin disculpas, y encuentra tu propia autoaceptación de lo que haces, lo que piensas, lo que has conseguido en la vida y, sobre todo, *lo que no vas a conseguir*. Todo eso es una broma colosal, así que más vale que le encuentres la gracia lo antes posible. No te esfuerces por impresionar a los demás con gestos extravagantes o palabras grandilocuentes. Sé auténtico y compasivo en tus relaciones, muestra tu verdadero yo y deja que los demás hagan lo mismo sin juzgarlos. Lucha por sentirte cómodo estando a tu bola como un animal cualquiera. Una persona que se siente cómoda estando a su bola es alguien enormemente poderoso. Esas personas se irán de tu lado si les faltas al respeto. Se irán si sobrepasas sus límites. Nunca negociarán con sus valores. Pero no malinterpretes su retirada como una señal de debilidad, sino como una afirmación de su fortaleza interna, una demostración palpable de su autorrespeto y dignidad. Si te sientes cómodo estando a tu bola, te conviertes en alguien injodible.

Como islas fortificadas en un mar tumultuoso, estos individuos han cultivado un jardín interno de serenidad y autoconocimiento. No necesitan la aprobación constante de los demás, porque han encontrado un refugio seguro en su propia compañía, un santuario donde la paz y la tranquilidad no están a merced de las fluctuantes mareas de la opinión pública o de que alguien responda a sus wasaps.

Ah, sí. Esos wasaps a los que no han hecho caso. Cuánto dolor y cuánta incertidumbre detrás de esas dos marquitas azules que contemplas en tu cama, en la soledad de la noche, preguntándote cuándo obtendrás respuesta. Cuántas horas dedicadas a rumiar una estrategia para captar la atención de alguien que te da señales contradictorias, que un día rebosa cariño y otro día pasa de ti como de comer mierda. Un cínico te diría: «Distánciate. No digas nada. Si tu ausencia no les molesta, entiende entonces que tu presencia no es importante para ellos, y sigue con tu vida. Siéntete cómodo estando a tu bola».

Ser una isla emocional también te blinda ante un fenómeno tan real como cruel: cuanto menos te quieres, más necesitas que te quieran los demás. Y, paradójicamente, cuanto más necesitas que te quieran, menos lo hacen. Con su desprecio por las dependencias externas y su énfasis en la autenticidad, los cínicos nos invitan a romper este ciclo enfermizo de necesidad y expectativa. Al conseguirlo, emanamos una confianza y una autenticidad que resulta poderosamente magnética y atractiva.

¿Necesitas pruebas? No es casualidad que la literatura haya echado mano de personajes independientes de una solidez a prueba de bombas para enamorarnos:

Lisbeth Salander, de la saga *Millennium*, de Stieg Larsson, es una hacker con una fuerte voluntad y una moralidad única que vive según sus propias reglas. Katniss Everdeen, de *Los juegos del hambre*, de Suzanne Collins, no teme ir contra el sistema opresivo en el que vive. Escarlata O'Hara, la infatigable heroína de *Lo que el viento se llevó*, de Margaret Mitchell; McMurphy de *Alguien voló sobre el nido del cuco*; Dagny Taggart de *La rebelión de Atlas*, de Ayn Rand; o el inmortal Sherlock Holmes son sólo algunos ejemplos de personajes misántropos que nos han enamorado y nos han hecho soñar con poder disfrutar un rato de su compañía. Ya ves, el secreto de las personalidades magnéticas ya nos lo desvelaron los cínicos.

Recuerda que en la historia de la filosofía esta idea de una autosuficiencia irrenunciable tiene un nombre sagrado: *autarquía*.

La *autarquía* no debe ser entendida como aislamiento, ni como orgullo malsano. Uno de los pensadores más icónicos en este sentido fue Sócrates. A través de su famoso lema «conócete a ti mismo», en griego *gnóthi seautón*, inscrito en el pronaos del templo de Apolo en Delfos, Sócrates nos instó a mirar hacia dentro, a explorar las profundidades de nuestra propia mente y alma en busca de la sabiduría y la verdad. Él argumentaba que la verdadera felicidad y el conocimiento radican en comprender quiénes somos en nuestro núcleo, en lugar de buscar constantemente fuera de nosotros mismos.

Platón, discípulo de Sócrates, llevó en su filosofía la noción de *autarquía* un paso más allá. En su obra *La República*, Platón presentó la idea de que un individuo podría alcanzar la *autarquía* cuando su alma estuviera en equilibrio, con la razón guiando a los apetitos y pasiones. También lo explica en *Fedro* mediante la alegoría de un carro alado en el que el auriga, *Logistikón*, es la razón que guía al caballo bueno, *Thimoeides* (el coraje), y al caballo malo, *Epithimetikón* (el apetito).

Las ideas de Sócrates, Platón y sus hermanos perrunos los cínicos pueden parecer algo extraterrestres, pero todos podemos aplicarlas en múltiples aspectos de nuestra vida. Por ejemplo, en nuestra carrera profesional, podemos esforzarnos por encontrar un equilibrio sano entre el trabajo y la vida personal. No se trata sólo de buscar ascensos y aumentos de sueldo, sino de definir el éxito personal de acuerdo con tus propios valores y objetivos, en lugar de seguir ciegamente las expectativas de otros. Del mismo modo, los cínicos nos habrían invitado a no depender de la aprobación externa para perseguir esas pasiones. En lugar de buscar la validación social, las personas creativas se dedican a sus proyectos y se expresan auténticamente, con independencia de la opinión ajena.

La *autarquía* es también una invitación consciente a dejar de buscar validación y atención en las relaciones. Las personas autosuficientes buscan la satisfacción internamente, lo que les permite tener relaciones más saludables y equilibradas.

Diógenes también te aconsejaría que rompas con el consumismo desenfrenado. Hay una cruel cadena de dolor y de insatisfacción en cada paquete de Amazon que recibes. Desafía la cultura de consumo, manda a tomar por saco las compras presuntamente terapéuticas, y busca la satisfacción en las experiencias y conexiones genuinas. A los cínicos les bastaba un bastón y un cuenco de lentejas para sentirse plenos, y si bien nadie te está pidiendo que te lances a recorrer mundo descalzo, quizás replantearte las prioridades en este sentido sea algo positivo para incorporar a tu vida. La dopamina debe venir de otro lado.

Refrenar el impulso de consumir también se relaciona en gran medida con la *autarquía*. En lugar de comprar sin freno, la *autarquía* se manifiesta a través del consumo consciente. Aquí, las personas buscan la satisfacción no en la acumulación de bienes materiales, sino en el aprecio de lo que tienen. En lugar de perseguir la última moda o el último *gadget*, practican la gratitud y les basta con lo que ya poseen. Apártese, puto rey de Macedonia, carne de burro no es transparente, déjeme disfrutar del sol, que no necesito nada más.

Seguramente, Diógenes también nos invitaría a despreocuparnos por pasado y futuro. Independizarse también de su fantasma. Vive en el momento presente y deja de lamentarte por errores pasados o preocuparte en exceso por el futuro incierto. Aprende de tus experiencias pasadas, pero no te aferres a ellas. Ocúpate de lo que tienes aquí y ahora. Porque, verás, dentro de veinte años darás cualquier cosa, *cualquiera*, por estar en este preciso momento, con esta salud, con esta edad, con este aspecto. Los cínicos te abofetearían si supieran que no te has tomado un momento para disfrutar de tu ahora tal como es. Imperfecto, sí. Pero real.

Para un cínico, ese momento presente es una oportunidad. Seguramente un cínico te diría que jamás será el momento perfecto para hacer tal o tal cosa, y nunca será el momento adecuado para disfrutar de lo que sea. Seguramente un cínico te diría que empieces a trabajar hoy mismo con las herramientas que tienes. De ese modo irán presentándose mejores oportunidades y mejores herramientas para llegar adonde quieres llegar. Cada movimiento que haces te aporta información sobre el siguiente paso que debes dar, porque el exceso de planificación paraliza.

Diógenes también te aconsejaría que aceptes tus imperfecciones y limitaciones. Sí, me he tirado un pedo, y qué. Aquí va otro. Y si rechistas, tengo otros cuatro reservados para ti. Como individuo independiente que debes aspirar a ser, te sugeriría que abraces tus debilidades y fracasos, esos que todos tenemos. No te castigues por no ser perfecto, porque nadie lo es. Nadie lo será. En lugar de eso, cultiva la compasión hacia ti mismo y trabaja en mejorar aquello que realmente importa para ti. La perfección —la búsqueda de esa perfección— es una carga demasiado dura para ser sostenida por la felicidad. Relajarse y tomarse las cosas con calma, tanto con uno mismo como con los demás, nos hace disfrutar más de la vida.

Por último, Diógenes te instaría a derribar ídolos. No sólo popes de la academia, estrellas de cine o políticos a los que votas, sino a cualquiera que despierte tu admiración. Vive independientemente de lo que hagan, piensen o digan aquellos a los que te han enseñado a admirar. Y arroja de vez en cuando un pollo desplumado sobre los muros de la Academia.

Desde una perspectiva cínica, ser irreverente e iconoclasta no es sólo bueno, sino esencial para liberarse de las cadenas de una sociedad que, a menudo, está más interesada en mantener el *statu quo* que en fomentar la autenticidad y la verdad.

La mayoría, por no decir la práctica totalidad de nuestros ídolos, lo son porque estamos entrenados para venerar una imagen ideologizada, ficticia, una proyección que nosotros mismos elaboramos a partir de fragmentos artificiales de la realidad. Este mecanismo atávico nos ha permitido sobrevivir como especie y, al ser algo común a todos los animales superiores que viven en grupos ordenados, es posible que esté arraigado en lo más profundo de nuestro cerebro primitivo.

En muchas especies, identificar y seguir a individuos fuertes, inteligentes o hábiles —el famoso macho alfa de lomo plateado y cojones como cocos— puede conferir ventajas significativas para la supervivencia. Tradicionalmente, esta admiración facilitó el aprendizaje social al hombre primitivo que se agrupó para protegerse de las inclemencias de la vida, permitiendo que las habilidades y conocimientos valiosos se transmitieran con mayor facilidad en una comunidad o grupo. Al admirar a alguien, estamos más inclinados a observar y aprender de sus acciones, lo que puede ayudarnos a adquirir nuevas habilidades o conocimientos, además de fomentar la cooperación en el grupo, ya que puede incentivar a los individuos a trabajar juntos hacia un objetivo común, siguiendo el ejemplo de la persona admirada.

Sin embargo, el individuo del siglo XXI se ha dejado devorar por estos instintos primitivos, y es capaz de sentir admiración por cualquiera que suba vídeos a YouTube o que aparezca en televisión por la mañana como experto en desechos nucleares y criminólogo por la tarde. Además, este comportamiento atornillado a nuestros más primitivos esquemas mentales nos lleva a perdonar las imperfecciones de nuestros semejantes en la búsqueda de alguien inmediato que lleve nuestra manada más cercana a buen puerto. Perdonamos infidelidades a las estrellas de cine, corruptelas a los políticos, comentarios fuera de tono a los futbolistas y deslices a los tertulianos, y nos quedamos tan anchos. Incluso llegamos a defenderlos como si nos fuera la vida en ello. El hombre del siglo XXI suplica por un liderazgo que los cínicos encontrarían ridículo.

Ser iconoclasta permite desmantelar estas falsas idolatrías, revelando la verdad desnuda que se esconde detrás de ellas. De paso, ser irreverente fomenta la autenticidad al cuestionar las normas establecidas en lugar de conformarse con las expectativas de la sociedad.

32

Entonces, ¿hay que reírse de todo?

¿Podemos adaptar la filosofía cínica como una filosofía de vida? ¿Hay un lugar para el cinismo en la vida del hombre del siglo XXI? Pues diría que un poco sí, porque, verás, ¿qué son los poderosos sino miserables hambrientos de poseer más y más? ¿Qué es la vida sino una sucesión de momentos presentes? ¿Qué son los ídolos sino gente como tú y como yo, con miserias muy parecidas, con inseguridades iguales a las nuestras? ¿Qué son esas enseñanzas académicas que tenemos que memorizar sino, en muchas ocasiones, innecesarias complicaciones? ¿Qué son nuestras posesiones más que algo que cuesta trabajo obtener, que cuesta trabajo mantener, que no proporciona más que un efímero placer y que se desvanece con el paso del tiempo? ¿Y qué decir de los dioses? Tal como yo me tengo que bastar a mí mismo, Dios también debería bastarse a él, sin necesidad de que yo tenga que estar rezándole todo el día o cuidándome de comer tal o tal cosa, de vestir tal o tal prenda, o de cortarme el capullo del pito.

Cuando entendemos que el poderoso debe ser despreciado, que es inútil y estéril acumular tanto, y que el placer más grande se encuentra siempre en las cosas más pequeñas, entonces empezamos a tener menos miedo. Empezamos a ser más fuertes. Empezamos a recorrer el camino hacia una vida más simple en la que todo es menos importante de lo que nos parece.

Quinta parte

Estoicismo

33

El nacimiento accidentado de un arte de vida

Cuando nació el estoicismo, la Grecia antigua estaba navegando por las turbulentas aguas de una etapa de transición significativa, un tiempo que se caracterizaba tanto por su esplendor cultural como por su inestabilidad política. Estamos hablando del período helenístico, que comenzó alrededor del 323 a. C., tras la muerte de Alejandro Magno, y se extendió hasta aproximadamente el 31 a. C., cuando el Imperio romano comenzó a consolidar su dominio en la región.

Durante este tiempo, el vasto imperio que Alejandro había construido se fragmentó en varios reinos más pequeños, gobernados por sus generales y sucesores, conocidos como los diádocos. Estos reinos, que incluían el reino ptolemaico en Egipto y el reino seléucida en Persia y Mesopotamia, mantenían una tensa relación entre ellos, marcada por conflictos y luchas por el poder.

Aunque ya no ostentaba el poder dominante que había tenido durante la era clásica, Atenas seguía siendo un hervidero de actividad cultural e intelectual. La ciudad había perdido parte de su antigua gloria, pero aún mantenía su estatus como un centro de aprendizaje y filosofía, si bien era desplazado lentamente por ciudades emergentes como Alejandría, Antioquía o Pérgamo. La Academia de Platón y el Liceo de Aristóteles continuaban siendo focos de pensamiento profundo y discusión filosófica.

En este contexto, la escuela estoica emerge como un faro de sabiduría que guía a los individuos a través de las turbulentas aguas de la existencia humana con una dignidad serena y una gracia inquebrantable. En su núcleo, esta filosofía se ancla en cuatro principios fundamentales que resuenan con una profundidad tanto poética como académica.

Primero, nos encontramos con la *virtud*, la *areté*, considerada como el bien supremo, un refugio de excelencia moral y sabiduría que se busca con una devoción casi sacra. Es en este pilar donde los estoicos encuentran la verdadera riqueza, una que no se mide en oro, sino en integridad y carácter.

Luego, los estoicos buscaban ser *imperturbables*, alcanzar un estado de equilibrio y tranquilidad que se logra a través de la maestría de uno mismo. Aquí, los estoicos nos enseñan a navegar las tempestades de la vida con una calma inmutable, manteniendo un corazón sereno ante las vicisitudes del destino. Esta característica es quizás la más conocida y cacareada: no han de afectarte las cosas que no puedes controlar. Los estoicos también buscaban ser *racionales*, y nos invitan a abrazar la lógica y la razón —o, empleando su propia terminología, el *logos*— como guías supremas. En este reino de pensamiento claro y discernimiento, los estoicos nos instan a despejar la niebla de la ilusión y a ver el mundo con una visión clara y desapasionada.

Finalmente, nos encontramos con la *aceptación*, una gracia tranquila que, aceptando lo que viene con una resignación digna y una comprensión profunda de la naturaleza transitoria de todas las cosas, nos permite fluir con la corriente de la vida.

Nada ejemplifica mejor la esencia de la filosofía estoica que el modo en que nació.

Ocurrió a escasos kilómetros de donde vivo yo. En estas mismas costas de piedra caliza carcomida por el lánguido Mediterráneo y por los vientos, hace más de 2.300 años, en lo que ahora es Lárnaca, una pacata ciudad costera dedicada hoy al turismo cutre y antaño al comercio. Aquí nació Zenón. Su padre era un mercader chipriota, y él estaba destinado a seguir con la próspera empresa familiar. Un día decidió embarcar todas sus posesiones en un velero para comerciar en la capital del imperio. Era una empresa audaz que le reportaría grandes beneficios.

En la época de Zenón, alrededor del 300 a. C., los centros comerciales del Mediterráneo bullían como la espuma. Chipre era conocida por su rica producción de recursos naturales, incluyendo cobre —de hecho, la palabra *cobre* proviene del nombre latino de Chipre, *cuprum*—. Además, la región era famosa por su producción de vino, aceite de oliva y productos cerámicos. También es posible que hubiera tenido tratos con mercaderes que comerciaban con textiles, especias y otros bienes exóticos que fluían como la sangre a través de las venas comerciales de la época. El caso es que el barco de Zenón iba cargado hasta la bandera. Poco después de zarpar, se desató una colosal tormenta. Si buscas hoy en internet imágenes de la costa de Chipre, es posible que te encuentres con unas cuantas fotos de naufragios. A un tiro de piedra de donde estoy, se encuentra varado desde finales de los sesenta el *Edro III*, un barco que hacía la ruta Limassol-Rodas y que encalló exactamente igual que el de Zenón, dejándonos una pintoresca estampa a la puesta del sol que es aprovechada por las parejas de británicos para hacerse fotos en su luna de miel, quizás en involuntaria alegoría. Y si te alojas en uno de los lujosos *resorts* de la zona de Tomb of the Kings, amanecerás contemplando desde tu balcón la fantasmagórica imagen del *Demetrios II*, encallado desde 1998 con el cargamento de madera que llevaba a Siria.

Pues bien. Ahora imagina truenos, relámpagos, olas descomunales, rocas traicioneras y a Poseidón de muy mala hostia. Como pudo, Zenón saltó por la borda y nadó desesperado a la costa, donde un grupo de pescadores se entretenía contemplando el espectáculo. Arrastraron al pobre hombre a tierra firme y se lamentaron.

—¡Oh, lo ha perdido usted todo!

A lo que él respondió, imperturbable:

—La fortuna quiere que yo tenga mayor libertad para filosofar.

Arruinado, pero con un propósito, viajó a Atenas y ahí se formó en filosofía. Alrededor del año 300 a. C., fundó su propia escuela que por no tener no tenía ni local propio. Sus seguidores se reunían bajo un pórtico —una *stoa*, en griego— decorado con pinturas de Polignoto, de aquí el nombre de *hē Poikílē stoá* ('pórtico pintado'), al que el estoicismo debe su nombre.

Apenas nos han llegado textos de Zenón de Citio. Sin embargo, su reacción genuinamente estoica al aceptar su ruina importándole todo un carajo casi sin inmutarse constituye un ejemplo muy rotundo de cómo tomarse las vicisitudes de la vida y los caprichos de Fortuna.

La mayoría de los grandes líderes de la Antigüedad fueron estoicos. Epicteto, Cicerón, Marco Aurelio, Séneca... Considerando el énfasis que pone el estoicismo en el autodominio, no resulta sorprendente. El éxito y el liderazgo salen del reflejo en el espejo. La clave es que las circunstancias externas te importen un huevo. Los estoicos nos enseñaron que si bien es imposible controlar lo que nos pasa en la vida, sí podemos —debemos— controlar nuestra percepción y nuestra reacción. Eso es lo que marca toda la diferencia. Tenemos la capacidad de elegir si percibimos los eventos de una forma productiva o destructiva. Cuando todo te importa un huevo, eres capaz de lograr las hazañas más increíbles.

Zenón llegó a Atenas cuando la ciudad estaba bajo el dominio de Casandro, uno de los sucesores de Alejandro. A pesar de las tensiones políticas y las luchas por el poder que marcan esta época, Atenas seguía siendo un lugar en el que florecía la filosofía por el atractivo de la fama de sus escuelas y la riqueza de su tradición intelectual.

En este ambiente vibrante y a menudo tumultuoso, Zenón fundó casi involuntariamente la escuela estoica, que se convertiría en una de las filosofías más influyentes de la Antigüedad. Con su énfasis en la razón, la autodisciplina y la armonía con la naturaleza, Zenón y sus seguidores ofrecieron una respuesta a los desafíos de su tiempo, una respuesta que encontró eco en muchas personas que buscaban una forma de navegar por las complejidades de un mundo en constante cambio. En esa ciudad decadente comenzó a tejer los hilos dorados de una filosofía que pronto se convertiría en un manto protector para aquellos que buscaban refugio en la razón y la virtud. Por las tardes, Zenón se sentaba y empleaba la fuerza de la palabra para ir ganando un cardumen de adeptos cada vez más voluminoso bajo su *stoa* polícroma.

A medida que el sol de la sabiduría estoica se elevaba cada vez más alto en el firmamento de la filosofía, luminarias como Crisipo y Cleantes se unieron a esta orquesta, y aportaron sus propias melodías de entendimiento profundo y comprensión de la naturaleza humana. En sus manos, el estoicismo floreció, y fue transformándose en una filosofía robusta y compleja que abarcaba todos los aspectos de la vida. Crisipo, la tercera cabeza de la escuela estoica, fue una figura central en su expansión y consolidación. Desarrolló una impresionante obra que, por desgracia, se ha perdido en su mayoría. Sin embargo, sabemos que al establecer una estructura doctrinal sólida sobre la que se asentaron los demás hizo significativas contribuciones a la lógica, la física y la ética estoica. Por cierto, dicen que murió de un ataque de risa al ver a un burro comer higos. Panecio introdujo en las enseñanzas estoicas una dimensión más práctica y adaptada a la vida cotidiana. Su influencia resonó notablemente en la Roma republicana, fusionó las ideas estoicas con las de Platón, y enfatizó la importancia de la prudencia, la justicia, la fortaleza y la templanza.

No obstante, el estoicismo asistió a un renacer explosivo en la Roma imperial. Séneca, un destacado estadista y dramaturgo, revitalizó el estoicismo con sus escritos prolíficos que exploraban temas como la moralidad, la tranquilidad del alma y la brevedad de la vida. Sus cartas y ensayos son una fuente rica de sabiduría estoica, que destaca la importancia de la virtud y la sabiduría en la vida humana. Un poco más tarde, Epicteto, un esclavo liberado que se convirtió en un influyente filósofo, centró su enseñanza en la distinción entre lo que está bajo nuestro control y lo que no lo está, e instó a las personas a vivir una vida de serenidad al enfocarse en cultivar virtudes internas. En su escuela en Nicópolis, Epicteto cultivó un jardín de sabiduría en el que florecían las virtudes de la templanza, la prudencia y la justicia.

34

Y, entonces, apareció Marco Aurelio

En el apogeo de su esplendor, el estoicismo encontró su camino hacia el corazón de uno de los líderes más venerados de la historia: Marco Aurelio, el emperador-filósofo. En los corredores del poder, en medio de las intrigas y las batallas, Marco Aurelio se convirtió en un bastión de la serenidad estoica. Con una pluma en la mano y el corazón rebosante de sabiduría, escribió sus *Meditaciones*.

En las páginas de este tomo sagrado, Marco Aurelio nos invita a contemplar la majestuosidad del universo, a encontrar belleza en la fugacidad de la vida, a abrazar cada momento con una gracia y una dignidad inquebrantables. Nos insta a ser como el roble que se mantiene firme ante la tormenta, a encontrar paz en medio del caos, a ser dueños de nuestra propia alma.

Marco Aurelio gobernó Roma desde el año 161 hasta su muerte en el 180 d. C., durante la denominada época de los Antoninos, una de las más prósperas y estables del Imperio romano. Estamos en la cúspide de una civilización entregada a banquetes lujosos, vestimentas ostentosas, jardines y villas, esclavos puteados y espléndidas obras civiles. Imagina ahora grandiosas construcciones de mármol, pirotécnicos espectáculos públicos y, lo más importante, un gran avance en el arte y la cultura. La escultura romana estaba en su apogeo, representando con realismo a los ciudadanos y emperadores, inmortalizados en mármol y bronce. Sin embargo, recuerda que esto es Roma, por lo que el arte tiene un propósito, casi siempre promover los ideales romanos y demostrar el poder y la gloria de los emperadores.

A pesar de que su reinado se considera una de las épocas más prósperas del imperio, no todo era vino y laureles: Marco Aurelio tuvo que lidiar con una serie de problemas importantes. Desde la peste Antonina, que mató a miles de personas, hasta las luchas constantes en las fronteras con los pueblos germánicos y partos, por no mencionar las inundaciones, la hambruna y otras delicias de la Antigüedad. Pero en lugar de dejarse llevar por la locura de la vida imperial, Marco Aurelio se volvió hacia la filosofía, cultivando el arte de mantener la calma en medio del caos. Mientras que otros emperadores estaban ocupados organizando lujosos banquetes y asistiendo a sangrientas luchas de gladiadores, Marco Aurelio escribía a la trémula luz de un candil.

Meditaciones es un libro excepcional por muchos motivos. Es posible que sea único en el mundo. Fue escrito por el hombre más poderoso de la Tierra, que no tenía intención de publicarlo: es más, quizás se sentiría mortificado si supiera que sus pensamientos sobre asuntos tan dispares como el miedo a la muerte o perder su escasa paciencia iban a ser leídos por terceros. O tal vez no, al fin y al cabo, era estoico.

Era una persona con una riqueza inconmensurable, con un poder casi infinito y, no obstante, en las páginas de su diario se habla a sí mismo sobre justicia, autodisciplina, sabiduría, coraje. Y su estilo es tan hermoso, tan específico y a la vez tan universal que nunca ha habido un libro como éste, y es posible que nunca vaya a existir otro igual. El mundo tuvo una oportunidad, y sólo una, de acceder a la mente de un grande entre los grandes y, ya ves, *Meditaciones* ha llegado hasta nosotros.

Imaginemos al hombre más poderoso de su época, solo en sus aposentos, alumbrado por un candil de aceite, ajeno a la ciudad durmiente, reflexionando sobre la existencia y la moralidad, sin ninguna intención de compartir esos pensamientos con el mundo. Sin embargo, sus palabras resuenan hoy con una relevancia atemporal.

35

Hacia un decálogo de la virtud estoica

Si tuviéramos que resumir el testamento de Marco Aurelio en una serie de conceptos, tal vez serían los siguientes, en sus propias palabras:

> Piensa en ti mismo como si ya estuvieras muerto. Has vivido tu vida. Ahora, toma lo que queda y vívela correctamente.

Este primer punto nos invita a considerar la muerte no como un final que debemos temer, sino como un espejo en el que reflejar nuestra vida actual, una perspectiva que nos impulsa a vivir de manera más auténtica, real, profunda y significativa.

Esta idea tan simple ha hecho correr ríos de tinta a lo largo de la historia del pensamiento posterior. En la literatura, resuena con la obra *La muerte de Iván Ilich*, de Lev Tolstói. En ella, al enfrentar su propia mortalidad, el protagonista comienza a reevaluar su vida, llena de convencionalismos sociales y vacía de verdadero valor humano. La perspectiva de la muerte le ofrece una claridad brutal, tan amarga como necesaria: que ha vivido sin ser auténtico, sin ser fiel a sí mismo. En el campo de la filosofía, en *Ser y tiempo*, Heidegger explora también el concepto de que la confrontación con la muerte nos libera de las trivialidades y nos lleva a un modo de existir más auténtico. En el arte, el cuadro *Las edades y la muerte*, de Hans Baldung, un pintor del Renacimiento, ilustra visualmente esta reflexión. La muerte, representada como una figura espectral y esquelética, se impone a personajes de diferentes edades, recordándonos su constante presencia y la fragilidad de la vida humana.

> Hoy me libré de la ansiedad. O, mejor dicho, la deseché, porque estaba dentro de mí, en mis propias percepciones, no fuera.

Este segundo pensamiento de Marco Aurelio se centra en una idea poderosa: la ansiedad es una construcción interna, no un resultado directo de las circunstancias externas.

Porque, verás, nadie tiene miedo a la oscuridad, sino a lo que se oculta en ella. Nadie tiene miedo del amor, sino de que le rompan el corazón. Nadie tiene miedo de las alturas, sino de estamparse en su caída al vacío. Nadie tiene miedo de la muerte, sino de no haber vivido lo suficiente. Amor o muerte, oscuridad o alturas no tienen carga positiva o negativa, pero nuestras reacciones a ellos sí. Reconocer que la ansiedad y la angustia residen en nuestras percepciones nos da el poder de reevaluar y transformar nuestra experiencia emocional, liberándonos de las cadenas de la ansiedad autoimpuesta.

Es muy probable que este concepto haya sido el germen del existencialismo de Jean-Paul Sartre, en especial en su obra *El ser y la nada*. Como hemos visto ya, Sartre sostiene que somos responsables últimos de dar significado a nuestras experiencias. La ansiedad, entonces, surge de nuestra libertad y responsabilidad de interpretar y dar sentido al mundo que nos rodea. La ansiedad es, pues, un constructo creado por nosotros mismos.

> Todo lo que sucede es soportable o no. Si es soportable, entonces, sopórtalo. Deja de quejarte.

El tercer pensamiento de Marco Aurelio es tal vez una conclusión del segundo. Nos invita a una reflexión sobre la resiliencia y la aceptación. Plantea una visión de la vida en la que la fortaleza interior se convierte en el baluarte contra las adversidades. En la filosofía, esta idea conecta con el concepto de *amor fati* de Friedrich Nietzsche. En obras como *Ecce Homo*, Nietzsche anima a abrazar la vida en todas sus facetas, incluidos el sufrimiento y la adversidad como partes esenciales de nuestra existencia. *Amor fati* es el amor al destino, una actitud de aceptación de la vida en su totalidad, sin rechazo ni queja. Es posible que si echas la vista atrás te resulte relativamente fácil recordar un momento de tu vida en que perdiste los papeles por algo que, objetivamente, era malo, malo de verdad. Lo cierto es que una prueba de que la vida me ha tratado tan bien es que a mí me resulta bastante difícil llegar a un recuerdo así, pero si me esfuerzo un poco, encuentro ese recuerdo, ese recuerdo genuinamente malo. La existencia es una andanada de hostias que te caen encima sin que hayas hecho nada para merecerlo. A ratos, son guantazos menores: tu flamante móvil decide besar el suelo, la huevera que resbala de la bolsa de la compra, un dedo que se convierte en prisionero involuntario de un cajón, o la estantería de los productos de limpieza que se desprende en mitad de la madrugada despertando a todos los vecinos, que al día siguiente te regalan miradas hoscas en el ascensor. En otros momentos el destino decide darle una vuelta de tuerca dramática a tu existencia sin que tú hayas pedido jugar esa partida. Puede que te hayan echado del curro sin venir a cuento, que te planten en la cara un diagnóstico de esos que no le deseas ni a tu peor enemigo, o que el amor de tu vida decida hacerte el feo del siglo, en público y con orquesta. Y así podríamos seguir hasta quedarnos sin saliva, porque, al final, somos expertos en lamentarnos. Nos encanta refocilarnos en nuestras miserias, disfrutamos un montón midiendo quién lo ha pasado peor.

En el momento en que nos dan un micrófono y nos convertimos en el centro del universo, nos lo pasamos bomba contándole al mundo lo cruda que es nuestra existencia y todas esas penurias que nos toca sufrir en nuestro infierno personal. Al principio, ponerse a contar esas espinas que se nos clavan en el alma tiene su aquel, y es muy posible que pienses que cada desgracia que se te cruza en el camino sólo sirve para confirmar esa visión apocalíptica de tu vida, como sacada de un drama bíblico. Pero ¿de verdad te gustaría arrastrarte por un mundo en el que cada intento de amor es un portazo en las narices o cada oportunidad laboral te da la espalda?

Aun así, nos tragamos el sapo del rechazo más veces de las que nos gustaría admitir, y ese trago amargo se nos queda grabado como un disco rayado en la memoria, al que volvemos una y otra vez con amargura, tristeza, precaución, terror o desesperanza. Casi todo el mundo coincide en que en esta vida el dolor es un compañero de viaje no negociable, pero aun así nos desvivimos por esquivarlo a toda costa, como si eso fuera posible. Esto es, claro, a menos que te apellides Nietzsche. Tengo mis más y mis menos con el tipo, pero hay que reconocer que su manera de plantar cara a las adversidades tiene un qué sé yo, que qué sé yo. Nietzsche arrastraba por la vida un equipaje lleno de cadáveres: el dinero muy justito, líos familiares, desamores. Si se hubiera abierto un OnlyFans, sólo lo pagarían estudiantes de medicina. Se largó de su hogar en Alemania en busca de aire fresco en los Alpes suizos, e intentó zafarse de la cerrazón académica para ser un escritor independiente, pero la cosa no cuajó. Buscaba a esa media naranja que fuese cómplice de cama e intelecto, pero casi siempre la jugada le salía rana. No conseguía despegarse de la alargada sombra de sus viejos y, para colmo, el antisemitismo, su bestia negra, se expandía por Europa como una mancha de aceite sin que él pudiese hacer nada para detenerlo.

En semejante situación, Nietzsche cazó al vuelo que su temple y su garra para encarar las vicisitudes de la vida venían de toda la mierda que había tragado. Entendió que abrazar su destino, amar ese tira y afloja con la existencia, era lo que templaba su espíritu día tras día. Y entonces acuñó el término *amor fati*, que no deja de ser una revisión de la aceptación estoica: una oda a darles las gracias a las patadas del camino, porque, al fin y al cabo, de los palos se sacan las lecciones más valiosas.

> A aquellos seres humanos que me preocupan, a los que amo, les deseo sufrimiento, desolación, enfermedad, malos tratos, indignidad. Es deseo que no permanezcan ajenos al profundo desprecio de sí mismos, la tortura de la desconfianza en sí mismos, la miseria de los

> vencidos. No tengo piedad de ellos porque les deseo lo único que puede probar si hoy uno vale algo o no vale nada.

Nuestra norma general es que le damos una patada a lo malo que nos pasa, y rehusamos verle el sentido a su presencia en nuestras vidas. Nos pasamos un montón de tiempo repasando nuestros fallos, sumidos en el lamento y soltando lágrimas por esas vueltas de la vida que nos hubiera gustado que giraran de otro modo. Por instinto, luchamos con uñas y dientes contra cualquier atisbo de resignación o fatalismo. Parte de la rebeldía de la juventud implica no quedarse de brazos cruzados frente a las injusticias y las cicatrices de nuestro pasado o el de nuestra sociedad. Para Nietzsche y los estoicos, es energía tirada a la basura, que bien podríamos invertir en metas más mundanas: querernos a nosotros mismos y a quienes nos quieren, gozar de lo bueno que nos toca, y disfrutar de las hostias del destino porque lo que no mata engorda.

La resistencia al sufrimiento es una parte crucial de la experiencia humana. A menudo, la clave no está en evitar el dolor y la adversidad, sino en aprender a enfrentarlos con fortaleza y dignidad, sin caer en la queja o la desesperación. En última instancia, es una invitación a una mayor madurez emocional y espiritual.

> Nada tiene que perturbarte. Las cosas no pueden moldear nuestras decisiones por sí solas.

El cuarto pensamiento de Marco Aurelio nos lleva a contemplar la idea de que somos —o más bien, debemos ser— dueños de nuestras reacciones y decisiones, independientemente de lo que ocurra a nuestro alrededor. Una vez más, esta noción sugiere un profundo dominio de uno mismo y un entendimiento de que nuestras respuestas emocionales y decisiones son, en última instancia, elecciones.

Esta idea se refleja en *Hamlet*, de William Shakespeare, quizás una de las obras más estoicas que ha parido la literatura universal. La famosa frase «Nada es bueno ni malo, sino que el pensamiento lo hace así» refleja con claridad este concepto. A lo largo de la obra, Hamlet lucha con su percepción de la realidad y sus consecuencias emocionales y éticas. Si no hubiera existido Marco Aurelio no habría existido Hamlet, y si no hubiera existido Hamlet, no habría existido *Matrix*. *Matrix* ofrece una narrativa en la que la realidad percibida es una construcción artificial. La película nos desafía a cuestionar cómo nuestras percepciones y creencias son moldeadas por fuerzas externas y cómo eligiendo la píldora roja podemos reclamar nuestra autonomía al cuestionar y redefinir esas realidades.

No podemos controlar siempre los eventos externos, sí tenemos la capacidad de controlar nuestras reacciones a ellos. Esta comprensión es clave para desarrollar una vida más equilibrada y consciente.

Para ejemplificar la máxima estoica de depender de uno mismo y el control que puedes ejercer sobre tus propios pensamientos, quiero compartir una máxima de Marco Aurelio sobre las opiniones ajenas:

> No deja de sorprenderme que nos amemos a nosotros mismos más que a nadie, pero que nos preocupemos más por las opiniones de los demás que por las propias.

Aquí, como los cínicos, Marco Aurelio nos invita a abandonar esta búsqueda absurda por la validación externa para empezar a depender en exclusiva de nuestro propio juicio, enraizado en la virtud y el carácter recto. Para los estoicos, el juicio interno debería basarse en la integridad, la disciplina, el coraje y la sabiduría, valores atemporales que han sido reverenciados a lo largo de la historia por un motivo: porque representan lo mejor que puede significar ser humano.

> Si no es la muerte lo que te asusta, sino el no haber empezado a vivir correctamente..., entonces serás digno del mundo que te creó.

El quinto pensamiento de Marco Aurelio nos invita a reflexionar acerca del temor no a la muerte, sino al hecho de no haber vivido una vida plena que hayamos podido preñar de motivos para seguir viviendo. Esta idea nos desafía a evaluar cómo estamos viviendo y a tomar decisiones que nos acerquen a una existencia auténtica y alineada con nuestros valores más profundos.

He tenido el privilegio de ver nacer internet. La primera vez que escuché el chirrido de un módem fue en Colorado, en casa de mi familia americana. Annie, mi hermana de otros padres, se conectaba a los servidores de su universidad para hacer cosas rudimentarias. Ver las notas, entregar trabajos, consultar algún artículo académico. Luego, descubrí que en España había un germen de internet en un clon ibérico del Minitel francés. Cuando en internet estábamos cuatro gatos, tuve la descabellada idea de abrir una de las primeras revistas digitales del país, y durante el resto de mi vida laboral, internet ha sido imprescindible para todo. Pues bien, mucho antes de que existiera la palabra *viral*, relacionada con esas cancioncitas, imágenes, vídeos o textos que saltan de persona a persona como una peste, alguien me envió un poema, falsamente atribuido a Borges, que empezaba así:

Si pudiera vivir nuevamente
mi vida,
en la próxima trataría de
cometer más errores.
No intentaría ser tan perfecto,
me relajaría más.
Sería más tonto de lo que he sido,
de hecho, tomaría muy pocas cosas con seriedad...

El poema continuaba enumerando una serie de locuras que cometería el autor para dotar su vida de significado, y concluía con una frase lapidaria:

Pero ya ven. Tengo ochenta y cinco años,
y sé que me estoy muriendo.

Al parecer, Borges estaba indignado al saber que la gente iba por ahí diciendo que semejante ñoñería la había escrito él. Y sí, el poema es ñoño, y además había sido mutilado y reescrito tantas veces que podríamos decir que el autor real es la humanidad misma y no Don Herold, que al parecer fue quien escribió su esqueleto. Pero de alguna forma su mensaje caló tanto en mí que años más tarde, después de haberlo memorizado y de habérmelo repetido tantísimas veces en el interior del cráneo, acabé dejándolo todo para emprender la maldita vuelta al mundo en moto, con la esperanza de que a los ochenta y cinco años, mi yo moribundo no se arrepentiría de no haber disfrutado lo suficiente del espectáculo de la vida. En aquella época no sabía que el culpable directo de mi locura era Marco Aurelio.

Para Marco Aurelio, la verdadera tragedia no es la muerte en sí, sino vivir una vida que no es fiel a lo que en realidad somos o deseamos ser. Es una invitación a vivir con propósito y autenticidad para que al final de nuestros días podamos mirar atrás y sentir que hemos vivido plenamente. Recuerda que incluso Sísifo fue capaz de encontrar propósito en una vida sin sentido.

Yo creo que es ponerse a ello.

> Deja de hablar sobre cómo es el hombre bueno y simplemente sé uno.

Esta máxima nos recuerda el famoso párrafo de Platón: «Toda acción, en efecto, es así: realizada por sí misma, de suyo no es ni bella ni fea; por ejemplo, lo que ahora estamos haciendo nosotros, beber, cantar o conversar, nada de esto es, por sí mismo, bello, sino que, en la acción, según el modo en que se haga resulta ser de una forma u otra: si se hace bien y rectamente, es bello, mientras que si no se hace rectamente, es feo. De la misma manera, entonces, tampoco todo amar ni todo Eros es bello ni digno de ser encomiado, sino sólo el que impulsa a amar bellamente».

Marco Aurelio no sólo nos habla de virtud, sino de la importancia de la acción por encima de la palabra. Supongo que es algo que podemos extender a todos los terrenos de nuestra propia vida. ¡Cuántas oportunidades hemos perdido por no alinear nuestros pensamientos y acciones! Soñaste años con un viaje que no realizaste, perdiste la oportunidad de acercarte a charlar con el chico rubio de la biblioteca, aquel piso tan bonito que te enseñó el de la inmobiliaria se lo quedó un chino. Si bien el NO puede ser atronador, no debemos tomarlo como un parón en seco en las oportunidades de la vida, sino como una oportunidad para la acción.

La linealidad entre pensamiento y acción es como el oxígeno para la llama: indispensable, pero no siempre apreciado. Con frecuencia vamos por la vida como marionetas desarticuladas, pensando una cosa, haciendo otra, y sintiendo algo completamente diferente. Es una receta para el desastre emocional, un cóctel de incongruencia que nos embriaga de insatisfacción. Marco Aurelio nos invita a alinear las tres cosas. Y como todo surge de nuestro pensamiento, debemos disciplinarnos para pensar enfocados a hacer y, en última instancia, sentir. El pensamiento sin acción es como un motor sin combustible, potencialmente poderoso pero inútil. La acción sin pensamiento es un barco a la deriva, moviéndose, pero sin dirección. Cuando sincronizamos ambos, navegamos hacia el horizonte de nuestra propia definición, de nuestro propósito.

Esta alineación no es un lujo, es una necesidad. En un mundo en el que a menudo el sentido de la vida se pierde en el ruido de lo que «deberíamos» ser o hacer, la congruencia entre pensar y actuar es como tomar el volante de nuestra existencia y conducir por el camino que nosotros mismos trazamos, no el que nos impone la sociedad, la familia, o la última tendencia en las redes sociales.

> También puedes cometer injusticias al no hacer nada.

Marco Aurelio nos recuerda en esta máxima que la inacción no es neutral. Al elegir no actuar, nuestra inactividad puede tener un impacto profundo en el mundo que nos rodea. En esencia, nos invita a ser conscientes de que nuestra responsabilidad hacia los demás, hacia la sociedad o hacia nuestras propias vidas no se limita a lo que hacemos, sino también a lo que dejamos de hacer.

El dolor que se puede causar por omisión en las relaciones interpersonales es muy semejante al que podemos provocar al realizar acciones malas. Cuánto daño hacemos por no decir las palabras que deberían ser dichas, cuántos sueños mueren en el limbo de la procrastinación, cuántas ideas brillantes se desvanecen en el mar de la indecisión, cuántas veces no hemos pronunciado un «lo siento» que deberíamos haber dicho. En este sentido, no actuar es hacer un rasgón en el tejido de lo que podría haber sido nuestra vida. No siempre es fácil discernir cuándo la omisión se convierte en responsabilidad. La vida no es un juego de ajedrez con movimientos claramente definidos. A veces, la línea entre la prudencia y la negligencia es borrosa. Sin embargo, esta ambigüedad no nos exime de la responsabilidad. Al contrario, nos desafía a ser más conscientes de nuestras decisiones, tanto de actuar como de no actuar.

La responsabilidad por omisión es un concepto complejo. Desde Immanuel Kant hasta los filósofos contemporáneos, la ética nos insta a considerar no sólo nuestras acciones, sino también nuestras inacciones. En la teoría del «deber ser», la omisión puede ser tan condenable como la acción dañina.

En el ámbito social, la omisión puede tomar formas aún más perversas. Piensa en las injusticias que perduran no sólo por los actos de los opresores, sino por el silencio de los que los observan. Martin Luther King Jr. lo dijo de manera elocuente: «Al final, no recordaremos las palabras de nuestros enemigos, sino el silencio de nuestros amigos». Este silencio atronador es un cómplice silencioso de los males que afligen a la sociedad. Es el «efecto espectador», descrito en psicología como aquellos momentos en los que las personas son menos propensas a ayudar a alguien en necesidad cuando hay otros presentes, y a diario podemos verlo en millares de imágenes de catástrofes, accidentes, peleas o dramas cotidianos que llegan a nuestro *feed* porque alguien las grabó, en lugar de arremangarse y echar una mano. Este fenómeno, estudiado en profundidad por los psicólogos John Darley y Bibb Latané, muestra cómo en situaciones de crisis, la inacción puede ser una respuesta común, pero moralmente cuestionable. Tal vez hayas visto la película *El jardín de los Finzi-Contini*, dirigida en 1970 por Vittorio de Sica. En ella se aborda sutilmente esta idea. La historia, ambientada durante el ascenso del fascismo en Italia, muestra cómo la aristocrática familia judía Finzi-Contini permanece en gran medida aislada de la realidad política que se desarrolla a su alrededor. Producto de una falsa sensación de seguridad, al final la inacción los lleva a un destino trágico. Marco Aurelio habría gritado hasta desgañitarse.

> Los pensamientos que albergas determinan la calidad de tu mente. Tu alma toma el color de tus pensamientos.

Los pensamientos son los arquitectos de nuestra alma, la modelan y remodelan constantemente con cada reflexión, duda o sueño. Para los antiguos, el alma no era sólo una entidad mística, sino el núcleo de nuestro ser, el epicentro de la razón, la emoción y el deseo. En este sentido, nuestros pensamientos no sólo pasan por la mente; viven en ella, la transforman. Desea algo y ese algo se adueñará de tu alma. Teme algo y ese temor no te dejará avanzar.

Hoy sabemos que los pensamientos no sólo influyen en cómo nos sentimos en un momento dado, sino que también pueden cambiar la estructura misma del cerebro. La neurociencia moderna habla de la neuroplasticidad, o de cómo las experiencias y pensamientos pueden transformar las conexiones neuronales. Es como si cada pensamiento fuera un escultor que moldea la materia del cerebro.

Piensa en el modo en que un pensamiento persistente puede cambiar tu estado de ánimo, tu visión del mundo, incluso tu conducta. Un pensamiento positivo puede ser como un rayo de sol que ilumina y calienta tu alma en un día nublado. Uno negativo puede ser como una nube oscura que ensombrece tu estado de ánimo y tiñe de gris tu percepción del mundo.

Los cenizos, amargados, aguafiestas y tóxicos han sido y serán fuente inagotable de inspiración en la literatura, que se ha encargado desde siempre de advertirnos de cómo los pensamientos pueden ensombrecer el alma. Hablo de personajes que a menudo se encierran en sus propias mentes, creando un mundo interior que es tanto su santuario como su prisión. Recuerda a Scrooge, el protagonista de *Cuento de Navidad*, de Dickens, epítome del personaje que se ha amargado la vida él solito. Su tacañería, su misantropía y su obsesión con el dinero lo llevan a una existencia solitaria y ruin. A pesar de su riqueza, Scrooge vive en una miseria autoimpuesta, aislado y despreciado por los demás. O recordemos al Raskolnikov de Dostoyevski, un personaje complejo cuya introspección y filosofías radicales lo llevan a cometer un crimen que luego lo atormenta. Su aislamiento, orgullo y teorías intelectuales lo conducen a una vida de angustia y remordimiento, y muestra cómo la mente puede convertirse en una celda de tortura autoconstruida. Recuerda también a uno de los personajes más tiernos y atormentados de *La casa de los espíritus*, de Isabel Allende, Férula, una mujer amargada por su mundo interior. El rechazo y la soledad final de Férula son el trágico resultado de su incapacidad para navegar entre su profundo deseo de conexión humana y las barreras que su propio carácter y las circunstancias le imponen. Cada uno de estos personajes lleva consigo una lección: la importancia de enfrentar nuestros demonios internos, la necesidad de comunicarnos y conectar con los demás, y el peligro de dejarnos consumir por la gelidez de nuestros pensamientos más oscuros. En su amargura nos ofrecen una mirada a los caminos que debemos evitar y nos recuerdan la importancia de buscar la luz, incluso cuando estamos rodeados de oscuridad.

Vayamos más allá. La mayoría de las personas están convencidas de que la realidad que experimentan está constituida por los acontecimientos que protagonizan o que pueden percibir. Y esto suena perfectamente verosímil, los eventos que me rodean son mi experiencia vital. Pero esto no es así. La realidad del mundo que te rodea no está conformada por los eventos que ocurren, sino por la forma en que eliges, consciente o inconscientemente, reaccionar a ellos. Y como criatura pensante, autónoma y adaptada, puedes elegir innumerables modos de reaccionar a esos acontecimientos y, en consecuencia, crear un número infinito de realidades. Por ejemplo, el 90 por ciento de nuestros pensamientos a lo largo del día son idénticos a los que tuvimos ayer. Si estás convencido de que tus pensamientos se relacionan de alguna forma con tu destino, tu vida permanecerá inalterable, porque pensamientos idénticos nos llevan a tomar las mismas decisiones, las mismas decisiones nos llevan a los mismos comportamientos, los mismos comportamientos nos regalan experiencias idénticas, y las mismas experiencias provocan las mismas emociones. La forma en que enfrentamos la realidad, cómo pensamos, cómo actuamos, cómo nos emocionamos, es el fulcro de nuestra personalidad. O, en palabras de Marco Aurelio, de nuestra alma. Nuestra mente crea nuestra realidad. Por lo tanto, si quieres crear una nueva realidad, si quieres cambiar de alguna forma lo que no encaja del todo en tu vida, debes empezar a cambiar tu mente buscando nuevas ideas. Debes enfrentar tus hábitos inconscientes, las manías que has asumido como naturales, los prejuicios que son como tu segunda piel, y debes analizar las emociones que te mantienen vivo, y decidir si quieres que esas emociones formen parte del nuevo futuro que deseas construir para ti.

> Observa el curso de las estrellas como si giraras con ellas. Ten siempre presente cómo los elementos se transforman unos en otros. Pensamientos como éstos lavan el barro de la vida cotidiana.

Milenios después de pronunciar estas palabras, Marco Aurelio tuvo razón una vez más.

Cuando los primeros astronautas regresaron del espacio, los psicólogos observaron que en todos ellos se repetía un mismo fenómeno conocido como «efecto perspectiva», una experiencia profundamente transformadora, que trasciende lo meramente visual para convertirse en una odisea del alma. Imaginemos, por un momento, que flotamos en la vastedad del cosmos, rodeados por la inmensidad plácida, gélida y silenciosa del universo estrellado, mientras observamos nuestro planeta, ese pequeño puntito azul que llamamos hogar. Es en este instante cuando se produce una especie de epifanía, una revelación que va más allá de la ciencia y entra en el reino de lo filosófico y lo espiritual. Al contemplar la Tierra desde tal distancia, los astronautas no sólo ven un planeta, sino que perciben la fragilidad de nuestra existencia, la interconexión de todo lo vivo, y la trivialidad de los conflictos y diferencias que nos dividen en la superficie terrestre. Es como si al alejarse físicamente de la Tierra, se acercaran más a la esencia de lo que significa ser humano.

No todos tenemos la suerte de disponer de una nave espacial que nos lleve hasta la Luna para poder observar la diminuta inmensidad de nuestro frágil e interconectado planeta, pero Marco Aurelio tampoco la tenía. Sin embargo, supo adoptar una perspectiva más allá de lo mundano hacia una visión más amplia y conectada del universo. Aquí, Marco Aurelio no sólo aboga por una comprensión de la naturaleza como un todo interconectado, sino también por una reflexión que nos libere de las preocupaciones y trivialidades cotidianas.

La película *El árbol de la vida*, de Terrence Malick, nos transporta a través de una narrativa que entrelaza la historia de una familia con la creación del universo y su evolución, y nos invita a considerar nuestra propia existencia en un contexto cósmico más amplio. La película nos lleva a reflexionar sobre cómo los aspectos en apariencia banales de la vida adquieren un nuevo significado cuando los vemos como parte de un todo mayor.

La máxima de Marco Aurelio nos anima a mirar más allá de nuestro entorno inmediato y a considerar nuestra existencia desde una perspectiva más amplia y universal. Al hacerlo, podemos encontrar una forma de *lavar el barro de la vida cotidiana* y liberarnos de las preocupaciones menudas y reconocer nuestra participación en un universo en constante transformación.

> Al amanecer, cuando perezosamente y de mala gana despiertes, que acuda puntual a ti este pensamiento: «Despierto para cumplir una tarea propia de hombre». ¿Voy, pues, a seguir disgustado, si me encamino a hacer aquella tarea que justifica mi existencia y para la cual he sido traído al mundo? ¿O es que he sido formado para calentarme, refugiado entre cobertores? «Pero es más agradable.» ¿Has nacido, pues, para deleitarte? Y, en suma, ¿has nacido para la pasividad o para la actividad...?

Esta máxima nos invita a reflexionar sobre la naturaleza del trabajo y del esfuerzo no como una carga, sino como una expresión esencial de nuestra humanidad. Marco Aurelio sugiere que eludir nuestras responsabilidades y buscar comodidad es ir en contra de nuestra naturaleza intrínseca, orientada hacia la acción y la participación en el mundo.

Esta idea encuentra resonancia en la ética del trabajo y la responsabilidad personal. Al igual que las arañas o las abejas, cada uno de nosotros tiene un papel único que desempeñar para contribuir a un orden mayor. Al eludir nuestras tareas, no sólo nos privamos de la satisfacción y el crecimiento que provienen del trabajo, sino que también dejamos de aportar al bienestar y al progreso colectivos. La acción, más que la complacencia, es lo que define nuestra contribución al mundo y a nosotros mismos.

Esta tenacidad se reflejaría siglos después en la teoría de la mentalidad de crecimiento de Carol Dweck, que sostiene que el esfuerzo y la perseverancia frente a los desafíos son clave para el desarrollo personal y profesional.

Desde siempre, el trabajo no ha sido simplemente una fuente de ingresos, sino una expresión de nuestra identidad, un campo en el que se siembran las semillas de nuestros sueños y aspiraciones. De hecho, muchos de nuestros apellidos provienen de la profesión de nuestros ancestros. Al dedicarnos a una tarea que nos apasiona, que nos desafía y nos permite crecer, experimentamos una sensación de propósito. Sin embargo, y esto es importante, un estoico te recordaría que incluso las tareas más ingratas pueden proporcionarte satisfacción, porque es tu percepción de tu trabajo, y no su valor en sí mismo, lo que determina esa satisfacción. Al darnos una patada en el culo y sacarnos de la comodidad de la cama para arrastrar la roca colina arriba, Marco Aurelio nos invita a tomar las riendas de nuestra vida por medio del trabajo, que nos define, y del esfuerzo, que es el combustible de este proceso. No se trata sólo de la energía que invertimos, sino también de nuestra capacidad de superar obstáculos, aprender de los fracasos y persistir ante la adversidad.

36

Qué le diría Marco Aurelio a una baronesa de personalidad anal-retentiva a la que no le gusta su habitación de hotel

Desde la serena y austera habitación de un filósofo estoico, en la que las comodidades son pocas, pero la paz interior es abundante, recibo su inquietud, distinguida señora. No le gusta ni la alfombra, ni las vistas que tiene desde su balcón. La almohada es muy dura y la temperatura no es de su agrado. Para colmo, ha descubierto lo que parece ser un retorcido pelo negro de un pubis ajeno agazapado tras el bidé. Cuánto lo siento, baronesa. Sin embargo, aquí, donde las perturbaciones del mundo externo se disipan ante la fortaleza del espíritu, le ofrezco un bálsamo de palabras no para cambiar su habitación, sino tal vez su percepción de ella.

Séneca, en sus cartas a Lucilio, podría haber dicho que la incomodidad que experimenta, señora baronesa, no reside en el color verde pistacho de las paredes de la habitación, ni en la frescura de las sábanas, sino en la expectativa de lo que éstas deberían ser. Le pregunto, entonces, ¿qué es en verdad esencial para su bienestar? ¿Puede ser que lo que percibe como una falta sea, en realidad, una invitación a redescubrir la simplicidad?

Los estoicos nos hemos empeñado en distinguir con claridad la expectativa que nos regaló el folleto de lo que realmente nos encontramos al abrir la puerta de esa habitación. Mientras que la disposición de su cuarto, baronesa, cae fuera de su esfera de poder directo, dado que todas las habitaciones de nuestro hotel son iguales, su respuesta ante esta situación es completamente suya. Puede usted disfrutar de las imperfecciones de nuestro alojamiento y sentirse tan cómoda como quiera, o chillar hasta quedarse ronca marcando obsesivamente el cero para discutir con recepción. La elección, baronesa, es suya. Usted es la que elige sentirse desdichada en nuestra modesta alcoba.

Recuerde, distinguida señora, que la verdadera tranquilidad viene de aceptar el mundo tal como es, no como deseamos que sea. En vez de permitir que una habitación de hotel perturbe su serenidad, puede elegir verla como un ejercicio estoico, una aventura rústica, una práctica para reafirmar el dominio de sus percepciones y emociones. O puede también ser más superficial y gozar como una niña de lo que le ha deparado el destino. Usted elige disfrutar o no, baronesa.

Así, le invito a considerar esta experiencia no como un infortunio, sino como un momento de aprendizaje. Que este pequeño desafío le sirva de recordatorio de que la verdadera comodidad y lujo residen en la simplicidad, la aceptación y la paz interior que ningún lujo material puede superar.

Baronesa, ni se imagina lo bien que se está cuando se quiere estar bien. Cuando se deja de dar por saco.

37

El legado de la sangre

Meditaciones comienza así:

1. De mi abuelo Vero: el buen carácter y la serenidad.
2. De la reputación y memoria legadas por mi progenitor: el carácter discreto y viril.
3. De mi madre: el respeto a los dioses, la generosidad y la abstención no sólo de obrar mal, sino incluso de incurrir en semejante pensamiento; más todavía, la frugalidad en el régimen de vida y el alejamiento del modo de vivir propio de los ricos.
4. De mi bisabuelo: el no haber frecuentado las escuelas públicas y haberme servido de buenos maestros en casa, y el haber comprendido que, para tales fines, es preciso gastar con largueza.

Todo el libro primero de su obra está dedicado a celebrar el poso que en Marco Aurelio dejaron los que vinieron antes. De ese modo, reconoce que quien él es aquí y ahora es el resultado de generaciones que antes que él supieron modelar su carácter y sus pensamientos.

Quizás comprender que somos quienes somos porque antes otros fueron quienes fueron sea un legado casi involuntario del estoicismo.

Meditaciones comienza así seguramente porque los estoicos

sentían un fuerte respeto por la naturaleza humana y la sociedad, lo que incluía un reconocimiento implícito del papel de los antepasados en la formación de la identidad y el carácter. Eran conscientes de que los individuos se encuentran en una larga cadena de causa y efecto que se extiende a lo largo de la historia y de las generaciones, lo que se cristalizaba en el reconocimiento y respeto a sus ancestros.

Además, los estoicos valoraban la sabiduría, que en muchas culturas se asocia con los ancianos. Y reconocían que el pasado, en la forma de la sabiduría y el ejemplo de los antiguos, puede ser un maestro valioso.

La influencia de este concepto estoico fue tal que en Roma se convirtió en una de las virtudes fundamentales: la *pietas*. No es sólo ser devoto o cumplir con el deber; es una mezcla de lealtad, amor filial y ese toque de misticismo que marcaba la vida en la antigua Roma. Era como el sello de calidad de un buen romano. Si no tenías *pietas*, básicamente eras un paria.

Pietas no era sólo un concepto que debiera guiar a los mortales. Los dioses también entraban en el juego. La diosa Pietas, sí, tenía su propia personificación divina, que se colaba en las monedas romanas como si nada. Y no era cualquier moneda, era un denario en plan estrella de rock.

Hasta tal punto la *pietas* era un asunto serio que hasta Virgilio presentó a Eneas, el héroe fundador de Roma en su *Eneida*, dándole el adjetivo de *pius* a cada rato. Eneas era el *poster boy* de la *pietas*, el ejemplo que seguir. Y no era piadoso sólo con los dioses o la familia, también lo era con la patria. En el arte, la *pietas* se mostraba como una mujer en un altar que hacía sacrificios por los que quedaron atrás. La cigüeña era otro símbolo de *pietas*, en especial de la piedad filial, porque se creía que cuidaba de sus padres en la vejez, e imagino que por ese motivo ha llegado a nuestros días como símbolo de la maternidad. Así que la próxima vez que veas una cigüeña, recuerda, es más que un pájaro, es un símbolo de *pietas* a la romana.

En el mundo de las virtudes romanas, la *pietas erga parentes*, esa lealtad a toda prueba hacia los ancianos, era la joya de la corona. «Pío» se convirtió en el apodo estrella para los que eran en especial devotos con sus progenitores. Anunciar tu *pietas* como si fuera tu nombre de superhéroe se consolidó en la República tardía. Pensemos en Quinto Cecilio Metelo Pío, que no paró hasta traer a su padre, Numídico, del exilio. O en Antonino Pío, emperador desde el año 138 hasta su muerte en 161, que es posible que haya recibido ese apodo debido a su lealtad y devoción a su predecesor, Adriano.

Pero no sólo se trataba de los padres vivos. La *pietas* también se extendía a los antepasados lejanos, aquellos que llevaban años criando malvas. Era un principio básico de la cultura romana que se podía percibir en cómo cuidaban las tumbas y recordaban a los muertos.

Y la *pietas* no era un regalo caído del cielo, como la Victoria. Era algo que nacía de dentro, que te hacía reconocer todo lo bueno que te enviaban los dioses.

Creo firmemente que el legado de los antepasados y la *pietas* son conceptos que debemos entrelazar en el tapiz de nuestras vidas para ser mejores primates.

Al principio, eres un pequeño montículo de células trémulas, estás preparado con lo mínimo para sobrevivir en el mundo hostil. Percibes sonidos apagados y manchitas de color gris; todo tu universo está constituido por tu vasto apetito, por las sombras grises y los sueños inquietos. Sin embargo, dentro de ti están alojados, como una bomba de relojería, los fantasmas de tus ancestros, las personas que, fruto del azar, contribuyeron a que ese montículo de células trémulas devenga una persona con los ojos más claros, las piernas más torcidas, la propensión a la calvicie o unas comisuras de labios tan sinuosas que harían columpiarse al mismísimo Lucifer.

Tú no eres tú, eres el compendio de todos aquellos que te antecedieron en el planeta. Su lucha por hacerse un lugar en la Tierra, por sobrevivir un día más, por aparearse, por educar a sus hijos; su pelea perpetua por perdurar es lo que, en realidad, eres.

Los adolescentes no quieren tener padres. Aquellos seres que tanto admiraban de niños porque eran capaces de resolver cualquier asunto, por complicado que pareciera, se convierten en algo incómodo que hay que ocultar ante los amigos. Con el tiempo, con la madurez, las personas empezamos a comprender la importancia del legado de los fantasmas que viven en nosotros. Y muchas veces, cuando intentamos llegar a esos orígenes buscando respuestas a quiénes somos en realidad, esos orígenes ya no están ahí, los hemos perdido para siempre.

Te contaré una cosa muy íntima. Cuando estaba dando la vuelta al mundo en moto, en algún lugar de México vislumbré lo que parecía una tormenta de proporciones bíblicas que se acercaba a buen ritmo hacia mí. De alguna forma, cuando haces un viaje en moto que dura mucho tiempo, aprendes —a las bravas— a percibir estas cosas: la electricidad estática que eriza los vellos de tu nuca, una súbita vaharada de viento húmedo, los pájaros enloquecidos recorriendo el cielo en busca de refugio. El caso es que con el rabillo del ojo encontré un hotelucho decadente y detuve la moto. El hotel tenía una piscina, o algo que podríamos denominar vagamente una piscina, o algo que en su momento fue diseñado para parecer una piscina. Había alguna rana y faltaba algún azulejo, pero a esas alturas de mi viaje —llevaba ya año y pico dando tumbos por el mundo— aquella suerte de charca me pareció bien. Cuando estaba chapoteando empezó a llover. Primero fueron cuatro o cinco gotas gordas y cálidas, y muy poquito después el cielo entero dejó caer una tromba monumental. Ahí estaba yo, en una piscina mugrienta, recibiendo con alborozo el apocalipsis. Levanté las manos al cielo con júbilo y me puse a cantar a voz en grito *El rey*, sin duda observado con alarma por los pocos huéspedes que se parapetaban tras los cristales espiando a aquel *gringo* loco que había llegado a saber de dónde en una moto-helicóptero.

—¡¡Con dinero y sin dinero hago siempre lo que quierooo!!

Obviamente, la luz se fue. En muchos rincones del mundo la luz se va cuando caen cuatro gotas. Entré vacilante en mi habitación en penumbra y el espejo del cuarto de baño me devolvió la imagen fantasmagórica de un tipo medio enloquecido, empapado, pero extrañamente feliz. Me acerqué lentamente a mi yo al otro lado del espejo y me quedé contemplando su rostro espectral.

Un relámpago inmenso se coló por la ventana.

Y en ese momento, Dios bendito, la vi.

Te juro que la vi.

Vi a mi tía abuela Fefa contemplándome impasible desde el más allá.

Mi tía abuela Fefa era una mujer de campo, había tenido el infortunio de padecer la polio de niña. Había crecido contrahecha, retorcida, fea como un pecado y dura como un muro. Y allí estaba ella, contemplándome desde el otro lado del espejo. Que me aspen si no era ella. Joder.

Yo tuve la suerte de conocer, amar y descubrir el mundo con mis abuelos. Provengo de una tierra húmeda, fría y misteriosa. Galicia, azotada por los vientos atlánticos, es toda ella un manto verde, un brillo de bosques centenarios, de tojos, de retama, iglesias de piedra, verdes caminos entre el maíz y noches eternas de invierno. En Galicia, los muertos caminan con los vivos, son parte de nosotros.

Las gentes de mi tierra son melancólicas, llevan en las venas la tristeza de quien ve llorar el cielo eternamente. Mis abuelos maternos, a los que perdí hace bien poco, eran agricultores y vivieron una época que podría considerarse el Medievo. Ellos estaban al final de la cadena trófica. Cuando eran niños vivieron sin padres porque éstos emigraron a Argentina y a Cuba. A mi bisabuelo, cuando tenía catorce años, le plantearon un dilema: «¿Pa Habana ou pa cura?». Quizás de ahí heredé el espíritu aventurero de un hombre que prefirió tomar un barco a tomar los hábitos, algo que también habría elegido yo.

Me cuenta mamá que mi bisabuelo volvió de América hecho un pincel, tocando el acordeón y bailando habaneras. Era una flor en un charco de lodo, teatral, hiperbólico, excesivo cuando no debía hacerlo. ¿Habré heredado yo de él el gusto por la música y el histrionismo? Mi abuelo Pepe comía como cuatro, igual que yo. Era terco y tozudo como una mula, igual que su nieto. Los mismos mofletes, la misma nariz rechoncha. Tenaz como un perro de presa. Está dentro de mí. Mi abuela Carmen trabajó toda su vida de sol a sol en los campos, tenía unas manos duras y gélidas que, sin embargo, confortaban. Fue acero y roca, no tuvo un solo día de descanso en toda su vida, y esa ética férrea por dejar las cosas hechas se la donó involuntariamente a su nieto, que también es incapaz de estar un solo día sin trabajar.

Siento un orgullo infinito por ellos, porque las células de mi cuerpo les pertenecen, porque provengo de una estirpe de personas que trabajaban los campos de sol a sol y fueron capaces de sobrevivir a las penurias más indecibles. De ellos heredé la resiliencia a prueba de cañonazos, que es mi bandera.

Mis abuelos paternos se fueron pronto, demasiado pronto. Gudelia era una mujer admirable. Su abuelo era escritor, igual que su tataranieto chipriota, el fantasma de un hombre que no conocí se cobija en mi médula. Está presente y vivo en cada molécula de mi sangre, en los hilos de mi saliva, en las yemas de mis dedos.

Gudelia fue una maestra en un mundo de hombres. Pintaba, tocaba la flauta, escribía cuadernitos infinitos. Era, sin saberlo, una mujer renacentista que hacía de todo y nada del todo bien, igual que su nieto.

Mi abuelo Constantino recitaba refranes sin parar, y quizás en otro tiempo, con otra educación y otro entorno, habría recitado poesías de memoria como hace su nieto. Y seguramente habría escrito libros como él. Yo también soy mi abuelo Constantino y mi abuela Gudelia. No es tan difícil, yo soy ellos.

Y soy mis padres. Soy mi madre cuando me emociono por cosas banales como ver una lagartija tostándose al sol o una nube con forma de corazón, cuando lloro por dentro al leer unas palabras bien escritas, cuando disfruto de los idiomas y soy capaz de vislumbrar un hilito en una compleja telaraña que los conecta a todos. Y soy mi padre cuando en una sola mañana monto una empresa, cuelgo algún cuadro, cocino para seis personas y arreglo los enchufes del vecino. Soy mi padre hiperactivo, soy mi madre soñadora. Soy el legado de todos los que vinieron antes que yo.

Mi infortunio, mis pocas riquezas, mi forma de hablar y de moverme, los recursos que tengo para salir airoso de un problema, mi propensión a resfriarme, mi insistente pesimismo y mi roedora misantropía, las tierras que me quedan en Galicia, mi amor por los campos, por la lluvia, por las gaitas, por el heno y la palabra, y también mis muchas limitaciones, todo es resultado del lento goteo del alambique de la triste y azarosa condición humana.

Mi conclusión hoy es que hagas todo lo posible por averiguar quién eres a través de quienes fueron ellos. Por saber cosas de los fantasmas que habitan dentro de ti. Deja que la *pietas* entre en tu vida. Si tienes abuelos, habla con ellos mientras puedas. Si tienes padres, llámalos, pregúntales. Averigua quiénes son en realidad y por qué.

Mamá, ¿qué le gustaba a mi abuelo? ¿Por qué mi bisabuelo era friolero? ¿Disfrutaba de la lluvia? ¿Qué hay de mi bisabuelo en mí?

Esta curiosidad por los que vinieron antes honra la vieja máxima, *gnōthi seauton*, conócete a ti mismo, porque sus fantasmas están cobijados en cada gota de tu sangre. Eres ellos en gran medida y debes mucho más de lo que crees a todas las personas que te precedieron en el planeta, personas que te cedieron su ser y lucharon lo inimaginable para que hoy seas quien eres. Ese ser único e irrepetible que los resume a todos.

Después de todo, quizás no sea mala idea sentarse un rato a hacer una lista en plan Marco Aurelio. A lo mejor, este libro tendría que haber empezado así:

De mi abuelo Tino, el arte de contar cuentos.
De mi abuela Gudelia, la creatividad.
De mi abuela Carmen, la resiliencia.
De mi abuelo Pepe, el hedonismo desenfrenado.
De mi padre, la astucia.
De mi madre, saber valorar la belleza.

Disculpa el *racconto*. Centrémonos brevemente en el control de las pasiones y la búsqueda de la serenidad.

38

Breve guía práctica para el autocontrol estoico

El objetivo principal de los estoicos era vivir de acuerdo con la naturaleza, entendida en el más amplio sentido del término. Esa existencia armónica se manifestaba en la *eudaimonía*, el florecimiento de la vida misma. Las partes integrales de la *eudaimonía* eran la *ataraxia* y la *apatheia*, siendo esta última la preferida por ellos.

Los estoicos distinguen cuatro pasiones que todos debemos reconocer y aprender a controlar: *lupē*, *phobos*, *epithumia* y *hēdonē*. Que no te intimiden los términos, son fáciles de comprender.

Lupē significa 'angustia, tristeza, pena', una reacción emocional ligada a un juicio de valor sobre situaciones más allá de nuestro alcance. Supongamos que estás atascado en un inesperado embotellamiento de tránsito, y estás poniéndote de los nervios porque vas a llegar tarde a una reunión importante. Este tipo de angustia es un ejemplo de *lupē* porque es el resultado de desear que las circunstancias —que no dependen de nosotros— sean diferentes de lo que son. No puedes chasquear los dedos, invocar a una deidad o salir volando sobre los coches para evitar ese atasco. El atasco existe, está ahí, y no hay nada que puedas hacer para remediarlo. Jódete y baila.

Desde una perspectiva estoica, una manera de evitar la *lupē* en esta situación sería aceptar que no hay nada que puedas hacer para disolver el tránsito y centrarte en lo que sí puedes controlar: tu propia respuesta a la situación. Podrías usar el tiempo extra para escuchar un pódcast educativo, reflexionar sobre tu día, fantasear sobre las tetas de alguna actriz de cine, o simplemente respirar y estar presente en el momento. Al hacer esto, puedes evitar la *lupē* y mantener una actitud tranquila y ecuánime ante las circunstancias difíciles.

Fobos significa 'miedo'. El miedo tiene mucho que ver con enfrentarte a algo que rechazas o perder algo que deseas. El miedo conduce a la evitación. Imagina que tienes que hacer una presentación importante en el trabajo y te encuentras consumido por el miedo o *fobos* de cometer un error o no ser bien recibido por tus colegas. Todos hemos estado ahí, apretando el upite y sudando como un cerdo. Este miedo puede paralizarte o hacerte actuar como un idiota. Eres, literalmente, ese conejo que se queda inmóvil ante las deslumbrantes luces de un coche que va a atropellarlo.

Para el estoico, una forma de abordar este *fobos* sería reconocer que no puedes controlar completamente cómo reaccionarán los demás a tu presentación. Lo que sí puedes controlar es tu preparación para la presentación y tu actitud hacia ella. Los estoicos recomendarían que te concentres en hacer todo lo posible para prepararte y presentar tu material de manera clara y efectiva, sin preocuparte excesivamente por el resultado, que en última instancia depende muy poquito de ti. Así el miedo puede convertirse en precaución, lo que nos ayuda a mantenernos en el camino correcto.

Además, recuerda que los estoicos te aconsejarían que practiques la *premeditatio malorum*. Al hacer esto, podrías encontrar que tu *fobos* disminuye y eres capaz de abordar la presentación con una mente más clara y enfocada.

Para un estoico, una prueba como ésa sería una excelente oportunidad para abrazar la penuria voluntariamente. Al abrazar las incomodidades a través de pruebas físicas extremas, condiciones incómodas, o practicando una disciplina férrea, se entrenaban para ser menos dependientes de los lujos y las comodidades externas, y más dependientes de sus recursos internos. En especial en nuestra era moderna de distracciones constantes y gratificación instantánea, esta práctica se hace necesaria para cultivar un estado mental de perseverancia y visión a largo plazo. Al final, si has conquistado desafíos te convertirás en la persona que puede decir con confianza: «Esto no es nada, he soportado cosas peores».

En palabras de Marco Aurelio: «Recuerda aquello que viviste, aquello que soportaste y que tuviste el coraje de soportar». Con mucha frecuencia olvidamos las montañas que escalamos, los ríos que vadeamos, y por eso mismo olvidamos también el coraje que demostramos en su momento para ganar esas pequeñas y grandes batallas. Marco Aurelio te invita a recordar esos momentos en los que el peso del mundo parecía imposible de soportar. Y, sin embargo, aquí estás, de pie y aguantando. Cuando enfrentes nuevos desafíos, permite que esos recuerdos marquen tu camino. Todo irá bien.

Epithumia significa 'lujuria' o 'antojos'. Los seres humanos deseamos constantemente cosas inalcanzables. *Epithumia* es el irrefrenable deseo por algo externo. Esto también significa que el objeto de nuestro deseo ejerce cierto poder sobre nosotros y, por lo tanto, puede manipular nuestras acciones.

Imagina que estás tratando de ahorrar dinero para tu vejez, que cada día parece ser más negra, pero constantemente te encuentras cediendo ante el deseo —*epithumia*— de comprar cosas nuevas y lujosas, como un largo día en un spa, una tablet reluciente o una mariscada de sindicalista. Esto puede llevar a un ciclo de compras impulsivas, en el que la satisfacción es temporal y pronto es reemplazada por el deseo dc adquirir más.

Los estoicos te invitarían a examinar críticamente estos deseos y a distinguir entre lo que en verdad necesitas y lo que simplemente deseas. Los estoicos proponen que nos centremos en cultivar virtudes internas, como la sabiduría y el autocontrol, en lugar de buscar la felicidad en cosas inalcanzables. La lujuria se puede transformar en deseo. En un buen deseo. En este caso: desear las cosas correctas.

Por lo tanto, podrías trabajar en cultivar la *sofrosine* ('moderación'), que implica controlar tus deseos y no ser esclavo de ellos. Una forma práctica de hacerlo sería reflexionar sobre las consecuencias a largo plazo de ceder a estos deseos y trabajar en desarrollar hábitos que te ayuden a resistir la tentación, como evitar las compras impulsivas, establecer un presupuesto razonable y concentrarte en cultivar una sensación de gratitud por lo que ya tienes. Muchos psicólogos te invitan a escribir en un pósit aquello que has planeado comprar alocadamente y dejar pasar una semana. No sé, tal vez sea algo que podamos llevar a cabo más a menudo, para espanto de Tim Cook y Jeff Bezos (dicho sea de paso, el espanto de esos dos me la trae un poco al pairo y seguramente a ti también).

Hēdonē quiere decir, simple y llanamente, 'deleite, placer'. Su nombre proviene de un espíritu fornicador, hija de Eros y Psique. El deleite es un poco más sutil que la lujuria. Significa que sentimos placer y disfrute de las cosas que suceden, pero de forma irracional. El deleite puede suponer un problema grave porque a menudo suele estar en la base del mal. Por ejemplo, podemos deleitarnos con la desgracia de nuestro prójimo, un hábito por otro lado muy español. O podemos encontrar deleite en cosas que sabemos racionalmente que nos harán daño. Imagina que tienes el hábito de disfrutar de cenas muy indulgentes todas las noches, inflándote a carbohidratos y chuperreteando vino como si no hubiera un mañana. Aunque en ese momento preciso esa cena pantagruélica te produce un inconmensurable deleite, *hēdonē,* a largo plazo sabes que acabarás con el culo como un pandero y enganchado a las estatinas para seguir tirando. Desde la perspectiva estoica, se podría argumentar que esta búsqueda continua del placer sensorial puede desviarte de vivir una vida virtuosa y significativa. Puesto que los estoicos estaban convencidos de que debemos vivir de acuerdo con la naturaleza, esto incluye reconocer y respetar los límites naturales de tu cuerpo. El deleite se puede transformar en alegría: disfrutar de la virtud en los demás y en nosotros mismos.

Para hacer frente a la *hēdonē,* podrías trabajar en desarrollar la virtud de la *templanza* —la *sophrosyne* que ya he mencionado—, que implica ejercer moderación y autocontrol en la búsqueda de los placeres mundanos. En lugar de buscar placer inmediato y gratificación instantánea, podrías esforzarte por encontrar placeres más duraderos que contribuyan a tu bienestar a largo plazo. ¡Cuánto mejor nos iría en la vida si valoráramos en su justa medida un platito de cerezas!

Además, podrías practicar la *reflexión*, con la que antes de ceder a una fuente de placer te tomas un momento para considerar si en realidad contribuirá a tu felicidad y bienestar, o si es simplemente una forma de indulgencia fugaz.

Los estoicos creían que la libertad de estas pasiones inútiles caracteriza el estado eudaimónico.

En el pensamiento estoico, la *ataraxia* es similar a la *apatheia*, pero existen diferencias. *Ataraxia* también hace referencia a la tranquilidad y la ecuanimidad. Como ya hemos visto, el estado de *ataraxia* no es un objetivo en sí mismo del estoicismo, sino más bien un subproducto de vivir de acuerdo con la naturaleza. Al cultivar la *apatheia* y la *ataraxia*, los estoicos buscaban liberarse de las pasiones, los afectos y los apetitos, así como de la coerción de otras personas y las veleidades de Tique. Séneca, del que hablaremos más adelante, escribió extensamente sobre la búsqueda de la *ataraxia* en su obra *Sobre la tranquilidad del alma*. En este tratado de prometedor título, Séneca ofrece varios consejos prácticos para alcanzar la tranquilidad, como descansar, conocerse a sí mismo y crear un entorno facilitador, evitar deudas y dejar de considerarse el ombligo del mundo. Marco Aurelio, por su parte, enfatizó la importancia de construir una «ciudadela interior» en nuestra propia mente como un refugio de tranquilidad y serenidad, independientemente de lo que ocurra a nuestro alrededor. Para Marco Aurelio, la tranquilidad espiritual proviene de una mente ordenada, que es lo único que en realidad nos pertenece.

Nuestra racionalidad puede desvanecerse mientras nos abandonamos a sentimientos negativos tales como la ira, la lujuria, el resentimiento, la codicia, el pesar o el deseo intenso. Si no eres racional, no puedes alcanzar la *eudaimonía*. Para el estoico, la *eudaimonía* no es sólo un sentimiento vago de felicidad. Es el compromiso moralmente virtuoso con la sociedad y la vida en general, de manera que beneficie a todos. La capacidad de hacer esto no depende de cuánto dinero o amigos tienes o si estás enfermo, o cabreado o acojonado. Por lo tanto, cualquiera que esté dispuesto a mejorar puede lograrlo.

Así, los estoicos nos invitaron a embarcarnos en un viaje sencillo y genuino: más allá de la simple búsqueda de calma y tranquilidad, nos animan a cultivar de forma activa virtudes naturales y a alejarnos conscientemente de los vicios. En esencia, la *eudaimonía*, o verdadera felicidad, es nuestro norte, y la recompensa es doble: al alcanzarla, encontrarás que la *ataraxia* y la *apatía* —una paz profunda y una desapasionada serenidad— surgirán en tu vida, como frutos naturales de tu progreso.

Otro concepto importante es el de *tempus fugit*. Para los estoicos, el tiempo no era un recurso que desperdiciar en lamentaciones o en ansias por el futuro. Era, más bien, un campo de juego para practicar la virtud y la aceptación.

Pensemos en Séneca. Entrenado como estaba en la desgracia, en sus cartas y ensayos nos dejó perlas sobre el tiempo. Para él, la fugacidad del tiempo no era motivo de desesperación, sino un recordatorio para vivir de manera significativa y consciente —*kairós*, recuerda—. No se trataba de cuánto tiempo tienes, sino de cómo lo usas. Decía: «No es que tengamos poco tiempo, sino que perdemos mucho».

Los estoicos veían también el pasado y el futuro como territorios fuera de nuestro alcance. Lamentarse por el pasado era como intentar agarrar agua con las manos. Preocuparse por el futuro es como intentar correr en una cinta que no lleva a ninguna parte. El presente, ese eterno ahora, es lo único que en verdad tenemos.

Esta visión estoica del tiempo es un antídoto brutalmente efectivo contra nuestra tendencia moderna a distraernos y procrastinar. Nos grita que dejemos de mirar nuestros teléfonos buscando algo que nos sacie y que, en cambio, miremos hacia dentro y hacia lo que tenemos delante. En un mundo en el que se nos vende constantemente la idea de que podemos tenerlo todo y hacerlo todo, los estoicos nos advierten: «Ojo, el tiempo no es tu sirviente, es tu amo y se está escapando mientras te preocupas por tonterías». De este modo, nos recuerdan que cada momento es una oportunidad para vivir bien, y que desperdiciar nuestro tiempo es, en esencia, desperdiciar nuestra vida. Un mensaje duro pero necesario, en especial en una era en la que el tiempo parece escurrirse bajo el incesante movimiento de nuestro pulgar.

39

El viaje del estoicismo a la tradición cristiana

Tras la muerte de Marco Aurelio, el estoicismo, en apariencia, fue olvidándose poco a poco. Sin embargo, el pensamiento humano es poroso, las ideas son infecciosas, y muchas de las enseñanzas estoicas serían aprovechadas a continuación por otra línea de pensamiento que modelaría de forma indiscutible la sociedad en la que hoy vivimos. Así, llegaron a nosotros filtradas por el cristianismo.

En los primeros siglos después del nacimiento de Cristo, los cristianos eran vistos con desconfianza y a menudo perseguidos por las autoridades romanas. Eran tiempos de sombras y susurros, en los que la nueva fe se cultivaba en secreto, en la penumbra de las casas de los creyentes y en las catacumbas subterráneas de Roma. Sin embargo, las semillas de la transformación comenzaron a brotar poquito a poco. La fe cristiana, con su mensaje de esperanza, igualdad y amor fraterno, comenzó a atraer a un número cada vez mayor de seguidores, incluyendo a muchos de los parias y desposeídos de la sociedad romana. Es muy probable que sin una buena dosis de estoicismo, estos primeros cristianos no habrían aceptado su sino de una forma tan impasible y serena.

La verdadera revolución se produjo con el emperador Constantino I. En el año 313 d. C., cuando mi tocayo y su coemperador Licinio emitieron el edicto de Milán, que otorgaba libertad religiosa a todos los ciudadanos del Imperio romano y marcaba el fin de la persecución oficial de los cristianos. Éste fue un punto de inflexión monumental, un momento en el que las puertas del poder y la influencia se abrieron de par en par a la fe cristiana.

Poco después, de la mano del emperador Teodosio, el cristianismo se convertiría en religión oficial del imperio. Teodosio no sólo abrazó la fe, sino que la promovió activamente, marcando el inicio de una era en la que el cristianismo se convirtió en la fuerza dominante en la vida religiosa y política de Roma. Bajo el reinado de Teodosio, brotaron las iglesias, los obispos adquirieron poder e influencia y la doctrina cristiana comenzó a ser codificada y sistematizada. Fue una época de construcción y consolidación, en la que las raíces del cristianismo se hundieron profundamente en el suelo de la civilización occidental, empapándolo todo.

Sin el estoicismo, la fe cristiana habría sido sin duda muy diferente y la sociedad construida en sus cimientos habría tomado otros derroteros. Así, el cristianismo heredó de los estoicos la búsqueda sin tregua de la virtud moral como camino hacia la salvación o la felicidad. Ambas tradiciones valoran la templanza, la justicia, la fortaleza, la sabiduría y la veneración de los ancestros. Asimismo, el cristianismo heredó de los estoicos la figura del logos, la razón universal, una fuerza ordenadora que permea el cosmos en su totalidad. Algunos estoicos llegaron a hablar de una especie de supervivencia del alma en el logos universal.

Los cristianos también heredaron del estoicismo la noción de una «ciudadanía universal» —que luego se ejemplificaría con el término *hermano* que emplean constantemente las Escrituras y todavía hoy pronuncian los sacerdotes en la misa—, un sustrato común que nos permite vivir en comunidad y amar al prójimo. Algo que, por cierto, puede adivinarse además en las tres religiones abrahámicas: fue la base de la construcción de la red mercantil del pueblo judío, y se ve reflejado en la proverbial hospitalidad del pueblo musulmán.

Pero, sobre todo, ambas filosofías coinciden en que uno debe aprender a aceptar las circunstancias de la vida, ya sea a través de la resignación activa y la búsqueda de la tranquilidad interior (estoicismo) o a través de la confianza en la providencia divina (cristianismo). Por otro lado, no se me ocurre una actitud más estoica que la aceptación de la propia muerte inevitable con serenidad, lo que convierte a Cristo en la cruz en un estoico radical.

Los popes del cristianismo, que han actuado de columna central de la fe, rezuman estoicismo en todas sus obras: las epístolas de san Pablo muestran ciertas resonancias con el pensamiento estoico, en especial en su énfasis en la virtud, la autodisciplina y la vida conforme al logos. Su encuentro con los estoicos en Atenas, como se narra en los Hechos de los Apóstoles, también destaca la interacción entre estas dos corrientes de pensamiento.

San Agustín de Hipona fue claramente influido por el platonismo, pero también mostró una apreciación por la ética estoica, en especial en su énfasis en la interioridad y la búsqueda de la sabiduría. Tomás de Aquino era un reconocido aristotélico, pero integró elementos del estoicismo en su vasta síntesis teológica, sobre todo en su tratamiento de las virtudes. En sus escritos, Erasmo mostró una profunda admiración por la moral estoica, la cual integró en su visión cristiana de la vida virtuosa.

40

Estoicismo contemporáneo

A pesar de tratarse de una filosofía milenaria, en los últimos años el estoicismo se ha vuelto una especie de faro que guía los memes de TikTok y los libros de autoayuda. Se ha convertido en un tema candente en blogs, pódcast y cursos en línea. Y hay varios motivos que pueden explicar este resurgimiento.

Vivimos en un mundo de turbulencias. Quizás nuestra vida sea menos azarosa que la que vivieron nuestros predecesores, pero sin duda la percibimos como enloquecida e imprevisible, un remolino de angustia agitado por los problemas del primer mundo y sus ahogos cotidianos muy similar al que vivieron los estoicos de la época de Zenón, mientras se resquebrajaba el poder de Grecia. La inestabilidad en el mundo financiero, en el terreno de la política y la sociedad en su conjunto pueden llevar a las personas a buscar una filosofía que enseñe a controlar lo que está en sus manos y a aceptar lo que no lo está. ¿Podemos controlar la guerra de Ucrania, el precio de la gasolina, el parloteo incesante de los acólitos de la religión *woke*, la publicidad engañosa, la deriva de la mediocridad política, el bitcoin y sus fluctuaciones perversas, el runrún de los fanáticos de la diversidad o del apocalipsis migratorio? Rotundamente no. Abrir un periódico o encender la televisión, no digamos ojear las redes sociales, supone un aluvión de mierda incontrolable y no hay nada que podamos hacer para detenerlo. El estoicismo aporta serenidad a la vida de quien lo abraza y es capaz de proporcionar consuelo ante incidentes que se encuentran fuera de nuestra esfera de control, que, no nos engañemos, son casi todo lo que nos preocupa en nuestras insignificantes vidas.

Es posible que un motivo poderoso sea también que algunos de sus principios se han incorporado en terapias psicológicas modernas, como la terapia cognitivo-conductual, tan de moda entre las élites. Este tipo de terapia ha adoptado sin rubor muchos conceptos estoicos y los ha adaptado a las inquietudes del hombre moderno: la práctica estoica de la reflexión consciente y la atención plena se ha integrado en las TCC para ayudar a los individuos a estar más presentes, y a abordar sus pensamientos y sentimientos de manera más objetiva y menos crítica. Asimismo, un concepto central de las TCC es la reestructuración cognitiva o, lo que es lo mismo, aprender a identificar y cuestionar pensamientos irracionales o distorsionados, igual que hacían los estoicos cuando nos invitaban a examinar críticamente nuestras respuestas emocionales y trabajar para ajustar nuestras percepciones y creencias sobre el mundo.

Por otro lado, el estoicismo se ha convertido en filosofía de cabecera de muchas *celebrities*, que lo han promovido en libros, blogs, *pófgclasts* y charlas, haciéndolo más accesible y atractivo para el público moderno. Hace cinco o diez años era muy *cool* jactarse de haber leído a Marco Aurelio, o una versión esquematizada de lo que dejó escrito, y en cierto modo todavía lo es.

Esta filosofía también ofrece un contrapunto claro al materialismo dominante de la sociedad occidental, borracha de compras inútiles y deseos inalcanzables. Con su enfoque en la virtud, la autodisciplina y la simplicidad, puede ofrecer una visión fresca y atractiva que en cierto modo nos rescate de la espiral de consumo y onanismo en la que estamos atrapados.

También es posible que el bombardeo constante de los medios sobre el cambio climático tenga parte de culpa en todo esto. Al fin y al cabo, el enfoque estoico en vivir de acuerdo con la naturaleza y en armonía con el mundo puede resonar con aquellos angustiados con el frío en invierno y el calor en verano.

Por último, al contrario que otras filosofías más oscuras e incomprensibles centradas en la virtud o en cuántas almas pueden bailar en la cabeza de un alfiler, el estoicismo es contundentemente práctico. Y, oye, ayuda mucho que alguien vaya al grano.

41

El estoicismo como talismán contra el fracaso

Quizás el estoicismo sea uno de los antídotos más poderosos contra la sensación de haber desperdiciado la vida y no haber logrado cumplir tus sueños. Muchos de esos deseos inmensos, esos planes que se resquebrajaron, esos sueños que se rompieron, fueron en realidad espejismos que quisimos alcanzar sin saber que iban en contra de la naturaleza de las cosas o nuestra propia naturaleza. Por fortuna, nunca es tarde para reconducir esos sueños y evitar así la frustración que provoca no haberlos cumplido.

Epicteto nos dijo: «No nos afecta lo que nos sucede, sino nuestra interpretación de lo que sucede». Frente a la sensación de haber desperdiciado la vida, nos invita a reinterpretar nuestra narrativa, a encontrar valor y significado en nuestras experiencias, y a entender que no es tarde para emprender un camino que resuene con nuestro verdadero ser.

Cuando era niño, de madrugada, mientras el mundo a mi alrededor dormía, ensayaba el discurso de aceptación al Óscar a la mejor película extranjera. Durante ese largo pero breve período que va desde la infancia tardía hasta que la adolescencia cruje y se resquebraja, visioné millares de películas, escribí guiones, dibujé *storyboards*, repetí mil veces los argumentos de mis películas a productores imaginarios que siempre, en mi cabeza, se quedaban deslumbrados. Estaba convencido de ser un auténtico genio dispuesto a saltar a la fama en cuanto alguien me diera una oportunidad. Después, el tiempo me regaló una hostia monumental, y me di cuenta de que jamás llegaría a triunfar. Tardé muchos años en asumirlo, en renunciar a mis sueños y en calmar ese fuego interior. El proceso de curarme de mis sueños rotos fue largo y doloroso. No me importa reconocer mi fracaso ante ti porque estoy seguro de que es una experiencia que compartimos y, al fin y al cabo, mal de muchos, consuelo de tontos.

En algún momento de nuestras vidas, todos hemos dibujado en nuestra mente un lienzo de aspiraciones, un cuadro de cómo imaginamos nuestro futuro ideal. Pero ¿qué pasa cuando ese cuadro se desvanece, se mancha o incluso se rasga por completo? La vida o Tique, con su peculiar sentido del humor, a menudo nos lleva por caminos que jamás habríamos elegido en un mapa imaginario.

De repente, la épica banda sonora que habíamos compuesto para nuestras vidas enmudece.

Pero ¿qué ocurriría si te dijera que ese silencio, ese espacio vacío, puede ser el comienzo de una nueva melodía? Una melodía más alineada con nuestra propia naturaleza. Esto es lo que predicaban los estoicos.

A lo largo de la historia, la humanidad ha estado repleta de visionarios, soñadores que aspiraban a cambiar el mundo, o al menos su pequeño rincón de él. Sin embargo, no todos los sueños florecen bajo el sol del reconocimiento o la realización. Algunos, por desgracia, se marchitan en la sombra del olvido o la adversidad. De hecho, sólo conocemos las historias de triunfo. Los que fracasan son olvidados pronto. Piensa en aquellos *one-hit wonders*, artistas que brillaron intensamente con una canción y luego desaparecieron de las listas de éxitos. ¿Fue ése su único sueño? ¿O aspiraban a carreras más largas y fructíferas, sólo para encontrarse con la voluble naturaleza de la industria musical y el capricho del público? O en esos adolescentes que protagonizaron una serie y vieron cómo sus carreras eran devoradas por el personaje que interpretaron tantos años. Recuerdo con ternura la imagen triste de una vieja estrella de Hollywood que llevaba consigo la foto de su juventud en la alfombra roja para que la gente supiera quién era.

Las estructuras sociales y las expectativas culturales actúan como guionistas no solicitados en la película de nuestras vidas. Nos dictan qué es aceptable soñar, cómo soñarlo y, a veces, incluso cuándo despertar. Éste es un fenómeno universal. En el Japón feudal, por ejemplo, el código del bushido dictaba la vida de un samurái y limitaba sus sueños y aspiraciones a un estricto conjunto de normas y deberes. Ningún intocable de la India sueña con casarse con una Ambani. En la actualidad, con frecuencia las redes sociales, con sus filtros y algorrinos, dictan qué es «deseable» o «exitoso» y moldean los sueños de generaciones enteras. Como solía decir Eufronio: «La vida no es más que un escenario, y todos somos improvisadores».

Al igual que las modas, los sueños tienen una curiosa tendencia a evolucionar con el tiempo. Lo que una vez fue el pantalón de campana de nuestras aspiraciones puede convertirse con rapidez en el ajustado vaquero de la realidad. Y aunque pueda sonar descorazonador, este cambio no siempre es malo. De hecho, casi siempre es absolutamente necesario. Y esa naturaleza cambiante nos da una pista clara sobre el hecho innegable de que en esencia eran caprichos. *Epithumia. Hēdonē.* Necesidades que nos planteamos en contra de nuestra naturaleza misma.

El filósofo griego Heráclito imprimió en nuestra cultura el adagio «todo fluye». Y tenía razón. Nuestros sueños, al igual que los ríos, cambian de curso, se adaptan a los obstáculos y, a veces, encuentran nuevos destinos. Es un proceso natural, una danza entre lo que creemos que queremos y lo que la vida nos permite hacer.

Tomemos, por ejemplo, a Vincent van Gogh. Antes de convertirse en el pintor icónico que conocemos, quiso ser pastor. Pero con su peculiar guion, la vida lo llevó por otro camino, uno lleno de frustraciones, estrellas rutilantes y campos de trigo. Y aunque su vida estuvo marcada por la tragedia, su adaptación a un nuevo sueño nos dejó un legado artístico incomparable.

Así que la próxima vez que sientas que tu sueño se está desvaneciendo, recuerda: tal vez sólo esté cambiando de forma, adaptándose, esperando el momento adecuado para brillar de una manera completamente nueva, alineada con nuestra propia naturaleza. Como decía el filósofo Diodoro: «Encontramos la verdadera esencia del ser en el cambio».

Sin embargo, es un hecho innegable: cuando un sueño se rompe, duele.

El filósofo Celio Aureliano escribió extensamente sobre el «dolor del alma», ese tormento intangible que surge cuando nuestras expectativas chocan con la realidad. Todos conocemos a alguien que ha puesto su corazón y alma en una relación, un trabajo o un proyecto, sólo para verlo desmoronarse. Y, si somos sinceros, todos hemos sido ese «alguien» en algún momento.

Sin embargo, he aquí el giro estoico: por más intenso que sea, ese dolor también tiene un propósito. Nos moldea, nos desafía y, en última instancia, nos prepara para lo que viene después.

Hay algo inherentemente rebelde en el acto de soñar. Es un desafío al mundo tal como es, una afirmación audaz de cómo podría ser. Pero ¿qué pasa cuando el mundo te dice que tu sueño es demasiado grande, demasiado atrevido o simplemente demasiado diferente?

Entonces, soñamos. Pero la vida está llena de sueños rotos. Sueños que se estamparon contra el muro inamovible de la realidad. ¿Recuerdas la primera vez que te pusiste esa camiseta de una banda que tus padres odiaban? ¿O cuando decidiste teñirte el cabello de un color que no se encuentra en la paleta natural? Pequeños actos de rebeldía, sí, pero también afirmaciones poderosas de individualidad y autonomía. Un estoico te diría que mires en tu interior para apreciar aquello que sí has cumplido o aquello que objetivamente puedes cumplir, y que ignores los sueños rotos, porque seguramente llevarlos a cabo no estaba en tu naturaleza. No eras tú, en esencia, quien soñaba. Eran vanos deseos que habías dejado que te dominaran.

El chaval que fui ya no está. Cuando se desvaneció con el tiempo y la realidad, renunció a su sueño de recoger el Óscar a la mejor película extranjera, y eso está bien. El adulto que soy escribe esto desde Chipre, y eso también está bien. La Fortuna quiso eso para mí. No pretendo aspirar a más que a lo que esté alineado con mi propia naturaleza. Los estoicos nos enseñaron a disfrutar de aquello que la vida nos ofrece. Y estar aquí, escribiendo estas líneas, es más que suficiente para que Sísifo pueda burlar a los dioses y su castigo.

En el vasto tapiz de lo que somos, cada hilo representa un sueño, una aspiración, un deseo. Algunos de estos hilos se desvanecen, otros se rompen, pero todos, sin excepción, forman parte de un diseño más grande, una obra maestra en constante evolución que es la experiencia humana. Disfrutarla en comunión con nuestra propia naturaleza imperfecta es la esencia del estoicismo. Marco Aurelio supo consolarnos en esos momentos en que sentimos haber fracasado: «Muy poco es necesario para hacer una vida feliz; está todo dentro de ti mismo, en tu forma de pensar». De este modo, nos exhorta a redirigir nuestra mirada hacia dentro, a buscar la felicidad en nuestra propia percepción y entendimiento, más allá de las metas externas y los logros materiales.

Por cada sueño que se desvanece, surge otro, brillante y audaz, listo para iluminar el camino. Séneca, maestro en encontrar luz en la oscuridad, supo ofrecernos una perspectiva que puede ser un bálsamo para nuestro espíritu herido: «No es porque las cosas sean difíciles por lo que no nos atrevemos; es porque no nos atrevemos por lo que son difíciles». A través de sus palabras, somos alentados a continuar atreviéndonos, a continuar esforzándonos, con independencia del resultado. Debemos continuar siempre y cuando esa continuidad esté en consonancia con quienes somos.

Somos el arquitecto de nuestros propios sueños. En los momentos más oscuros, cuando todo parece perdido, busca esa chispa, ese sueño latente, y déjalo brillar. Puede que no coincida con lo que habías planificado para ti, pero eso está bien. Adivina si forma parte de tu naturaleza; y si es así, abrázalo. Porque, al final del día, no somos meros mortales atrapados en el flujo del tiempo, sino soñadores eternos trazando torpemente nuestro camino en el triste relato de los caprichos del cosmos.

42

Rebajar las expectativas puede ser la clave

No se escapa a nadie que vivimos tiempos de mierda. Pero llevamos mucho tiempo viviendo tiempos de mierda. Qué coño, llevamos toda la vida viviendo tiempos de mierda. Incluso tiempos que se suponían de prosperidad han sido tiempos relativamente mierdosos. No recuerdo que nos fuera en especial bien, por ejemplo, en 2006, porque incluso entonces teníamos todo tipo de problemas en apariencia irresolubles. Encontrar pareja era igual de jodido, hacía frío cuando no te hacía falta que lo hiciera, entonces las reuniones en el trabajo también te salían mal y hacías el más espantoso de los ridículos, el jefe seguía siendo un déspota cabrón, el metro apestaba igual, también te salían caries, tenías agujetas si corrías más de tres kilómetros en la cinta del gimnasio, y seguramente te sentías igual de fracasado que ahora.

Si por aquella época alcanzaste suficiente madurez para comprenderlo, el mundo era el mismo fiasco que ahora. Nada era en especial bueno, y como colofón a este despropósito, llegará un momento en que morirás, y todos tus seres queridos y todo aquello por lo que luchaste volverá al polvo.

Éstos son los hechos que, básicamente, constituyen la vida de la gente, aunque por lo general se nieguen, porque la sociedad intenta que creas que, en realidad, seremos felices en algún momento en un futuro más o menos cercano. Ésa es la gasolina de la rueda del hámster, es la zanahoria del burro. La sociedad sólo sigue funcionando porque te mantiene lo suficientemente optimista para que sigas intentándolo.

Ocurre un poco como con Cuba o Venezuela. Te dice Fidel que la revolución va a triunfar, pero no te da una fecha precisa, sólo te pide que sigas sacrificándote, *¡hasta la victoria siempre!*, y mientras tanto, ahí sigues, haciendo cola en el supermercado para conseguir una libra de arroz, y Fidel la palma y la situación se prolonga indefinidamente en el espacio-tiempo. En realidad, las sectas funcionan igual. Se aproxima el apocalipsis, así que hemos de contribuir a la causa porque si no, no formaremos parte de los Elegidos. Y si llega la fecha del apocalipsis y los cielos siguen sin abrirse y no vienen los marcianos de Raticulín en sus naves espaciales, no pasa nada, es que la fecha se ha pospuesto veinte años por la gracia del Dios Spaghetti. De hecho, se da el curioso fenómeno de que los sectarios suelen reavivar sus creencias cuando sus predicciones no se cumplen.

Desde el optimismo más enfermizo nos cuentan que si estamos jodidos ahora, en este preciso instante, es porque estamos en crisis. Pero qué coño. El mundo es una crisis. En realidad, en la sociedad humana la crisis es la situación habitual, y la bonanza es la excepción.

Por cierto, supongo que habrás adivinado ya que la palabra *crisis* proviene también del griego, *krinein*, juzgar para tomar una decisión.

A lo largo de tu vida, tus referentes te bombardean con mensajes altamente positivos. Los libros de autoayuda te invitan a que salgas a comerte el mundo, a que hagas cosas, que en tu interior albergas un gigante, que te levantes de la cama con ánimo para cumplir todos tus propósitos por inmensos que te parezcan. Los políticos se aseguran de convencerte de que todo el mundo tiene una oportunidad, que todo el mundo puede tener éxito, como si cualquiera con un garaje y un par de ordenadores tuviera el potencial de cambiar el mundo.

Nada, son todo patrañas, te lo digo yo. En algún momento intenté cambiar el mundo, y todo sigue igual, salvo que estoy algo más cansado.

Es estadísticamente *imposible* ser Bill Gates. Hay una posibilidad entre ocho mil millones. Lo normal es que termines con el garaje lleno de mierda, como cualquier hijo de vecino. Y, en realidad, ni siquiera ser Bill Gates te libra de problemas.

Una sociedad que te recuerda constantemente que puedes conseguir lo que te propongas es una sociedad que necesariamente crea problemas de autoestima, de envidia y de frustración. En consecuencia, una visión optimista de las cosas sólo puede llevarnos a la desesperanza o la impotencia. La impotencia surge de las enormes expectativas que tienes cuando crees que las cosas irán muy bien.

Sin embargo, si partes de la certeza de que lo que te espera es una catástrofe, es imposible sentirse frustrado.

Paradójicamente, las personas no sienten una ira irracional cuando, por ejemplo, llueve en invierno. Esto es así porque tenemos la certeza de que va a llover en invierno, y, por lo tanto, los días despejados nos hacen sentir, en esencia, bien, y los días mustios, bueno, pues vale, qué le vamos a hacer. No deja de ser curioso que no sepamos aplicar lo mismo a todos los aspectos de la vida y nos enfademos si el café se enfría, si perdemos las llaves del coche o nos vemos embutidos en un atasco kilométrico de camino al curro. Por algún extraño motivo, quizás porque hemos crecido en un mundo que nos obliga a creer que el optimismo es la actitud que debemos tomar, pensamos que en la vida los cafés siguen manteniéndose calientes horas, las carreteras se descongestionan mágicamente a nuestro paso, o las llaves nos siguen a todas partes y reptan ellas solitas a nuestro bolsillo.

Ése es un punto de vista muy extraño para enfocar la vida, en especial considerando que las expectativas definen aquello que nos frustra. O, en términos estoicos, nuestra percepción de las cosas es lo único que podemos controlar.

Imagínate qué destructivo sería para un youtubero partir de la base de que todos sus vídeos serán virales. Ahí lo tendrías, a diario, subiendo vídeos llamándole *caranchoa* a la gente y tirándose de los pelos porque el número de suscriptores no sube ni a hostias.

Necesitamos una ración racional de pesimismo constructivo,

de *premeditatio malorum*, y debemos erradicar el optimismo despreocupado e inconsciente que nos han enseñado que es el camino que hay que seguir.

Desayunemos sapos.

Viviendo la vida como un pesimista estoico, te aseguras de que al final del largo túnel te encontrarás a ti mismo exultante de sorpresa y gratitud.

Al final, todo se resume a lo mismo. Si esperas un polvo mediocre y que la picha se quede flácida, el resultado no puede ser nunca tan desastroso. Pero si te han contado que el sexo es tan acrobático, cremoso y neumático como aparece en las películas porno, estás jodido.

Parafraseando a Groucho: si partimos de la nada, es fácil e incluso placentero alcanzar las más altas cotas de la miseria.

43

De aprender a no quejarse y pasar a la acción

Un viejo adagio estoico dice así: «Las mentes fuertes sufren sin quejarse, las mentes débiles se quejan sin sufrir». Los estoicos entendían el sufrimiento como un elemento fundamental de la experiencia vital humana. Por ese motivo, no es el sufrimiento lo que distingue a débiles de fuertes, sino la reacción que tenemos unos y otros ante el sufrimiento.

Marco Aurelio defendía que uno no debe quejarse nunca: «Acepta las cosas a las que el destino te ata, y ama a las personas con las que el destino te une, pero hazlo con todo tu corazón». El propio acto de quejarse supone más que liberar la frustración: cuando te quejas, respiras un aire envenenado de desesperación y de debilidad. Cuando no te quejas, proyectas una sensación de fuerza y autosuficiencia, considerándote así a ti mismo como más capaz y más poderoso. Por lo tanto, un elemento fundamental del estoicismo es dejar de protestar y canalizar esa energía hacia la acción.

En sí misma, la acción es una característica estoica, plasmada en la frase latina *fac quod in te est*, 'haz lo que dependa de ti'. Si no emprendes una rutina, te será asignada una. Si no desarrollas una acción y persigues una meta, te será asignada una. Los seres humanos tendemos a dejarnos llevar por prioridades, deseos, necesidades, incluso pasatiempos o carreras asignadas por terceros. Y ésta suele ser una fuente de frustración y de vacío vital.

La frustración que provoca la pérdida de acción y el dejarse llevar por las motivaciones externas fue explicada de un modo bastante ingenioso por la psicología del siguiente modo. Imagina una tarde calurosa en Texas. Una familia está cómodamente sentada en el porche, disfrutando de la brisa y echando la tarde jugando al dominó. De repente, alguien sugiere, sin mucho entusiasmo, hacer un viaje a Abilene, a 85 kilómetros. Aunque internamente cada uno prefiere quedarse en casa, creyendo que a los demás les entusiasma el plan, nadie se opone a la idea. Resulta que a todos les parece un coñazo, pero ninguno se atreve a oponerse. En consecuencia, terminan por embarcarse en un viaje que en realidad ninguno deseaba, y la tarde de calma chicha texana se convierte en un pastoso recorrido en coche en el que todos tienen la sensación de estar perdiendo el tiempo.

Acuñada por el profesor Jerry B. Harvey, la paradoja de Abilene es un fenómeno social que ilustra cómo los grupos de personas pueden tomar decisiones colectivas que no satisfacen a ninguno de sus miembros. Esta paradoja se nutre de una peculiar amalgama de dinámicas sociales, comunicación deficiente y renuencia a contradecir o desafiar lo que aparenta ser el consenso grupal.

Este fenómeno no se limita a las decisiones familiares; se extiende a todos los ámbitos de la vida social y organizacional. Por ejemplo, en el mundo empresarial, un equipo puede acordar seguir adelante con un proyecto en el que en realidad nadie cree, porque cada miembro supone que es lo que los demás quieren. O en un grupo de amigos, bajo la falsa impresión de que es la preferencia del grupo, podrían terminar viendo una película que a ninguno le interesa.

La paradoja de Abilene se nutre del temor a la confrontación y del deseo de conformidad. Es un espejismo colectivo en el que la voz de la mayoría es, irónicamente, silenciada por su propio silencio. Este fenómeno nos enseña la importancia de la comunicación sincera y la valentía para expresar nuestras verdaderas opiniones y deseos, incluso cuando creemos que van en contra del grupo, tomando control de nuestro propio destino, acción o deseo. Como en una película de Wes Anderson, en la vida a menudo nos encontramos navegando entre lo que decimos, lo que queremos decir y lo que los demás interpretan, cada uno en su propio y peculiar viaje a Abilene.

Hay otros muchos conceptos y teorías en psicología y sociología que inciden en la importancia de emprender acciones y no dejarse llevar por la inercia. Estos conceptos no sólo ilustran cómo nuestras percepciones y actitudes pueden llevarnos a la pasividad, sino que también ofrecen un marco para entender cómo podemos romper con esa inercia y actuar de manera proactiva.

Por ejemplo, la teoría de la ventana rota, planteada en el ámbito de la criminología por James Q. Wilson y George L. Kelling en 1982, sugiere que los signos de negligencia —como una ventana rota sin reparar— pueden fomentar un mayor desorden, produciendo una cadena de acontecimientos que deriva en el caos. Es un fenómeno al que asistimos casi a diario en nuestras ciudades. Los barrios en los que medra la delincuencia son también aquellos más descuidados. Una simple ventana rota que nadie arregla se convierte así en el detonante de una serie de acontecimientos en cadena que tienen como resultado la delincuencia y la desestructuración. Los estoicos nos invitarían a tomar esta teoría en un sentido más amplio, recordándonos que debemos actuar en los pequeños desórdenes o problemas antes de que escalen a situaciones más graves. Es una invitación a la acción preventiva y a la responsabilidad individual y colectiva.

Es posible que en tu vida te hayas topado con alguien al frente de un negocio o un proyecto que no es capaz de abandonar porque ha invertido ya demasiado tiempo y esfuerzo a realizarlo, aunque el futuro de ese proyecto sea muy cuestionable. En el terreno de la psicología, esta situación tiene un nombre: es la teoría del costo hundido. En lugar de evaluar con frialdad las perspectivas futuras, las personas tendemos a dejarnos atrapar en estas situaciones. Reconocer esta tendencia puede animarnos a tomar decisiones más racionales y basadas en el presente y futuro, en lugar de quedar atrapadas por el pasado.

En otras ocasiones, es posible que hayas presenciado actos

heroicos o simplemente momentos en los que una persona ha conseguido, por sí misma, enfrentarse a las dificultades de la vida, en apariencia haciendo acopio tan sólo de sus propios recursos. Bandura planteó que hay determinados individuos que son capaces debido a su autoeficacia. Su obra nos dice que si crees que puedes hacer algo, es mucho más probable que lo hagas, algo que quizás ya te recordaba tu abuela. Pero Bandura no sólo dijo «créetelo y podrás hacerlo». Para construir esta autoeficacia, nos dio un mapa muy semejante al que plantearon los estoicos. Habló de experiencias de dominio —esas veces que realmente haces algo bien—, aprendizaje vicario —ver a otros hacerlo y pensar «si ellos pueden, yo también»—, persuasión verbal —alguien diciéndote que puedes hacerlo— y estados fisiológicos y emocionales —si estás tranquilo y confiado, es más fácil creer en ti mismo.

44

Estoicos exquisitos

Sería terriblemente injusto no invitar a estas páginas a uno de los pensadores que más han ayudado a la expansión del estoicismo hasta nuestros días. Ya hemos dado algunas pinceladas de su pensamiento, pero ahora hablaremos de él más en profundidad.

Lucio Anneo Séneca, más conocido como Séneca a *sénecas* —perdón—, es uno de los representantes más destacados del estoicismo romano. Su vida y obra se sitúan en la confluencia de la filosofía y la práctica, encarnando las enseñanzas estoicas en el contexto de la política y las complejidades de la vida en la corte imperial de su tiempo.

Nació alrededor del 4 a. C. en Córdoba y murió en el 65 d. C. en Roma. Su vida fue una especie de montaña rusa filosófica y política. Criado en una familia acomodada, Séneca fue enviado a Roma para ser educado en retórica y filosofía. Ya desde joven mostró una inclinación hacia el estoicismo. Pero no todo fue filosofía en su vida; también estuvo inmerso en la política y en dramones dignos de una telenovela.

Bajo el reinado de Calígula, Séneca tuvo su primer encuentro con la volatilidad del poder romano. Se dice que sólo se salvó de la muerte porque Calígula pensó que ya estaba amortizado y moriría pronto. Luego, ya con el emperador Claudio en el poder, fue exiliado en Córcega acusado de adulterio. Ocho años después, por mediación de Agripina, la madre de Nerón, Séneca fue llamado otra vez a Roma y se convirtió en tutor y asesor del joven emperador. Cuando Nerón ascendió al trono, Séneca fue un tiempo la mano que mece la cuna. Durante este período, Roma vivió cierta estabilidad, que no duró mucho. Con el tiempo, Nerón cayó en una espiral absurda de excesos y locuras, y la relación con Séneca se fue deteriorando poco a poco. Nerón será recordado como aquel emperador chiflado que tocaba la lira mientras Roma ardía. Aunque no existen pruebas fehacientes de este episodio, sí es cierto que aprovechó la destrucción de la ciudad para construir su lujoso palacio, la Domus Aurea, en las tierras arrasadas por el fuego. Este palacio era el equivalente romano a una villa de un mafioso ruso. Contaba con habitaciones recubiertas de oro y piedras preciosas, vastos jardines y una colosal estatua de sí mismo, conocida como el Coloso de Nerón. En este palacio llevó a cabo competiciones de canto y poesía, a menudo obligando a la nobleza a escuchar sus actuaciones durante horas, sesiones que harían palidecer a los seguidores de Fidel Castro en sus días de más energía. Ordenó matar a su propia madre, Agripina la Menor, en un complejo complot que incluyó un barco diseñado para hundirse. Es muy probable que también fuese el responsable de la muerte de su primera esposa, Octavia, y se dice que pateó hasta la muerte a su segunda esposa, Popea, cuando estaba embarazada. Acabó suicidándose, y sus últimas palabras fueron algo así como: «¡Qué gran artista muere conmigo!».

Cuando Séneca fue consciente de que el barco se hundía, intentó retirarse de la vida pública, pero eso no lo salvó de la paranoia de Nerón. En el 65 d. C., fue acusado de conspiración en la fallida conjura de Pisón. Y aquí llegamos al final dramático de su vida. La muerte de Séneca es una especie de tragicomedia filosófica, si me permites la expresión. Decidió salir de escena de una manera que, irónicamente, refleja todo el dramatismo y la serenidad de su filosofía.

Nerón, cuya estabilidad emocional a esas alturas era semejante a la de un monito tití atiborrado de tripis, ordenó que Séneca se suicidara, acusándolo de conspiración. Séneca, fiel a su filosofía de aceptar con serenidad lo que la vida —o, en este caso, un emperador paranoico— le ofrecía, decidió cortarse las venas. Sin embargo, la cosa no salió como esperaba, pues su cuerpo, debilitado y enfermo, no colaboró. Terminó tomando veneno y, finalmente, tuvo que ser asfixiado en un baño de vapor.

Séneca siempre habló de la importancia de enfrentar la muerte con dignidad, de aceptarla como parte natural de la vida. Vivió bajo la idea de que no debemos temerle a la muerte, sino entenderla como una liberación de las ataduras y sufrimientos terrenales. Aunque más histriónica de lo esperado, su muerte fue un acto de aceptación y control de su destino, algo muy estoico. En cierto modo, eligió cómo y cuándo morir, manteniendo su coherencia filosófica hasta el último aliento.

En vida, Séneca se mantuvo fiel a los principios centrales del estoicismo, como el énfasis en la virtud como el bien supremo, la importancia de vivir de acuerdo con la naturaleza, y la idea de que la felicidad se alcanza a través del autocontrol y la resistencia a las pasiones destructivas. Sus escritos reflejan una profunda preocupación por el desarrollo del carácter y la búsqueda de la sabiduría práctica.

Uno de sus ejercicios más conocidos era abrazar voluntariamente la pobreza de vez en cuando. En su carta 18 a Lucilio escribió sobre esto, expresando la importancia de esta práctica para fortalecer el espíritu y prepararse para cualquier eventualidad de la vida. Argumentaba que al vestir andrajos, suplicar limosna y comer carroña, uno podía darse cuenta de que no es algo que se deba temer y que la verdadera miseria no viene de la falta de bienes, sino de la falta de virtud.

Se cree que el famoso Lucilio de las cartas era un burócrata siciliano un poco más joven que Séneca. La relación entre ambos sugiere una especie de mentoría por parte del filósofo. Lo curioso es que, aunque estas cartas están dirigidas a Lucilio, en realidad son escritas para un público mucho más amplio. Séneca utiliza esta correspondencia como un medio para explorar y exponer sus ideas estoicas, haciendo de Lucilio más un representante de un lector ideal que un destinatario concreto. Así que si bien Lucilio puede parecer un tanto enigmático, su rol en la literatura y filosofía es crucial. A través de él, Séneca logra comunicar con efectividad sus pensamientos a las generaciones futuras. Es una especie de puente entre la sabiduría estoica y nosotros, los lectores que dos milenios después seguimos encontrando valor en estas palabras. En cierto sentido, el espectro de Lucilio es cada uno de nosotros cuando leemos y reflexionamos sobre las enseñanzas de Séneca.

Uno de los estoicos más influyentes de la historia tuvo una vida bien distinta a la de Séneca o Marco Aurelio. Estos últimos, de estatura social y política sobresaliente en la Roma de los siglos I y II, contrastan con Epicteto, que, de origen humilde, vivió como esclavo durante gran parte de su vida. Este detalle de su biografía no es menor: vendido en la niñez y más tarde liberado, su única ocupación conocida fue la enseñanza de la filosofía.

El nombre real de Epicteto no ha llegado a nuestros días. Epicteto es un apodo que proviene del griego *epíktētos*, 'recomprado', y refleja su pasado como esclavo. Es posible que haya nacido en Pamukkale, hoy una villa balnearia de Turquía famosa por sus paisajes rocambolescos de travertinos blancos que parecen de otro planeta. Fue sirviente en la casa de Epafrodito, un liberto de Nerón. Una anécdota dolorosa de su vida, que aparece en *Contra Celso*, la obra apologética de Orígenes de Alejandría, relata cómo intentando refutar su creencia de que el dolor no es un mal en sí mismo, su amo le rompió una pierna. Enfrentando este sufrimiento, Epicteto sólo murmuró que la fractura era algo inevitable: «Ya te lo advertí; se iba a romper, de modo que a partir de ahora tienes un esclavo cojo».

Su educación en filosofía fue bajo la tutela de Musonio Rufo, a cuyas clases acudía a hurtadillas. Tras obtener su libertad, permaneció en Roma hasta que fue expulsado junto con otros filósofos por Domiciano en el año 93. Fue a dar con sus huesos en Nicópolis, un importante centro administrativo en Epiro, en la costa adriática del noroeste de Grecia. Nicópolis había sido fundada tras la victoria de Octaviano Augusto en Actium, y allí Epicteto ejerció como profesor, siguiendo el modelo de Sócrates en cuanto a la enseñanza oral y a la manía de no escribir nada. Lo que conocemos de sus enseñanzas fue recogido por Arriano de Nicomedia, quien asistía a sus clases y documentó sus diálogos mediante un sistema de taquigrafía propio en el *Enkheiridion* —palabro griego que, acertadamente, tanto puede significar 'manual' como 'puñal'—, un compendio breve de su filosofía, y cuatro libros que se conservan de *Discursos*, una obra más extensa. Aunque carecemos de medios independientes de verificación, es más que probable que estos escritos representen el pensamiento de Epicteto y no el propio Arriano: primero, porque el idioma empleado es el *koiné*, o griego común, en lugar del alambicado lenguaje literario de los otros escritos de Arriano; y segundo, por la manera brusca de expresarse, el vocabulario filosófico preciso y el rigor intelectual del contenido, que son bastante diferentes de otros escritos de su amanuense.

Epicteto vivió con gran austeridad. Su muerte generó tal fascinación que su modesta lamparilla se vendió por una suma considerable: 3.000 dracmas, en una época en la que un dracma equivalía a un jornal. Es posible que esta mitomanía se debiese a que sus enseñanzas están trufadas de humor, espiritualidad y una noción de libertad centrada en la autonomía interior, habilidad que es de suponer desarrolló siendo esclavo. Para los estoicos, la verdadera esclavitud no era física, sino mental, y residía en la incapacidad de pensar de manera independiente. Así pues, Epicteto fue tal vez el más libre de los esclavos.

En el laberinto de pensamientos de Epicteto se encuentra una joya central: la elección y cómo es capaz de forjar nuestra responsabilidad personal. Para Epicteto, sumergirse en la esencia estoica de esta idea es adentrarse en un universo en el que dominar la *prohairesis* —voluntad—, su término predilecto, es la clave para alcanzar la felicidad. En el teatro tragicómico de la existencia humana nos diferenciamos de los animales superiores en que mientras ellos reaccionan de manera instintiva, nosotros reflexionamos y elegimos modelando a nuestro antojo la *prohairesis*. Podemos desear lo que queramos desear, tenemos la voluntad de hacerlo, y esta voluntad es nuestra arma más poderosa en la batalla de la vida. La verdadera esencia del ser, el núcleo del yo, reside en esta voluntad. Nuestras convicciones, actitudes, intenciones y acciones son las únicas verdades absolutas que nos pertenecen, configuradas por nuestro manejo de las impresiones y ancladas en el dominio de nuestra voluntad. En contraste, la apariencia física, las posesiones, las relaciones y el éxito o fracaso son meros accidentes de la vida, elementos aleatorios que orbitan alrededor de nuestra verdadera esencia. Cuando asumimos que somos *prohairesis* y que esa voluntad puede ser controlada, sentimos un inmenso alivio: una confianza y paz interior a prueba de bombas. Según Epicteto, el dolor, el miedo, la envidia, el deseo y la ansiedad brotan de la creencia errónea de que la felicidad yace fuera de nosotros. Corrigiendo estos pensamientos, transformamos nuestras emociones. Esta lógica se extiende incluso a la ira, la desconfianza, la desilusión y la traición relacionadas con las acciones de otros. Las decisiones ajenas importan sólo para quienes las toman; para nosotros, son externas y, por lo tanto, irrelevantes.

Un dicho árabe afirma: «Si quieres morir, tírate al mar y te encontrarás luchando por tu vida». No quieres morir, quieres matar algo que está anidado en ti. Ésta es una prueba más del poder de la voluntad y de cómo modula el ritmo de nuestras azarosas vidas.

45

Prácticas estoicas para equilibrar tu vida

Quisiera ayudarte a explorar prácticas estoicas que son sorprendentemente aplicables y revitalizantes para nuestro día a día. No son recetas mágicas ni soluciones instantáneas, sino más bien invitaciones a un viaje interior, a un diálogo con nosotros mismos y con el mundo que nos rodea. Cada práctica es como una llave que abre una puerta a la comprensión, la aceptación y, en última instancia, una existencia más plena y consciente. Más que una mera escuela de pensamiento, el estoicismo es un arte de vivir, una brújula que incluso en nuestro ajetreado mundo moderno sigue señalando hacia una vida serena y equilibrada.

En primer lugar, un estoico te invitaría a entrenarte en distinguir lo que puedes controlar de tu vida y lo que no. No me cansaré de repetir que éste es el epicentro del saber estoico. Como dice Eckhart Tolle: «Los problemas son ilusiones de la mente». Ésta es la base de todo el arte de vivir del estoicismo. Ante un problema que se presente en tu vida, hazte siempre esta pregunta tan simple como poderosa: «¿Está esto bajo mi control?». Si la respuesta es no, entonces, ¿para qué desperdiciar tu energía preocupándote? Céntrate en lo que sí puedes cambiar, como tu actitud o tus acciones. Como tus pensamientos. Sobre todo tus pensamientos, porque eres el dueño absoluto de ellos.

Si te haces cargo de tu mente, te haces cargo de tu vida, y eso te hace el más libre de los mortales.

Dedica un momento a reflexionar sobre estas palabras de Dan Millman en *El guerrero pacífico*: «Ni tu decepción ni tu cólera son causadas por la lluvia. La lluvia no es más que una manifestación normal de la naturaleza. Tu decepción a causa de la merienda estropeada y tu alegría al regresar el sol son ambas fruto de tus pensamientos».

Ni los demás ni el entorno son los causantes de nuestra desdicha ni podemos darles el poder de permitirles que lo sean. Todo lo que vivimos procede de nosotros mismos: somos nuestros propios esclavos o nuestros propios emperadores. La vida para un estoico no es lo que ocurre a nuestro alrededor: eso es lo que creemos para sentirnos víctimas de ella. La vida nace de nosotros mismos. Toma el control de tus pensamientos, y tomarás el control de tus sentimientos. Toma el control de tus sentimientos, y sabrás gobernar tu actitud.

Hablando de tu actitud, un estoico te invitaría a reflexionar sobre ella. Antes de reaccionar como un loco ante tus problemas, tómate un momento para preguntarte: «¿Esta reacción es realmente necesaria? ¿Es proporcional a la situación?». A menudo, nuestra primera impresión es exagerada. Regálate una pausa y aplica la fórmula estoica: «Esto es indiferente para mi virtud». La clave está en respirar y dar un paso atrás. Permitirte un breve pero valioso lapso para observar tu existencia y los problemas que de ella surgen desde la vista de un pájaro que vuela muy alto. Desde allá arriba, los baches de la carretera de la vida suelen ser mucho más insignificantes de lo que aparentan a ras de suelo.

Aunque suene un poco a consejo facilón de revista de bienestar, los estoicos eran muy conscientes de la necesidad de practicar la gratitud. La gratitud, desde la perspectiva estoica, no es una emoción pasajera, sino un profundo reconocimiento de que todo en nuestra vida, incluso las dificultades, tiene un valor y un propósito. Los estoicos, verdaderos maestros en el arte de transformar los obstáculos en oportunidades, nos invitan a practicar la gratitud no sólo en momentos de alegría, sino también cuando nos enfrentamos a momentos difíciles. En sus *Meditaciones*,

Marco Aurelio dijo: «Cuando te levantes por la mañana, piensa en el precioso privilegio de estar vivo, de respirar, de pensar, de disfrutar, de amar». Aquí se refleja la gratitud por las cosas más fundamentales y a menudo olvidadas de la vida: nuestra existencia, nuestra capacidad de reflexionar y nuestros vínculos con los demás.

Practicar la gratitud desde esta óptica estoica significa entrenar nuestra mente para ver la riqueza en la simplicidad, la lección en el desafío, y la oportunidad en la adversidad. Es un ejercicio de reconexión con la naturaleza de las cosas, de apreciar el flujo constante de la vida y nuestro lugar en el epicentro de ella. En boca de Epicteto: «Si te deleitas en la simplicidad, serás autosuficiente y por lo tanto libre».

A tenor de ello, los estoicos nos invitaban a disfrutar de aquello que está a nuestro alcance, pero no a ser poseídos por ello. Todo lo que tienes alrededor puede producir dicha en ti, pero tu felicidad no debe depender de ello. Practicar un desapego consciente te blinda ante la pérdida de lo material.

Asimismo, como hemos visto en estas páginas, es necesario blindarse ante los desafíos de la vida y ser capaces de previsualizarlos, de anticiparlos, y finalmente abrazarlos. En palabras del emperador Marco Aurelio: «Cada mañana, piensa en lo que te espera y recuerda que sólo es molesto si lo consideras molesto». Come el sapo lleno de verrugas de desayuno, prevé los problemas, prepárate para lo que venga. Imagina qué podría salir mal y cómo lo enfrentarías. Esto te hace más resistente y menos vulnerable a las sacudidas de los contratiempos. En su obra *Manual*, Epicteto aconseja: «Cuando estés a punto de emprender alguna acción, recuerda qué tipo de cosas pueden suceder». Esta práctica no es un ejercicio de pesimismo, sino una manera de prepararse mentalmente para los desafíos, que van a llegar, te pongas como te pongas.

Los estoicos daban mucha importancia a la autodisciplina. Recuerda a Séneca vistiendo harapos y comiendo sobras. Decía: «Establece ciertos días en los que te satisfagas con la cantidad más escasa y más simple de comida, y te vistas de ropa tosca y vieja. Pregúntate entonces: ¿es esto lo que temía?». Este ejercicio no es un castigo, sino una forma de recordarnos que podemos sobrevivir y mantener la serenidad cuando se tuercen las cosas.

Otra práctica estoica que nos encauza en una vida más serena es aprender a valorar el tiempo presente, y verlo como una oportunidad constante.

Los estoicos defendían que el mayor de los necios es aquel que siempre espera el momento perfecto para hacer las cosas. Aquel que retrasa sus acciones. Porque mientras lo hace, la vida sigue su curso. Los estoicos veían la procrastinación como un pozo engañoso que promete seguridad y perfección, pero en realidad nos regala anquilosamiento y remordimientos. Aseguraban que debemos movernos más allá del confort de la planificación hacia el reino de la acción. Debemos aprovechar el momento y actuar con convicción. El único tiempo válido para atreverse a hacer algo es hoy, porque en el incesante transcurrir del tiempo, el presente es el único instante que puedes gobernar. ¿Qué te hace pensar que tendrás el lujo de hacer algo mañana? Nadie sabe qué le depara el futuro. La vida está ocurriendo ahora, en este segundo. Los necios siempre posponen, siempre están preparándose para despegar, pero nunca lo hacen.

Abraza el poder de la oportunidad. Es crucial no dejar pasar las cosas que suceden, y aprender a sacar provecho incluso de lo peor que nos puede ocurrir en la vida. Recuerda que el estoicismo nació de un naufragio, de una tragedia, y que Zenón supo aprovechar ese naufragio para convertirse en una de las mentes más lúcidas del pensamiento universal.

Hace unos años, el magnate de la Fórmula 1 Bernard Charles Ecclestone se encontró en una situación semejante. Fue asaltado a la puerta de su *penthouse* en el centro de Londres por cuatro hombres que le arrebataron el reloj personalizado Hublot Formula One, valorado en unos 236.000 euros, y varias joyas de su pareja, Fabiana Flosi. Lejos de sucumbir a la depresión, Ecclestone cogió el teléfono y llamó al fabricante del reloj y le propuso hacer un anuncio aprovechando que tenía un ojo a la funerala. La firma suiza aceptó, y a los pocos días salía en las páginas de *The Times* un anuncio con la foto de Ecclestone hecho un eccehomo junto a un reloj y la frase: «Vean lo que algunos están dispuestos a hacer por un Hublot».

Finalmente, haz lo que hacen millones de personas todos los días cuando quieren estar más cerca de su dios. Dedica unos minutos cada día a leer un pasaje de un texto estoico —como *Meditaciones*, de Marco Aurelio, o *Cartas a Lucilio*, de Séneca— y reflexiona sobre cómo puedes aplicar sus enseñanzas en tu vida cotidiana. La sabiduría de sus fantasmas está ahí, entre sus páginas, esperando a regalarte una tímida llama de luz en la oscuridad de la vida.

Sexta parte

Escepticismo

46

La breve historia de un cerdito feliz en un mundo de mierda

La corriente escéptica en la antigua Grecia fue una filosofía que se caracterizaba por cuestionar la posibilidad de alcanzar un conocimiento absoluto y definitivo de la realidad. Los filósofos escépticos se centraban en la incertidumbre y la limitación del conocimiento humano, promoviendo la suspensión del juicio y la búsqueda de la tranquilidad mental a través de la aceptación de su ignorancia.

El historiador griego Diógenes Laercio cuenta una historia sobre el antiguo filósofo Pirrón y su asombrosa habilidad para mantener siempre la calma. Aunque más adelante volveremos a hablar de Pirrón, quiero adelantarte una historia curiosa.

Pirrón viajaba con sus discípulos en un barco cuando se desató una pavorosa tormenta. Sus compañeros de viaje estaban aterrorizados, a merced de las enormes olas, pero Pirrón no. Él se fijó en un cerdito que comía apaciblemente en su pocilga, en una esquina, ignorante de las olas de la tormenta y del poco tiempo que le restaba en esta vida. Porque si no fallecía en el naufragio, moriría a manos del cocinero. El cerdito corría, objetivamente, más peligro que Pirrón o la tripulación de aquel navío, pero comía con dichosa ignorancia.

Pirrón pensó que tal vez todos deberían aprender una lección de despreocupación del cerdo, ya que nadie a bordo del barco tenía un destino más incierto.

La perturbación adopta muchas máscaras, no sólo el miedo. Baudelaire se encargó de darle un nombre a esta sensación: *spleen* —del griego *splēn*—. En el contexto baudelairiano, el *spleen* representa una especie de desesperación existencial sorda, una profunda sensación de pesimismo y desencanto con el mundo, que permanece latente en las cavidades más recónditas de nuestra mente. Es el símbolo de un mal que asedia al alma, un tedio vital que surge de la conciencia aguda de la finitud humana y la insatisfacción perpetua. Tanto el deseo como el tedio, la ansiedad y la insatisfacción son contrarios a la *ataraxia*. Todas son perturbaciones que rompen el equilibrio de nuestra mente. Por desgracia, muchas personas pasan gran parte de sus vidas carcomidas por la ansiedad. Al igual que el cerdito, no hay demasiado que puedan hacer para controlar los embistes de la tormenta que las acecha y, sin embargo, se muerden las uñas hasta las cutículas todos los días de su vida. ¡El no saber qué pasará mañana puede ser tan angustiante!

Como habrás adivinado por su nombre, los escépticos practicaban la suspensión de todo juicio, precisamente para permanecer en un estado constante de *ataraxia*. Prácticamente nadie renuncia a opinar sobre cualquier cosa, a indignarse por cualquier asunto, cuando el escepticismo es la forma más directa de alcanzar la paz. No formarse una opinión, no juzgar, mostrar indiferencia ante las polémicas, evitar corregir al contrario, que te dé igual lo que piense el otro. La *epoché* trae inevitablemente consigo una enorme liberación de la ansiedad.

En todos los casos de ansiedad, violencia, indignación, ira o desequilibrio, el escéptico argumentaría que el culpable de tu desdicha en realidad eres tú, por emitir juicios sobre lo que te molesta. Por lo tanto, la causa fundamental de tu perturbación no son las cosas que están ahí fuera, sino tus cogniciones.

Los escépticos que desarrollaron la filosofía de Pirrón convirtieron la *ataraxia* en su obsesión personal y la *epoché* en su arma más poderosa.

La anécdota de Pirrón en el velero resuena con fuerza en nuestra era actual. En estos tiempos, quizás más que nunca comprendemos que la humanidad está embarcada en un viaje impredecible y no siempre placentero a través de este mundo. En este preciso instante, todos nosotros estamos navegando en una tempestad. Es cierto que con frecuencia las circunstancias no se alinearán con nuestros deseos, pero sería sabio adoptar una postura de calma, emular la tranquilidad de un cerdito indiferente en una esquina de un barco que se tambalea al borde del abismo. Este enfoque puede servir de faro de inspiración para mantener la serenidad y la esperanza, incluso cuando nos encontramos en mitad de una tormenta en un mar de incertidumbre.

47

Los popes de la antifilosofía

La idea central del escepticismo es que uno debe abstenerse de hacer afirmaciones de verdad y abstenerse de creer en verdades finales, lo cual no implica que la verdad sea imposible de conocer —que paradójicamente sería una verdad en sí misma—, aunque se suele emplear como una especie de prenda de entretiempo para argumentar que no existe algo llamado certeza en el conocimiento humano.

Es posible que Gorgias, el maestro de la retórica del siglo v a. C., haya sido el primer escéptico, si bien en aquel entonces nadie se atrevió a ponerle tal etiqueta. Nacido en Leontinos (Sicilia) alrededor del 485 a. C., viajó por toda Grecia enseñando y practicando el arte de la persuasión. Fue uno de los primeros en llevar la sofística a Atenas, donde se ganó con rapidez una reputación por su habilidad casi malabarística en las artes del habla y la argumentación.

Gorgias es conocido fundamentalmente por su escepticismo radical. Tenía tres afirmaciones principales que dejaban a la gente rascándose la cabeza: primero, nada existe; segundo, incluso si algo existiera, el ser humano no podría comprenderlo; y tercero, aunque pudiéramos comprenderlo, no podríamos comunicarlo a los demás.

Suena un poco a juego mental.

Lo que Gorgias quería destacar era la relatividad y la subjetividad de nuestra percepción y comprensión del mundo. Argumentaba que el lenguaje y la retórica no transmiten la verdad objetiva, sino que crean percepciones y realidades subjetivas, algo por otro lado normal en alguien de quien se decía que era capaz de convencer a cualquiera de que lo falso era verdadero. Con su implacable verborrea, quería demostrar que la verdad es en realidad una cuestión de persuasión más que de hechos objetivos.

Sócrates, por su parte, nos dejó como legado la que es posible que sea la frase más escéptica de la historia: «Sólo sé que no sé nada» (en griego antiguo: *hèn oîda hóti oudèn oîda*, y en latín: *scio me nihil scire o scio me nescire*). Se dedicaba a ir preguntando a las personas que se encontraba por el camino de la vida, en apariencia con la intención de aprender de ellas. Aunque nunca afirmó que el conocimiento es imposible, tampoco se jactó de haber descubierto nada, ni siquiera al final de sus días. Se cuenta que un buen día, en busca de sabiduría, un joven se acercó a Sócrates y le preguntó qué debía hacer para volverse más inteligente. Sócrates respondió: «Reconoce tu propia ignorancia». Esta respuesta paradójica refleja la creencia de Sócrates de que el primer paso hacia la sabiduría es la conciencia de la propia falta de conocimiento.

Sin embargo, decir que Sócrates era un escéptico podría ser un poco engañoso, dependiendo de cómo entendamos el concepto de *escéptico*. Sin duda, Sócrates cuestionó el conocimiento establecido y desafió las suposiciones de sus contemporáneos, pero su enfoque y objetivos eran bastante diferentes de lo que normalmente asociamos con el escepticismo, en especial en el sentido pirrónico o académico.

Tal como lo retrata Platón en sus diálogos, Sócrates era más un buscador incansable de la verdad que un escéptico en el sentido moderno o en la línea del escepticismo pirrónico. Su famosa técnica de la mayéutica, un método de indagación y debate para llegar a la verdad a través de preguntas y respuestas, revela que en realidad sí creía que la verdad fuera algo alcanzable. Simplemente, buscaba exponer la ignorancia y estimular el pensamiento crítico y la autorreflexión en sus interlocutores.

En contraste, los escépticos, en particular en la tradición de Pirrón, se caracterizan por dudar de la posibilidad de alcanzar cualquier conocimiento cierto. Adoptan una postura de suspensión del juicio —*epoché*— y evitan afirmar cualquier verdad absoluta. Esta actitud es significativamente diferente del enfoque socrático.

El primer escéptico propiamente dicho fue Pirrón de Elis, el del cerdito, y el movimiento escéptico que surgió con posterioridad estableció sus cimientos en sus ideas. La vida de Pirrón es un tanto enigmática, y es que el hombre era tan escurridizo en su filosofía como en los detalles de su biografía. Se dice que nació en Elis, una ciudad en la antigua Grecia. Al igual que numerosos filósofos de su tiempo, como hemos contado ya, se unió como soldado a la expedición de Alejandro Magno a la India. No obstante, se vio superado por su dificultad para discernir de manera racional cuál de las distintas corrientes filosóficas era la verdadera. Cuando fue capaz de asumir esta incapacidad, logró al fin la *ataraxia*, y lo llamó «escepticismo práctico». Pirrón no dejó nada escrito, e incluso las obras satíricas de su pupilo Timón de Fliunte se han diluido en las mareas del tiempo. Hoy en día, sus ideas se conocen sobre todo a través del libro *Esbozos pirrónicos*, del médico griego Sexto Empírico, escrito en los albores del siglo III d. C.

Hay muchas anécdotas sobre la vida de Pirrón que tal vez sean invenciones para dotar al personaje de mayor peso o, por el contrario, para caricaturizarlo y desvirtuar sus enseñanzas. Diógenes, por ejemplo, contó que Pirrón desconfiaba de sus sentidos hasta tal punto que se habría precipitado por un acantilado o habría sido atropellado por carros y atacado por perros si sus seguidores no lo hubieran impedido a gritos. Al parecer era indiferente a ciertas normas de comportamiento social, y comía lo que estuviera disponible, sin importar su calidad o sabor; se bañaba de Pascuas a Ramos, lavaba un cerdo, se dejaba morder por los perros e incluso limpiaba la casa él mismo, tarea propia de esclavos.

Timón de Fliunte dibuja a Pirrón como si hubiera alcanzado un estado de gracia casi divino debido a que había escapado de la servidumbre de la mera opinión. Al parecer, su popularidad fue tal que en su ciudad natal fue nombrado sumo sacerdote, y consiguió una exención de impuestos para todos los filósofos. Que esta exención, digo yo, podría aplicarse en la actualidad, yo doy ideas.

Al parecer, Pirrón aseguraba que quien quiera ser feliz debe plantearse estas tres preguntas. Primero, ¿cómo son las cosas por naturaleza? En segundo lugar, ¿qué actitud deberíamos adoptar hacia ellas? En tercer lugar, ¿cuál será el resultado para quienes tengan esta actitud? Él lo tenía claro. Las cosas son indiferentes, inmensurables e inarbitrables. Piensa en un esquimal paseándose en tanga por las calles de Teruel un día de invierno cualquiera. Su percepción del frío, tan distinta de la tuya, nos hace dudar sobre lo que puede denominarse frío en realidad. Ni nuestras sensaciones ni nuestras opiniones nos dicen verdades o falsedades. Por esta razón, no debemos confiar ni un ápice en ellas, sino que debemos ser imparciales, incondicionales y firmes, y decir acerca de cada cosa en particular que no es más que no es, o es y no es, o no es y es. Reconozco que para escribir esta última frase he estado corrigiendo el texto unas veinte veces, y todavía dudo si está bien escrita o no. Para Pirrón, en todo caso, si adoptas esta actitud en primer lugar te quedarás sin palabras —obviamente—, pero al final lograrás estar libre de perturbaciones.

Filósofos posteriores adoptaron y ampliaron el enfoque de Pirrón, acusando a los estoicos de aferrarse demasiado a sus vanas creencias. Su argumento principal era que todo lo que defendían se basaba en proposiciones de las que no se podía decir que fueran verdaderas o falsas sin depender de otras proposiciones. No consideraban que la verdad fuese inalcanzable por naturaleza; en cambio, la veían como un concepto que todavía no se había manifestado en su forma más pura o que simplemente aún no había sido descubierto. Sugerían abrirse a la diversidad de pensamientos con la esperanza de que esta apertura mental pudiera ser el verdadero camino a la sabiduría. La verdad existía, pero estaba aún por descubrir.

Siglos más tarde, Enesidemo se enfadó violentamente con la

Academia y montó su propio chiringuito basado en el escepticismo pirrónico, que retomó el principio de *epoché* como cura a lo que él consideraba todos los males del pensamiento dogmático de la época. Enesidemo no se deja atrapar con facilidad en los libros de texto. Al parecer, vivió en algún momento entre los siglos I a. C. y I d. C., una época en la que la filosofía estaba tan de moda como el salseo en las redes sociales de hoy. Es probable que naciera en Knossos, en la isla de Creta, y era lo que hoy denominaríamos un culo inquieto. Se mudó a Alejandría, que en ese entonces era como el Silicon Valley del conocimiento antiguo, un hervidero de ideas y debates filosóficos.

En lo que a filosofía se refiere, es conocido principalmente por darle un nuevo aire al escepticismo. Miró hacia atrás, hacia las ideas de Pirrón, y dijo: «Cojonudo, pero ¿y si lo llevamos un paso más allá?». Y vaya si lo hizo. Enesidemo se especializó en poner en jaque a los dogmáticos de su época, esos que creían estar en posesión de la verdad absoluta. Su gran aporte al club de los escépticos fueron los Modos de Enesidemo, una colección de diez argumentos diseñados para hacerte dudar de casi cualquier cosa y mostrar que el conocimiento certero es una ilusión. Ahora mismo, podría de una sentada contarte las sutilezas de cada uno de los Modos, pero creo que acabarías arrojando el libro por la ventana, así que los resumiré en que se centraban en temas como las diferencias en los sentidos y las percepciones, las discrepancias en las opiniones y las variaciones en las culturas y creencias. Básicamente, era un maestro en el arte de decir: «¿Estás seguro?».

Sexto Empírico nació probablemente en Grecia, aunque hay quien dice que pudo ser en Egipto. Lo que sí sabemos es que se le asocia a la escuela empírica de medicina, de ahí su apodo «Empírico». Más que en teorías sin base práctica, esta escuela se enfocaba en la observación y la experiencia.

Sexto Empírico es famoso por unos escritos que pueden considerarse un verdadero manual del escepticismo. Sus obras más conocidas son *Esbozos pirrónicos* y *Contra los profesores*, en los que despliega un arsenal de argumentos para cuestionar todo, desde la religión hasta la ciencia y la ética. Su estilo consistía en plantear argumentos y luego argumentos opuestos, dejando al lector en un limbo de indecisión perpetua.

Sexto comienza su descripción general del escepticismo pirrónico distinguiendo tres tipos fundamentales de filósofos: los dogmáticos, a los que despreciaba porque creían erróneamente estar en posesión de la verdad; los académicos —dogmáticos negativos—, que creían que la verdad no se puede descubrir; y los escépticos, que siguen investigando, sin creer que nadie haya descubierto hasta ahora la verdad ni que sea posible o imposible hacerlo.

Tras siglos dominados por el dogmatismo religioso imperante en la Edad Media, el escepticismo ganó terreno de nuevo en la era de la razón y la Ilustración, entre los siglos XVII y XVIII. Figuras como el francés Michel de Montaigne y Francis Bacon en Inglaterra, junto a Blaise Pascal y René Descartes, adoptaron perspectivas escépticas, aunque estos primeros pioneros tuvieron cuidado de no enemistarse demasiado con el cristianismo, por si las moscas. Descartes desarrolló un enfoque de escepticismo metodológico, conocido también como escepticismo cartesiano, mediante el cual descartaba —je, je— cualquier concepto que pudiese dar lugar a dudas, y cuando digo cualquiera, digo cualquiera. Este enfoque casi obsesivo lo llevó a acuñar su célebre afirmación *cogito, ergo sum*, que en ocasiones se presenta de manera aún más escéptica como *dubito, ergo cogito, ergo sum* ('Dudo, por lo tanto, pienso, por lo tanto, existo').

48

Fundamentos del escepticismo

Paul Auster dijo una vez que no hay nada más maravilloso que cambiar de idea. Aunque por definición el escéptico es todo aquel que pone en duda eterna nuestra capacidad para conocer las cosas, en realidad el término *escéptico* —del sustantivo griego *skepsis*, que significa 'examen, indagación, consideración'— cubre un abanico enorme de actitudes y posiciones ante la vida. Sin embargo, el término *escéptico clásico* hace referencia, por un lado, a los miembros de la academia de Platón durante el período en el que dudar de todo estaba de moda, y, por otro, a los seguidores de Pirrón, nuestro amigo del cerdito valiente. El escepticismo pirrónico floreció desde el resurgimiento de Enesidemo, en el siglo I a. C., hasta Sexto Empírico, en algún momento de los siglos II o III d. C. De ahí las dos variedades principales de escepticismo antiguo: el académico y el pirrónico.

A mi entender, el escepticismo pirrónico es el más poderoso. Porque no se anda con rodeos: desconfía de todo, sin excepciones.

Esto se ejemplifica con el denominado trilema de Agripa. Hablaremos de este señoro más adelante. Por el momento, observemos de cerca este trilema. Afirma que si crees ver tu mano delante de ti, tienes tres opciones para justificarlo: primero, afirmarlo con una arrogancia ciega (dogmatismo); segundo, meterte en un laberinto sin fin de justificaciones (infinitismo); o tercero, girar en círculos con tus creencias (coherentismo). El escéptico pirrónico se ríe de estas tres opciones, porque ninguna se sostiene. Así, el dogmatismo es un chiste, una mera terquedad disfrazada de certeza. El infinitismo es una fantasía, porque ninguna mente humana puede procesar una cadena interminable de creencias. Y el coherentismo es un truco barato, un juego de espejos que sólo refleja lo que ya creías de antemano. En conclusión, es posible que la mano ni siquiera esté ahí. Por lo tanto, los pirronistas llegan a una conclusión audaz: la única salida digna que nos queda ante este embrollo es la *ataraxia*, que brota al suspender la creencia en absolutamente todo. Incluso dudando de la existencia de tu mano.

Lo que movía a los escépticos a dudar de casi todo es que existe un desacuerdo generalizado e interminable sobre todas las cuestiones básicas de la vida. ¿Esta comida es picante? Si se lo preguntas a un indio, seguramente dirá que no. ¿La hierba es verde? No para un daltónico. ¿El comunismo es una maravilla? Pregúntaselo a un balsero cubano. Y así hasta la extenuación.

Muchos de los argumentos de los escépticos antiguos se desarrollaron en respuesta a las opiniones positivas de sus contemporáneos, en especial de los estoicos y epicúreos, pero sus argumentos han sido muy influyentes para los filósofos posteriores y seguirán siendo de gran interés mientras exista alguien dispuesto a cuestionar algo en esta vida. Los escépticos de la Antigüedad básicamente jugaban a dos bandas: por un lado, decían que somos unos ignorantes en lo que respecta al conocimiento (nuestras «limitaciones epistémicas», que diríamos los pedantes); y, por otro lado, que deberíamos quedarnos de brazos cruzados sin decidir nada (eso de «suspender el juicio»).

Esto genera discusión entre los críticos del escepticismo por dos motivos. Primero, porque los argumentos escépticos suenan un poco hipócritas: ¿cómo pueden afirmar saber que no se puede saber nada? Eso es como decir que estás seguro de que no estás seguro de nada. Y si nos ponemos exquisitos, al decir que no sabemos nada, ya sabemos algo. El segundo golpe bajo a los escépticos es que si seguimos su consejo de no decidir nada, la vida se nos va a la mierda. ¿Cómo vamos a vivir sin tomar decisiones? Sería como intentar cruzar la calle con los ojos vendados. Además, el hecho de que no nos demos de bruces contra el cristal como una mosca cojonera sugiere que algo, aunque sea poquito, sí sabemos. La mosca sabe que tiene que ir *allí*. Otro argumento que ha intentado aniquilar el escepticismo es que, desde su perspectiva, las afirmaciones son expresiones de dogmatismo. Sin embargo, el escéptico antiguo más conocido, Sexto Empírico, escribió extensamente. ¿Pueden los escépticos decir algo significativo sobre su filosofía sin afirmar nada sobre cómo son las cosas?

Por otro lado, la *epoché* como elemento central del escepticismo podría llevarnos a una especie de suicidio cognitivo. En cierto modo, la formación de creencias es una característica básica de la actividad cognitiva humana. Es más, es posible que sin creencias no se pueda llevar una vida humana ordinaria, tal vez incluso sean tan imprescindibles como respirar.

Diría que ser escéptico en muchos momentos de la vida es normal, e incluso sano. Como afirmaba Theophrastus Bompart: «Nada es veneno, todo es veneno: depende de la dosis». Si alguien afirma que un dado arrojará un seis en el próximo lanzamiento, o que la temperatura en Madrid será exactamente de 22 grados centígrados dentro de seis meses, deberíamos acoger estas afirmaciones con cierta duda. Sin embargo, hay otras afirmaciones que suelen no despertar escepticismo. Decir que París es la capital de Francia, que este cielo es azul o que los trenes en movimiento suelen ir sobre rieles son declaraciones por lo general aceptadas como conocimiento común, algo que damos por sentado.

No obstante, el escepticismo como posición filosófica desafía incluso estas en apariencia incuestionables creencias. Argumentando que alcanzar un conocimiento verdadero es mucho más complejo de lo que parece, propone que la respuesta más justificada, incluso ante estas afirmaciones cotidianas, es la suspensión del juicio.

Siendo prácticos, en el mundo turbulento al que nos enfrentamos cada mañana delante de una taza de café, hay un punto del pensamiento escéptico que puede resultarnos valioso. El relativo a la tranquilidad.

Los escépticos creían que existe una conexión directa entre la *ataraxia* y lo que denominaron «limitaciones epistémicas». Al aceptar a pies juntillas que hay cosas que simplemente no podemos saber —nuestras «limitaciones epistémicas»—, podemos alcanzar la paz mental. Es como decir: «No puedo saberlo todo, y me importa un huevo». Al reconocer que da un poco igual no saber de todo o no opinar de nada, dejas de estresarte por la última teoría conspirativa sobre los reptilianos, el Club Gromenagüer, la Agenda 2030 y su puta madre vestida de torero. ¿Y cómo conseguirlo? En lugar de obsesionarse con descubrir una «realidad oculta» o una verdad absoluta, estos filósofos sugerían vivir de acuerdo con nuestras experiencias y percepciones inmediatas.

Al parecer, dentro de diez años todas las ciudades costeras van a sucumbir porque se derriten los casquetes polares. ¿Tienes un termómetro en los polos? ¿Has estado tú mismo llevando las mediciones los últimos cien años? ¿Eres acaso un experto en climatología y geofísica? ¿Por qué tienes que creer las predicciones apocalípticas de Greta la Muñeca Diabólica? Deja de opinar sobre ello, deja de creer que se avecina el fin del mundo del mismo modo que no creas que todo va a seguir igual, aunque quememos hasta el último dinosaurio putrefacto bajo la faz de la Tierra. Está bien no emitir un juicio, porque no sabes nada de climatología y, además, debería importarte un huevo, porque lo importante es el aquí y ahora. Chimpún. Y así, con casi cualquier asunto de la vida.

Aplicado a nuestro siglo XXI, esto se traduce en abrazar la incertidumbre, reducir nuestro estrés por no tener todas las respuestas. En una era en la que la información —y su hermana cabrona, la desinformación— fluye incesante, aceptar que no podemos ser omniscientes puede ser un bálsamo para el alma. En lugar de enredarnos en discusiones infinitas en redes sociales o en la búsqueda de una verdad absoluta, hay una invitación implícita a apreciar nuestras experiencias directas, a vivir de acuerdo con nuestras costumbres y hábitos, y a no permitir que lo inalcanzable perturbe nuestra paz mental. En cierto sentido, Pirrón y Enesidemo nos están sugiriendo que en la simplicidad y la aceptación de lo que tal vez sea, podría encontrarse la clave de una existencia más tranquila y satisfactoria.

Según Sexto Empírico, uno no empieza siendo escéptico, sino que más bien se tropieza con el escepticismo a modo de epifanía. De alguna manera, cuando el protoescéptico intenta encontrar la verdad, descubre que por cada explicación que pretende dar sentido a su mundo hay otra explicación, igual de convincente, que pretende establecer una realidad opuesta que resulta incompatible con lo que antes parecía verdad. La epifanía vendría justo en el momento en que se suelta el pedo atravesado y se llega a la conclusión de que nadie sabe nada.

Para ejemplificar este instante de lucidez escéptica, Sexto contaba una historia. Érase una vez cierto pintor, Apeles, que intentaba plasmar la espuma en la boca de un caballo que estaba pintando. Pero la maldita espuma se le resistía. Frustrado, arrojó con furia contra el cuadro la esponja con la que había estado limpiando sus pinceles, y sin darse cuenta logró el efecto deseado. La analogía es simple: en la búsqueda de la verdad, la tranquilidad deseada sólo llega indirectamente, no renunciando a la búsqueda de la verdad, sino renunciando a la expectativa de que debemos adquirir la verdad para obtener la tranquilidad.

Es una perspectiva bastante zen de las cosas. Uno no puede adquirir intencionalmente un estado de paz y tranquilidad, sino que debe permitir que suceda como resultado de abandonar la lucha. No obstante, el escéptico no renuncia a la búsqueda de la verdad, sino que continúa investigando para protegerse contra las triquiñuelas de la razón que nos llevan a mantener puntos de vista férreos. Para Sexto Empírico, quienes creen que las cosas son buenas o malas por naturaleza están perpetuamente en riesgo de vivir turbados.

49

Qué le diría un escéptico a un tuícstar

Ja. ¿De veras quieres que te tome en serio con ese avatar de gatito bizco y esas certezas expresadas en menos de 280 caracteres? ¿Cuánta verdad puedes destilar en un límite tan restrictivo? ¡Los escépticos, desde tiempos de Pirrón, te diríamos que muy poca, por no decir ninguna! Cada vez que escribes un tuic, afirmas una certeza, un pedazo de realidad según la ves. Pero ¿te has detenido a pensar en la infinita complejidad de cada tema sobre el que opinas? No me vengas con la excusa barata de que, claro, esto no se puede explicar en profundidad en Tuícter. Quiero que vayas más allá, a la esencia misma de lo que defiendes: que tienes razón.

Te adelanto que no la tienes. O tal vez sí.

O tal vez no.

Te invito a abrazar la duda no como una parálisis, sino como una herramienta de liberación. Imagina cada tuic que escupes no como una sentencia, sino como el inicio de un diálogo, un reconocimiento humilde de que lo que creemos saber es apenas la superficie de un océano insondable de complejidad. La verdadera sabiduría no reside en acumular retuics o en ser el eco de las opiniones populares, sino en la capacidad de cuestionar, de desmantelar las certezas y reconstruirlas bajo la luz del escrutinio riguroso.

En este cosmos digital en el que cada uno construye su nichito de eco, te reto a convertirte en la anomalía. En lugar de propagar certezas, siembra preguntas. En vez de buscar la validación inmediata de tus seguidores, invita a la reflexión. Haz de tu cuenta un faro de escepticismo constructivo, un recordatorio constante de que en un mundo saturado de información y opiniones, la pregunta más valiosa es siempre «¿Qué pasa si estoy equivocado?».

No subestimes el poder de un tuic que desafía las normas, que en lugar de cerrar un debate, lo abre. Que en lugar de afirmar, pregunta. En la duda hay una invitación al diálogo, a la reflexión, a la humildad intelectual. Ahí reside el verdadero potencial para influir y educar.

Por último, recuerda que escepticismo no es cinismo. No se trata de desconfiar por desconfiar, sino de buscar siempre la profundidad detrás de la superficie, la multiplicidad de perspectivas detrás de la aparente certeza. Cuestionándolo todo encontrarás no sólo una mayor comprensión del mundo, sino también una más auténtica forma de conectar con tus seguidores.

50

¿Y si todo esto al final es un sueño?

¿Cuántas veces te has pillado a ti mismo soñando dentro de un sueño?

La mayoría se traga el cuento de que lo que sueñan es la pura realidad. Esa ilusión es lo que convierte las pesadillas en auténticos terrores nocturnos. Si te dieras cuenta de que esa pesadilla no es más que un sueño, perdería su filo. Incluso podrías pasártelo pipa, fornicando con la vecina —o alguien incluso más prohibido—, asesinando a tu jefe, practicando un magnicidio o volando sobre océanos de dinero, como hacen los que practican los sueños lúcidos.

Ahora, cual elefante en cacharrería, entra en juego un escéptico involuntario, Zhuang Zhou, un filósofo y escritor chino que vivió en el siglo IV a. C. Es considerado uno de los principales exponentes del taoísmo, una corriente filosófica y religiosa china que, al igual que Pirrón, enfatiza la armonía con la naturaleza y la búsqueda de la tranquilidad y la felicidad.

Zhuang Zhou, también llamado Zhuangzi, es conocido principalmente por un conjunto de escritos que incluye parábolas, anécdotas y diálogos que abordan temas como la naturaleza de la realidad, el conocimiento y la moralidad. En sus escritos, Zhuangzi propone la idea de que la vida es un sueño y que la verdadera libertad y felicidad se encuentran en la aceptación de esta ilusión y en la armonía con el mundo natural. Lo expresó con esta parábola: una vez, Zhuangzi soñó que era una mariposa, una mariposa que revoloteaba feliz consigo misma y haciendo lo que le placía. No sabía que era Zhuangzi. De repente, se despertó y para su enorme desconsuelo, allí estaba, sólido e inconfundible Zhuangzi. Pero no sabía si era Zhuangzi quien había soñado que era una mariposa, o una mariposa que había soñado ser Zhuangzi. ¡Entre Zhuangzi y una mariposa debe haber alguna distinción!

En esta historia, para decidir si es él o una mariposa, Zhuangzi se pregunta qué parece ser más inmediatamente probable. No suspende el juicio, como recomendaban los antiguos escépticos griegos. Sin embargo, como es evidente en su obra, conserva la conciencia de su duda, una conciencia que surge en su vida cotidiana. Es esta cautela ante la certeza, aunque aceptando la necesidad de hacer elecciones, lo que beneficia la vida cotidiana del filósofo escéptico.

Saltamos adelante unos dos mil años y nos topamos con René Descartes. Este filósofo también se mete en el fango pastoso de los sueños. Argumenta que, como los sueños suelen ser un mosaico medio desordenado de nuestras experiencias reales, no hay manera de distinguir entre lo que soñamos y lo que vivimos despiertos. Pero no se rinde, y saca una conclusión aún más descabellada: incluso si estuviera soñando, hay cosas que conocemos con certeza, como la aritmética. Porque, sueñes lo que sueñes, uno más uno siempre será dos y un cuadrado seguirá teniendo cuatro lados. Para añadirle más pimienta al asunto, Descartes se saca de la manga la hipótesis de un demonio maligno, un experimento mental propuesto en sus *Meditaciones metafísicas*, publicadas en 1641. Manipulando tu experiencia hasta el punto de hacerte creer que estás comiendo un sándwich cuando en realidad no es más que una ilusión sensorial —imagínate el sabor, el olor, todo falso—, este demonio de Descartes puede hacerte creer cualquier cosa. En este lío no hay manera de saber si en realidad estás comiendo un sándwich o si es el demonio jugando contigo. Si no podemos distinguir entre lo real y lo que el demonio maligno nos hace experimentar, estamos jodidos de verdad: no sabemos nada de nada. El argumento de Descartes se puede resumir así: si no puedo descartar la posibilidad de que un demonio maligno me esté tomando el pelo, entonces no tengo ni idea de nada del mundo exterior.

Si existiera ese demonio cabrón, nuestras creencias serían como castillos en el aire, sin fundamentos. Y si no tenemos justificación para nuestras creencias, entonces estamos a dos velas en cuanto a conocimiento.

Si lo tuyo no son los demonios, algo que, por otro lado, comparto por completo, echa un ojo a la versión moderna de esta paranoia: el «cerebro en una tina», de Hilary Putnam. Dice así: imagina que anoche, mientras roncabas a pierna suelta, unos científicos malévolos te secuestraron, te abrieron el cráneo, te sacaron el cerebro y lo metieron en una tina llena de nutrientes. Luego, lo enchufaron a un superordenador. Cargaron tus recuerdos y te fabricaron nuevas experiencias. Así, al despertarte hoy, todo te parecía normal, como si nada hubiera pasado. ¿Puedes asegurar que no eres un cerebro flotante en una tina? No, no tienes ni idea. En este escenario, tu experiencia sería idéntica, seas un cerebro nadando en una tina... o no. Y no es difícil imaginar otros líos similares. ¿Qué tal si estás atrapado en un mundo virtual o viviendo en Matrix?

Imagina tu pobre cerebro flotando en la tina, enchufado a una consola de ordenador con un montón de cables y electrodos. La trama del «cerebro en una tina» nos pone frente a una posibilidad descabellada: que nuestras experiencias sean el fruto de una manipulación maquiavélica de nuestros procesos mentales. Sin embargo, quiero que seas consciente de que hay variaciones de la hipótesis del cerebro en una tina que se pueden aplicar a la vida cotidiana sin caer en un episodio de paranoia. No hay que acudir a científicos chiflados manipulándote en un laboratorio. Tu propio cerebro es un científico chiflado. ¿Cómo puedes estar seguro de que tu experiencia vital es real? Para un daltónico, determinados colores no existen. Su realidad es radicalmente distinta a la tuya. Alguien que ha perdido recientemente un miembro sigue sintiéndolo ahí, real como la vida misma. En algunos individuos, la estimulación de un sentido involucra experiencias en otro sentido. Por ejemplo, algunas personas pueden «ver» sonidos como colores o «saborear» palabras. Esto demuestra cómo la percepción sensorial que nos parece «real» puede variar significativamente entre diferentes personas. Cada realidad posible existe en función de las limitaciones epistémicas del que la vive. Parafraseando a Jonathan Swift, la realidad está en los ojos del que mira.

A lo largo de la historia, la filosofía ha abrazado en múltiples ocasiones la idea de que la vida pudiera ser un sueño, por difícil que resulte de creer. George Berkeley dijo que todo lo que existe sólo lo hace en la medida en que es percibido. Su mantra era «ser es ser percibido». Así que, en cierta manera, planteó que nuestra realidad es tan confiable como un sueño, dependiente completamente de la mente. Inspirado por las ideas orientales y el pesimismo occidental, el mismísimo Schopenhauer sugirió que la vida y los sueños no son tan diferentes, ambos son manifestaciones de un deseo subyacente. La realidad es una representación, un espectáculo para un público conformado por un único espectador: tú mismo.

Entre los pensadores modernos que han analizado esta posibilidad, el más destacado es Nick Bostrom, un filósofo sueco de la Universidad de Oxford. Bostrom publicó en 2003 un influyente artículo titulado «¿Estamos viviendo en una simulación?», en el que a través del razonamiento probabilístico argumenta que al menos uno de los siguientes enunciados es cierto. Por un lado, que casi todas las civilizaciones se autodestruyen o declinan antes de poder crear «realidades simuladas» indistinguibles de la realidad. Por otro, que en caso de que esas civilizaciones subsistieran, sería improbable que tuvieran interés en crear dichas simulaciones. Y, por último, que estadísticamente es casi seguro que vivimos en una simulación. Este argumento se apoya en la idea de que, desde una perspectiva estadística, es más probable que nos encontremos entre la vasta cantidad de seres simulados que en la única realidad original.

Aunque Bostrom es el más prominente, otros pensadores y científicos han considerado también la posibilidad de que nuestra realidad sea un videojuego que está jugando un tercero. Elon Musk, por ejemplo, aunque no es filósofo de profesión, ha discutido públicamente que no debe ser abandonada del todo la idea de que vivamos en *base reality* —o sea, en una realidad virtual.

A lo mejor eres un Sim. Pero no te preocupes, para un escéptico, eso sería irrelevante.

51

Qué significa «saber algo»

Para ejemplificar lo complicado que resulta discernir si sabes realmente algo y cuánta razón tenían los escépticos al invitarte a suspender el juicio para no terminar jugando desnudo con el perro y escuchando viejos elepés de Mocedades hasta la muerte, quiero plantearte el problema de Gettier, nombrado así por el filósofo Edmund Gettier, que lo formuló en 1963, y que es una piedra en el zapato para la teoría tradicional del conocimiento. Esta teoría, que se remonta a Platón, sostiene que para saber algo deben darse tres premisas: primero, tienes que creer en ello; segundo, esa creencia debe ser verdadera; y, tercero, necesitas tener una buena justificación para creer en ello.

Sin embargo, Gettier presentó varios ejemplos, ahora conocidos como problemas de Gettier, que mostraban situaciones en las que alguien tenía una creencia verdadera y justificada, pero aun así parecía incorrecto decir que tenía conocimiento. Básicamente, Gettier arrojó un pollo desplumado por encima de la muralla de la academia de la epistemología.

Aquí va un ejemplo clásico al estilo de Gettier: imagina que tienes un reloj que normalmente funciona bien, pero se ha detenido justo en este preciso instante. Sin saberlo, miras el reloj y ves que marca las 2.55, que, por pura casualidad, es la hora correcta. Así, crees que son las 2.55 por una buena razón —tu reloj no te ha fallado hasta la fecha—, tu creencia es verdadera —de verdad son las 2.55—, pero ¿en realidad «sabes» que son las 2.55? El argumento de Gettier sugiere que no, porque tu creencia correcta se basa en una premisa falsa —que tu reloj está funcionando.

Pongamos otro ejemplo para explicarlo un poco mejor. Imagina que estás caminando por tu vecindario y ves a lo lejos lo que parece ser un perro tras un arbusto. Basado en tu visión y experiencia previa, crees justificadamente que hay un perro detrás del arbusto. Sin embargo, lo que en realidad estás viendo es una bolsa de basura agitada por el viento. Aunque no lo puedes ver, por casualidad hay un perro real escondido detrás del arbusto. Tu creencia de que hay un perro detrás del arbusto es verdadera y tienes una justificación para creerlo, pero dado que tu justificación es incorrecta —estás viendo una bolsa de basura, no el perro real—, ¿en realidad «sabes» que allí hay un perro?

Estos casos desafiaron la definición tradicional de conocimiento y abrieron un enorme debate en la filosofía. Los filósofos han intentado resolver el problema de Gettier y ajustar o ampliar la definición de conocimiento para que pueda manejar estos casos anómalos. Algunos sugieren que se necesita algo más aparte de la creencia, la verdad y la justificación para tener verdadero conocimiento. Otros argumentan que la idea de justificación necesita ser reformulada. Los escépticos griegos habrían concluido que ni siquiera tenemos la certeza de que los perros existan, así que para qué preocuparse.

El impacto del problema de Gettier en la epistemología —la rama de la filosofía que trata sobre el conocimiento— ha sido enorme, y ha forzado a los filósofos a reconsiderar y afinar qué significa en realidad «saber» algo.

La relación entre los casos de Gettier y el escepticismo pirrónico es bastante interesante y revela mucho sobre cómo entendemos el conocimiento y la certeza.

El escepticismo pirrónico argumenta que debido a la contradicción en las opiniones y la imposibilidad de verificar la verdad absoluta, debemos concluir que nada se puede saber y, de este modo, quedarnos tranquilos, tomarnos una manzanilla e irnos a la cama.

Por otro lado, los casos de Gettier no buscan negar la posibilidad del conocimiento en general. En cambio, cuestionan una definición específica de conocimiento: la creencia verdadera y justificada. En otras palabras, Gettier desafía la idea de que tener una justificación para una creencia verdadera es suficiente para considerarla conocimiento.

Ahora, ¿cómo se relacionan estas dos ideas? Ambas, a su manera, erosionan la certeza. El escepticismo pirrónico lo hace suspendiendo el juicio sobre cualquier afirmación de verdad, mientras que los casos de Gettier lo hacen mostrando que incluso cuando pensamos que tenemos conocimiento, podríamos estar equivocados.

52

Abraza el escepticismo con los cinco modos de Agripa

Antes te prometí que te hablaría de Agripa el escéptico. Emerge en la historia alrededor del siglo I d. C. como figura clave en el escepticismo antiguo. Agripa es más conocido por unos trucos mentales que llamamos los «cinco modos», aunque su vida está envuelta en un misterio que ni el mejor detective podría resolver completamente. Por no haber, no hay ni siquiera la certeza absoluta de que los haya escrito él, algo bastante irónico si nos paramos a pensarlo.

Los cinco modos de Agripa son semejantes a una colección de espejos deformantes en una caseta de feria, que pretenden mostrarte que lo que consideras sólido y fiable tal vez no sea más que humo y espejos. Nos recuerdan que la certeza absoluta es un sueño esquivo, y tal vez sea mejor abrazar la duda y el cuestionamiento perpetuo. Los escépticos los emplearon hasta la saciedad para convencer a los legos, y quizás te sirvan hoy, diecinueve o veinte siglos después, para desprenderte de las cadenas de dogmatismos que te atan. Imagínatelo: mientras estos modos se gestaban en la mente de Agripa —o de un hipotético Agripa, porque aquí hemos venido a dudar de todo—, Roma se encontraba en su apogeo, y la mayoría de las ideas modernas sobre ciencia, tecnología y democracia eran apenas sueños distantes o inimaginables. Y aquí estamos, todavía lidiando con las mismas preguntas fundamentales sobre la verdad, la percepción y la realidad.

Brevemente, los cinco modos, que constituyen la biblia del escepticismo, dicen así:

Discrepancia: Este modo se basa en la simple observación de que las personas no siempre están de acuerdo. Si bien esto suena obvio, es un recordatorio brutal de que para cada idea que tienes, hay alguien que piensa lo contrario. ¿Quién dice que tienes la razón? El cómico Ricky Gervais emplea mucho este argumento cuando un cristiano cuestiona su ateísmo. Partiendo de la base de que hay, no sé, cinco mil dioses reconocidos por las religiones del mundo, Gervais asegura que él sólo discrepa con el cristiano en la existencia de uno de ellos.

Regresión infinita: La idea es que cualquier argumento que des necesita otro argumento para apoyarlo, y así sucesivamente hasta el infinito y más allá. Es como ese niño tocapelotas que después de cada respuesta siempre pregunta «¿por qué?». Nunca llegas a un fundamento sólido.

Relatividad: Todo se percibe con relación a algo más, como nuestras experiencias y nuestro contexto cultural. Lo que es verdadero o real para ti podría ser una completa fantasía para alguien que se encuentra al otro lado del mundo o que ha crecido en un entorno distinto.

Suposición: Este modo apunta a que todas las «verdades» están basadas en supuestos que no se pueden probar completamente. Digamos que es como construir una casa sobre arena y esperar que nunca se derrumbe.

Circularidad: Este modo sugiere que cuando intentas probar algo, a menudo terminas argumentando en círculos. Utilizas lo que quieres probar como parte de tu prueba. Es como tratar de auparte tirándote de los cordones de los zapatos.

Como ejercicio de gimnasia intelectual, imaginemos que aplicamos los cinco modos de Agripa a casi cualquier cosa de esta vida. Por ejemplo, al presuntamente inevitable cataclismo climático cuya certeza ha provocado que ya no te regalen bolsas en el supermercado, pagues más impuestos y tengas que sorber la Coca-Cola del McDonald's en una pajita de cartón que se diluye antes de que llegues a acabártela, amargándote la tarde. Hablemos del principio de discrepancia. En este debate hay un coro de voces enfrentadas en eterna cacofonía, cada cual cantando su canción a voz en grito. Por un lado, muchos científicos advierten de las terroríficas consecuencias del apocalipsis del clima, mientras que otros minimizan o niegan estas afirmaciones. Esta discrepancia en las opiniones nos enfrenta a la pregunta: ¿cuál es la versión correcta, si es que existe alguna?

Por otro lado, si aplicamos el modo de la regresión infinita, podemos llegar a la conclusión de que cuando se argumenta sobre este tema cada afirmación se basa en otra, y ésta en otra y ésta en otra. Por ejemplo, basándonos en estudios científicos, decimos que las emisiones de CO_2 causan el calentamiento global. Pero ¿cómo sabemos que esos estudios son infalibles? Podríamos seguir preguntando «¿por qué?» y «¿cómo podemos estar seguros?» hasta el infinito, sin llegar a una base indiscutible. Asimismo, la percepción del cambio climático varía enormemente según el contexto cultural, económico y geográfico, y aquí entra en juego el argumento de la relatividad. Un habitante de una isla del Pacífico al que le han contado que su apacible hogar está amenazado por el aumento del nivel del mar tiene una perspectiva muy distinta a la de un empresario en un país industrializado. Esto plantea la cuestión de si la «verdad» sobre el cambio climático es una construcción relativa.

Aplicando el argumento de la suposición, todo conocimiento sobre el cambio climático descansa de manera inevitable en conjeturas. Pensamos que nuestros métodos científicos actuales son precisos y que los modelos climáticos son confiables. Pero ¿y si estas suposiciones tienen fallos que aún no hemos descubierto? Al fin y al cabo, no acertamos ni con la temperatura que va a hacer mañana. Por último, los argumentos sobre el cambio climático pueden caer en la circularidad. Por ejemplo, se podría decir: «Sabemos que el cambio climático es real porque los efectos que observamos sólo pueden explicarse por el cambio climático». Una pescadilla epistémica que se muerde la cola.

Pongamos otro gimnástico ejemplo. Imagínate que una tarde soleada tienes la suerte de acudir a un asadito en la Casa Rosada y te presentan a Javier Milei, que procede a arengarte, con su característico tono histriónico, sobre las bondades del capitalismo y el libre mercado y por qué es preciso acabar cuanto antes con los zurdos de mierda y todas sus chorradas de progresía caviar. Podrías aducir que su argumento se desmonta con la discrepancia: el capitalismo es amado por muchos, odiado por otros tantos. Mientras que algunos lo alaban por promover la innovación y la libertad económica, otros lo critican por generar desigualdad y destruir el planeta. Esta divergencia de opiniones ya nos pone en alerta: ¿existe una verdad absoluta sobre la bondad o maldad del capitalismo? No. Se ponga como se ponga nuestro hirsuto amigo. Obviamente, la férrea certidumbre de Milei se asienta en realidad en la regresión infinita, dado que cada argumento a favor del capitalismo se apoya en otro. Por ejemplo, sobre la base de ciertas teorías y datos, se dice que fomenta el florecimiento económico. Pero ¿cómo sabemos que estos datos y teorías son infalibles? Podríamos estar discutiéndolo durante eones sin llegar nunca a una base totalmente inamovible.

Por supuesto, Milei cree en el libre mercado debido a sus propios condicionantes sociales: no en vano creció en el barrio de Palermo, en el seno de una familia acomodada, su padre era empresario del transporte de pasajeros. Pero la percepción del capitalismo varía según el contexto cultural y socioeconómico en el que te has criado. Así, lo que en un país desarrollado puede verse como un sistema que brinda oportunidades, en otro lugar podría ser percibido como una fuerza opresiva. Esto nos plantea una duda corrosiva: ¿es el capitalismo inherentemente bueno o su valor depende del contexto?

También hay que recordar que los argumentos a favor del capitalismo que te esgrimiría un Milei cada vez más alterado se basan en supuestos que pueden ser cuestionables. Por ejemplo, la idea de que el mercado siempre se autorregula y que la búsqueda del interés propio conduce al bien común. Pero ¿y si estas suposiciones son, en algunos casos, incorrectas o incompletas? Por ejemplo, ¿qué hacemos con las empresas que van medrando a fuerza de fagocitar a las más pequeñas, y terminan por establecer monopolios destructivos para los que trabajan en ellas y sus clientes? Llegados a este punto, es posible que Milei chille como una puerca argumentos que presuponen su propia validez. Por ejemplo, podría decir como prueba de su superioridad que el capitalismo es superior porque crea riqueza utilizando la riqueza generada en el propio sistema capitalista. Ahí está de nuevo el argumento de la circularidad haciendo de las suyas.

Como ejercicio escéptico, desde aquí te invito a que apliques los cinco modos de Agripa a cualquier cosa que des por sentada: discrepancia, regresión, relatividad, suposición, circularidad. Es un *mindfuck* en toda regla.

53

¿Es la *epoché* fuente de felicidad?

Todos alguna vez en la vida nos hemos visto expuestos a la historia del sabio que va por la montaña y se encuentra a un humilde pastor que no sabe nada de la vida y que, no obstante, en su divina ignorancia es más feliz que él.

La pregunta de quién es más feliz, el sabio o el ignorante, es una de esas cuestiones eternas que han fascinado y dividido a filósofos y pensadores a lo largo de la historia. La respuesta, como suele ocurrir en la filosofía, depende de a quién le preguntes y de cómo defina *felicidad*, *sabiduría* e *ignorancia*.

Por un lado, tienes la visión socrática, que sostiene que la verdadera felicidad proviene del conocimiento y la comprensión. Sócrates estaba plenamente convencido de que una vida sin examen no vale la pena ser vivida. Eso implica que la comprensión y el conocimiento profundo de uno mismo y del mundo son clave para una vida plena y feliz. Desde esta perspectiva, el sabio, con su constante búsqueda de la verdad, es claramente el más dichoso de los dos. Sin embargo, en contraposición a esto, existe la noción popular expresada en el dicho «ojos que no ven, corazón que no siente». Según esta idea, libre de las preocupaciones y angustias que vienen con el conocimiento profundo, el ignorante vive una vida más sencilla y, quizás, más despreocupada. No se atormenta con las grandes preguntas existenciales ni las complejidades morales, y se contenta con lo inmediato y lo superficial. En este caso, la ignorancia proporciona una especie de felicidad basada en la simplicidad y la falta de preocupación. Además, pensadores como Friedrich Nietzsche argumentaron que la búsqueda de la verdad y el conocimiento podría ser una carga en sí misma, llevando a una forma de sufrimiento. Para Nietzsche, el sabio podría estar plagado de dudas y desilusiones que el pastor evita con despreocupación.

Los escépticos lo tenían claro. De cabeza con el *team* pastor.

En primer lugar, el sabio, que es dogmático por naturaleza, piensa que tiene todas las respuestas, pero ¿y si en realidad está atrapado en una burbuja de su propia creación? Con todo su conocimiento, a menudo enfrenta la paradoja de saber que cuanto más aprende, en realidad menos sabe. En cambio, el pastor ignorante, sin pretensiones de comprender los misterios del universo, tocando la flauta y triscando por los campos, podría vivir en una especie de paz interna nacida de la aceptación de su ignorancia, que, por otro lado, le importa un huevo. Además, reconozcamos que a veces saber demasiado puede ser una carga. Seguramente por eso los presidentes del gobierno envejecen mucho más rápido que los meros mortales. Conocer los horrores y las injusticias del mundo, entender la complejidad de los problemas humanos y ser consciente de las limitaciones de nuestra existencia puede ser abrumador. Sin estas preocupaciones, el pastor ignorante podría disfrutar de los placeres simples de la vida con una mente más libre y menos saturada.

A su vez, el pastor no sufre decepciones. El sabio podría estar constantemente en busca de respuestas, enfrentando la desilusión cuando la realidad no cumple con sus expectativas o teorías. Sin tales expectativas, el pastor ignorante podría encontrar con más facilidad la felicidad en las pequeñas cosas, aceptando la vida tal como viene.

Considera también que si eres dogmático, estás enrocado en tus convicciones. Pero como nos enseña el escepticismo, la duda es valiosa. Te invita a cuestionar, a explorar, a estar abierto a nuevas posibilidades y perspectivas. La felicidad del pastor ignorante podría radicar en su capacidad para vivir en el momento, sin estar atado a convicciones rígidas.

Por lo tanto, amigo dogmático, considera la posibilidad de que no tener todas las respuestas, de vivir con dudas y preguntas, de disfrutar de la simplicidad y la ignorancia consciente, podría ser no sólo un camino hacia una comprensión más humilde de la vida, sino también hacia una forma de felicidad más auténtica y menos cargada. El escepticismo no es sólo cuestionar lo que crees saber, sino también abrirte a la riqueza de no saber, de estar en un constante descubrimiento.

Es posible que ahora mismo estés cuestionándote si todo esto no serán patrañas. Tal vez decidas tomar el camino del filósofo atormentado con ansias de conocer la verdad, a pesar de que ello tenga consecuencias fatales. Me gustaría ilustrarte con una anécdota vivida en mi último viaje a Filipinas, y quizás puedas extrapolar la moraleja a otras áreas de tu vida.

En los días que pasé en Manila me volví adicto a un local chino en el que se elaboraban fideos artesanales. El restaurante siempre estaba abarrotado. Había pocas mesas y los parroquianos que acudían a sorber los lamian —así se llaman estos fideos que se estiran repetidamente hasta formar finos hilos de pasta— eran de lo más variopinto: parejas pelando la pava, ejecutivos de un rascacielos cercano, repartidores de comida, familias de comerciantes chinos, adolescentes cuajados de granos. Siempre he pensado que un local que es capaz de atraer a una fauna variada es un local en el que se come bien. El proceso de elaboración de los lamian no sólo es un arte culinario, sino también un acontecimiento visual, ya que los cocineros a menudo estiran los fideos con impresionantes destrezas manuales ante los ojos de los comensales. La cocina estaba al fondo del comedor, tras un enorme cristal, para que los clientes pudiéramos asistir al espectáculo.

Una noche, acudí al local y pedí mi plato de fideos, dispuesto a asistir una vez más a las acrobacias del cocinero. El hombre, profundamente hastiado de hacer pasta todos los santos días de su vida y ajeno a la presencia de un cliente expectante al otro lado del cristal, estaba al parecer resfriado. Se inclinó hacia el cubo de la basura, se apretó la nariz con el pulgar y el índice, y procedió a sonarse con estrépito. Un larguísimo torrente de mocos verdes salió despedido de sus entrañas y fue a parar con precisión al cubo. Acto seguido, el cocinero se giró hacia la montaña de masa y se puso a estirar los fideos como si tal cosa. Huelga decir que mi experiencia con los famosos fideos se vio ligeramente empañada por mi conocimiento sobre su proceso de elaboración. Ahora tenía a mi disposición un elemento más de información para crearme un juicio sobre los deliciosos lamian, y decididamente esto me había apartado de la *ataraxia*.

El escepticismo pirrónico habría defendido con uñas y dientes una cocina sin cristal, por múltiples motivos. Para empezar, si no sé nada ni del cocinero ni de sus mocos, podría haber suspendido mi juicio sobre la higiene del local, reduciendo así mi ansiedad. Es evidente que conocer los hábitos cuestionables del cocinero me apartó de la tan ansiada *ataraxia*, que habría sido mucho más fácil de alcanzar ignorándolo todo y disfrutando de los fideos con moco chino sin preocupaciones adicionales. Por otro lado, mis percepciones podrían ser fruto de un engaño pasajero. Tal vez el chino no se había sonado; después de todo, quién sabe. Ocurrió todo muy rápido. Si me abandonara a la duda, mi percepción de la calidad y el disfrute de la comida no se habría visto contaminada por una sola observación negativa, que podría no haber reflejado la realidad completa del lugar.

Por si sientes curiosidad, acabé comiéndome el plato de fideos, pero no por adoptar un sano escepticismo, sino gracias al estoicismo: al fin y al cabo, la salud del cocinero y sus hábitos de higiene no son algo que yo pueda controlar, así que qué más da. Lo que no mata engorda.

54

Qué puede aportar el escepticismo a tu vida

Bueno. Vamos al grano, ¿eh? La sociedad del siglo XXI, con su bombardeo de información y *fake news*, está pidiendo a gritos un poco de escepticismo a la antigua. Diría que abrazar los pensamientos de la escuela escéptica griega no es sólo una elección, es casi una necesidad de supervivencia intelectual. Centrémonos en asuntos prácticos y dejemos de dudar si la mano está o no está ahí o si somos la mascota digital de un niño aburrido del futuro.

Primero, el escepticismo griego nos enseña a cuestionar. En un mundo en el que cada tuic y cada titular pretende ser la última verdad revelada, preguntar «pero ¿esto es realmente así?» es más que un ejercicio intelectual, es un salvavidas en un mar de información.

Los griegos no tenían Tuícter, pero sabían un par de cosas sobre cuestionar la realidad.

Asumir los preceptos del escepticismo griego es entender que el conocimiento no es tan sólido como creemos. Los viejos filósofos no se tragaban cualquier bulo. Para ellos, dudar era una forma de evitar el engaño, de no caer en la trampa de las apariencias o las opiniones populares. Hoy en día, ¿cuántas veces leemos un titular y lo tomamos como palabra de Dios, sin pararnos a pensar? De hecho, ésta es una estrategia empleada por la propaganda de la prensa ramera de ambos bandos. Aprovechan la inmediatez de las redes sociales y la velocidad a la que se propagan las cosas, la rapidez con la que deslizas tu pulgar, para colarte casi cualquier cosa, aunque no sea del todo cierta.

Te pondré un ejemplo bastante reciente. En enero de 2024, tras la publicación por parte de una jueza de una lista parcial de famosos implicados en el escándalo Epstein, que involucraba a *celebrities* de medio mundo en casos de prostitución de menores, el titular de un conocido diario de tirada nacional en Tuícter rezaba así:

> ÚLTIMA HORA: La lista de Epstein. La jueza publica documentos con los nombres de personas citadas en el caso. Menciona a Bill Clinton, Donald Trump y el príncipe Andrés.

Si uno lee este titular, de inmediato se imagina a Donald Trump desnudo y atiborrado de pastillitas azules persiguiendo vírgenes en una isla paradisíaca del Caribe, pero lo que ese diario olvidaba mencionar en su titular es que se citaba a Trump... para decir que no estaba implicado en los hechos.

Este hábito de cuestionar, de preguntar «pero ¿esto es realmente así?» es crucial. Ésta es una era de sobresaturación de información, en la que cualquiera con un smartphone se convierte en un potencial portador de «verdades». Fíjate si esto será grave que hay personas que me toman en serio *a mí*. Los tuics, los posts en redes sociales, las noticias que se comparten sin verificar, todo ello conforma un torrente de datos que sin un filtro crítico puede llevarnos a conclusiones erróneas o, peor aún, a la manipulación.

El escepticismo griego nos invita a tomar distancia, a no aceptar todo al pie de la letra. En lugar de reaccionar de forma impulsiva a la información, nos enseña a analizarla, a buscar fuentes, a contrastar. En otras palabras, nos empuja a ser más reflexivos, más críticos con lo que consumimos intelectualmente.

Además, este enfoque nos ayuda a desarrollar una mente más flexible y abierta. Al cuestionar, al dudar, nos abrimos a la posibilidad de que hay otras perspectivas, otras verdades. No se trata de caer en el relativismo total, en el que nada es verdadero, sino de reconocer que nuestra comprensión de la realidad es limitada y puede estar sesgada.

Los escépticos, con su insistencia en suspender el juicio y evitar las creencias dogmáticas, nos lanzan un desafío directo: dejar de aceptar todo lo que nos venden. Ya sea la política, la ciencia explicada a base de consignas al populacho, o la cultura de masas, todo necesita ser observado con ojo crítico.

Piénsalo: en política, ¿cuántas veces nos tragamos líneas de partido o su retórica sin cuestionar la sustancia detrás de las promesas? Los escépticos nos urgen a escarbar más profundo, a no aceptar ciegamente la palabra de los políticos o los medios. Nos invitan a cuestionar las agendas ocultas, a buscar los intereses subyacentes. En lugar de ser peones en el juego de la política, el escepticismo nos anima a ser jugadores críticos.

En la ciencia popularizada, el reto es aún mayor. Hoy en día, la ciencia es a menudo presentada en bocados digeribles para el consumo masivo. Pero la ciencia real es compleja, llena de matices y es revisada a diario. Paradójicamente, nuestras opiniones dependen en gran medida de personajes que son expertos en epidemias y en psicoanálisis, en física nuclear y en el pensamiento de Gramsci a la vez. Los escépticos nos recuerdan que debemos mirar más allá de los titulares sensacionalistas y las simplificaciones. Nos alientan a entender la ciencia, no sólo a consumirla, a ser conscientes de sus limitaciones y a reconocer que el conocimiento científico es siempre provisional y está sujeto a ser desafiado cada minuto.

Y qué decir de la cultura de masas, con su torrente incesante de tendencias, modas y entretenimiento. El escepticismo nos exhorta a examinar críticamente el ocio que consumimos, a preguntarnos por qué algo se vuelve popular y qué valores está promoviendo. Nos empuja a ser selectivos, a elegir lo que enriquece nuestras vidas y a rechazar lo que simplemente nos llena de ruido y furia porcina.

Además, en esta era de polarización extrema, en la que con frecuencia las opiniones se dividen en un simplista blanco y negro, el escepticismo surge como una voz necesaria recordándonos la existencia de una infinitamente bella gama de tonos de gris. En un mundo en el que las personas se atrincheran en sus creencias, consideran su posición como la única verdad y desprecian las opiniones opuestas como completamente falsas, el escepticismo nos ofrece una lente alternativa para ver el mundo, una que reconoce la complejidad y la ambigüedad inherentes a la mayoría de las situaciones.

De hecho, el problema de las dicotomías es quizás uno de los más graves a los que se enfrenta el pensamiento humano del siglo XXI.

Hemos sido entrenados para desconfiar de los matices y, por lo tanto, para inclinarnos hacia formas de pensamiento más simples. Las dicotomías son en especial favorecidas porque son binarias. Algo es blanco o negro: no hay que jugar con la incertidumbre. Por consiguiente, la toma de decisiones se simplifica enormemente: sólo tienes que elegir entre dos extremos y, si eres parte de una tribu, te ahorras incluso esa agonía porque la elección ya se habrá hecho por ti.

Tradicionalmente, quienes tenían un interés activo en la política se han posicionado en la izquierda o en la derecha. En términos generales, la delimitación principal entre la política de derecha e izquierda era la mentalidad colectivista, a la izquierda, y la mentalidad individualista, a la derecha. En consecuencia, los principales puntos de desacuerdo se relacionaban en gran medida con el tamaño y el papel del Estado. A menudo las dos tribus políticas están de acuerdo en la conveniencia de un objetivo dado, pero difieren sobre la mejor manera de lograrlo, con la izquierda típicamente más inclinada hacia el cambio social total, mientras que la derecha prefiere modificar el *statu quo*.

Hoy en día, muchos permiten que su pertenencia a una tribu política dicte su posición en casi todo. A su vez, esto aumenta el atractivo de las dicotomías, ya que son, con mucho, la forma más eficiente de garantizar la adhesión a la línea del partido. Y, además, en la mayoría de los casos, no tienes ni que pensar. Qué alivio, ¿no? Pero esta simpleza viene con un regalo envenenado. Te lo explico.

Un ejemplo clarísimo de nuestros días es la postura con respecto a la inmigración. Si eres de izquierdas, tenderás a ser infinitamente más laxo con las estadísticas que dicen que los inmigrantes, en especial los ilegales, suelen meterse en problemas mucho más que los autóctonos. Para alguien de derechas, le resultará enormemente exasperante que no se nombre en prensa la nacionalidad de los violadores, y que se desee un feliz Ramadán, pero no una feliz Navidad. ¿Te suena todo esto? Sin embargo, a uno de izquierdas le resultará intolerable el discurso machacón desde la derecha que criminaliza a todo el mundo por haber nacido en el lado equivocado del planeta. ¿Ves? Son las dicotomías funcionando a pleno rendimiento. Y dado que la sociedad está siendo manipulada para la simplificación de ideas, para adoptar en un cómodo *pack* indivisible lo que dicten los de un bando o los del otro, siempre viviremos en la crispación, lo contrario de la *eudaimonía*. Si vivimos nutridos de convicciones inamovibles, no hay forma de alcanzar la paz interior.

Pero hay infinitos ejemplos de cómo las dicotomías carcomen nuestra paz. Desde estar a favor o no de los empresarios, desde abogar o no por las subidas de impuestos, desde preferir la educación pública a la privada, los veganos contra los omnívoros, los centralistas frente a los nacionalistas. Siempre, siempre que te hayas dejado caer en un polo de la dicotomía, encontrarás intolerable la visión del prójimo, y vivirás más infeliz, más alejado de la *ataraxia*.

Frente a todo esto, un escéptico dirá que unos tienen unas razones, otros otras, y en realidad es imposible saber quién está en posesión de la verdad. Esto no quiere decir que el escéptico deba pasar su vida rechazando juicios, sino que debe aspirar a hacerlo para alcanzar un cierto grado de paz interior.

Reconocer que no todo es absolutamente cierto o falso nos ayuda a ser más empáticos. Cuando entendemos que las personas pueden tener razones válidas para sus creencias, incluso si no estamos de acuerdo con ellas, nos mostramos más abiertos al diálogo y a la comprensión. ¿Cuántas veces te has sentido inclinado a pensar que tal o tal persona tiene tal o tal opinión porque es estúpida? Los escépticos se reirían de ti a carcajadas. Cada cual tiene una opinión formada a través de sus experiencias, de las personas con las que se ha topado, de las penurias que ha vivido y de las ideas a las que se ha visto expuesta. Pues bien, amigo, quiero decirte algo que ya sabía Pirrón a ciencia cierta: ninguno de los dos tenéis la razón. Rara vez los problemas del mundo real tienen soluciones simples. El escepticismo nos ayuda a ver más allá de las respuestas fáciles y a buscar soluciones que consideren diferentes puntos de vista y matices. Y reconocer por el camino que no lo sabemos todo y que nuestras creencias podrían estar equivocadas, esto nos lleva a la humildad intelectual, algo esencial para el aprendizaje y el crecimiento personal y colectivo.

Y, ojo, no se trata de caer en el nihilismo. No hablo de ir por la vida como un emo amargado que chasquea la lengua y se encoge de hombros ante todo lo que ocurre a su alrededor para encerrarse en su casa a lamentarse por la falsedad del mundo. El escepticismo no es descreer de todo, sino tener la audacia de preguntar y la paciencia de dudar. De hecho, en un mundo acelerado y superficial es una bocanada de aire fresco imprescindible.

Así que sí, el ser humano del siglo XXI debería darle una oportunidad a la escuela escéptica, porque en un mundo en el que creer que se sabe está a un clic de distancia, cuestionar las cosas se ha vuelto un arte perdido.

Tristemente perdido.

Occipucio

Queda terminantemente prohibido buscar la felicidad

Charlie Chaplin dijo una vez que la vida es una tragedia en primer plano, y una comedia en plano general. Creo que no iba demasiado desencaminado.

Durante muchos años, la idea de ser feliz me persiguió como un fantasma. Hice las cosas más inverosímiles para alcanzar la felicidad. Ya sabes que incluso me monté en una moto y me largué a dar la vuelta al mundo, en una carrera enloquecida que me llevó a morder el polvo del camino durante dos largos años.

El plan no era malo.

Al fin y al cabo, Siddhartha Gautama dejó su palacio y su vida de opulencia para emprender un viaje de búsqueda espiritual. Durante su peregrinaje se encontró con la vejez, la enfermedad y la muerte, lo que lo llevó a abandonar la vida mundana y a buscar la iluminación bajo un árbol. Todos sabemos que la cosa acabó bastante bien, a pesar de las penurias que lo acompañaron a lo largo de su odisea.

Al fin y al cabo, san Pablo tuvo una epifanía en el camino a Damasco, lo que cambió su vida por completo, convirtiéndolo en uno de los apóstoles más influyentes de la cristiandad.

Al fin y al cabo, Ibn Battuta, un famoso viajero y geógrafo marroquí del siglo XIV, realizó un extenso viaje a lo largo de casi todo el mundo conocido en su época, visitó África, el Medio

Oriente, Asia Central, la India y el sudeste asiático. Sus viajes supusieron una transformación radical de su vida y su forma de entenderla.

Al fin y al cabo, hasta un judío desconocido llamado Yeshúa se tomó cuarenta días sabáticos en el desierto para prepararse para ejercer el ministerio público, demostrando su fidelidad a Dios y su rechazo a las ofertas de poder terrenal y satisfacción material en favor de su misión espiritual y divina.

A su manera, todos ellos intentaron ver la vida adoptando una perspectiva aérea, supongo que para desmitificarla y hacerla más tolerable simplemente alejándose un poco para verla en un plano general. El plan que tuve largándome por ahí no era malo, en especial considerando las lumbreras que me habían precedido, pero si lo que buscaba era la felicidad, la cosa me salió como el culo.

O no.

Mucha gente me ha preguntado si a lo largo de ese viaje experimenté algún tipo de arrepentimiento, si consideré la posibilidad de dejarlo todo y volver a casa. Sin dudarlo, mi respuesta siempre ha sido: «Todos los putos días». Sin embargo, tengo que reconocer que todos los días también encontraba un momento de pletórica dicha que me hacía olvidar la penuria, y atornillarme a un presente que, aunque imperfecto, me regalaba momentos indiscutiblemente felices. Genuinamente extraordinarios. *Kairós* en vena. Y por ese motivo seguía adelante en esa búsqueda enloquecida.

Hoy no vivo ni mucho menos en ese estado de gracia, ese momento suspendido en el éter en el que viven las personas en las redes sociales, siempre sonriendo, siempre pletóricas, exultantes delante de platos perfectos de comida, visitando parajes de ensueño, con los dientes como teclas de piano y sin un pariente tullido que les estropee la foto. En parte, se lo debo a Epicuro, que me ayudó a disfrutar de las cosas pequeñas y no pedir demasiado más de la vida.

Así que creo que no tengo mucho que aportar a la gente para que sea feliz. Verás, yo no busco la felicidad, he dejado de buscarla hace muchos años. La felicidad es un sentimiento profundamente sobrevalorado, imperfecto y frágil.

Por un lado, depende fuertemente de sus antagonistas. Si no existe la tristeza, la felicidad no existe, o por lo menos no se valorará en su justa medida. La paradoja radica en que si estás obsesionado persiguiendo la felicidad y, de repente, te encuentras en el camino a su gemelo maligno, la tristeza, creerás que has fracasado en su búsqueda, aunque el uno sin el otro no pueden subsistir. Heráclito se encargó de argumentarlo. Para él, la tristeza no era un obstáculo para alcanzar la felicidad, sino una parte valiosa e intrínseca del proceso de comprender y valorar la plenitud de la vida. A través de la alternancia entre las experiencias buenas y malas, se podía obtener una comprensión más profunda y significativa de la felicidad en el contexto del constante flujo y cambio del mundo.

Eludir las cosas malas no te llevará a ser feliz ni a alcanzar la plenitud. Los estoicos se encargaron de recordárnoslo. Deja de quejarte y abraza la penuria. Es tu reacción a ella la que te está amargando la vida.

Por otro lado, la felicidad es efímera. Es imposible vivir un estado de felicidad permanente. Sería extenuante. Tienes momentos de felicidad y, afortunadamente, se alternan con momentos de ira, momentos en los que estás jodido, momentos en los que estás eufórico y momentos en los que..., bueno, vas tirando, que son la mayoría para todos nosotros.

«Esto también pasará.» Siempre que soy feliz, miro esta frase en mi antebrazo izquierdo. Siempre que estoy triste, la miro también. No digo que te la tatúes, pero tenla en cuenta, porque te ayudará a tragar los sapos que te regale la diosa Tique, y te invitará a anclarte en lo que de verdad importa cuando te encuentres en la cúspide del mundo.

Otro motivo por el que resulta contraproducente buscar la felicidad es que, como diría Marco Aurelio, depende en gran medida de factores externos. Se quiebra con cualquier catástrofe, se erosiona con facilidad con cualquiera que te toque los cojones, o con cualquier desafío cotidiano. Es muy frágil y esquiva.

La felicidad está muy sobrevalorada en nuestro mundo. Una de las ironías más punzantes de nuestra especie es que buscamos esa felicidad con una terquedad propia de las mulas.

Sin embargo, la búsqueda de la felicidad la colocará siempre fuera de nuestro alcance, pero lo suficientemente cerca como para que creamos que debemos seguir esforzándonos. Es un espejismo que está ahí para ser llevado, tan cerca y tan lejos como la longitud de nuestros brazos.

Recuerda también que la felicidad depende de las dos deidades más caprichosas del Olimpo. De Tique y de Kairós.

Resulta que la felicidad es incidental. No se puede obtener esforzándose, y al hacerlo nos ponemos en ridículo. Esto se conoce como la paradoja del hedonismo, la idea de que buscar la felicidad o el placer sólo sirve para obstaculizarlo y, de hecho, es más probable que seas más feliz si abandonas tus torpes esfuerzos. Los estoicos te invitarían a reconocerla en el flujo incesante de los acontecimientos, y los epicúreos, a descubrirla en la belleza sencilla, porque es ahí donde se encuentra.

Otra cuestión que conviene tener en cuenta es que casi siempre la felicidad es personal e intransferible.

Imagina que te gustan los cómics, te pasas horas encerrado en tu cuarto investigando, releyendo, comprando por catálogo los cómics más inverosímiles. En tu cuarto, con tus cómics, eres feliz. Alguien podría decirte que te comportas así porque los cómics son un instrumento de placer, pero seguramente no te habías planteado ese proceso. Tú no dices conscientemente: «Voy a coleccionar cómics porque de ese modo obtengo placer y felicidad». Simplemente los coleccionas sin cuestionarte nada. Tu vecina del sexto tiene ochenta y dos años, vive amargada, y cada vez que te ve entrar y salir de tu piso, por el visillo, observa que vas cargado con una pila de cómics. Un día, no puede más con su curiosidad y te pregunta. Y tú le sueltas una larga y apasionada parrafada sobre lo maravillosos que son los cómics en tu vida.

Y la vieja decide comprarse uno. Luego se compra otro. No entiende qué coño ves tú en esos cómics. Lo interesante de la paradoja del hedonismo es que las causas del placer y felicidad no se pueden contagiar. Por muchos cómics que compre la vieja, no le causarán más que frustración.

Ya ves, la paradoja del hedonismo explica por qué muchas veces no entiendes las aficiones de tus amigos, y te sientes ridículo practicándolas con ellos. También explica por qué, para las generaciones más jóvenes, una visita a un asilo, un viaje con papá al museo o un paseo por el campo es una experiencia tan insufrible. O por qué cometes un error cuando creyendo que les ayudará les lees párrafos de este libro a tus hijos, cuando ellos preferirían estar viendo a cualquier *streamer* echándose una partida de Fortnite, algo que tú no entiendes en absoluto. Lo que provoca felicidad a uno no tiene por qué provocar felicidad al otro. Es un asunto que me resulta imposible de explicar a mi madre. Ella siempre presupone que lo que la hace feliz a ella me tiene que hacer feliz a mí. «Qué ricas estas verduritas con pescadito a la plancha, né.» «Demos un paseo interminable desviándonos para ver todos los rincones de esta braña, né». «Qué pena que no valores este vino, né.» «No escuches pódcast mientras sales a hacer ejercicio, né.»

Y NO.

Sólo con comprender este concepto tan sencillo se evita un alto porcentaje de discusiones, drama y miserias cotidianas. Ninguna felicidad es absoluta, todas las felicidades son relativas: al momento, a las circunstancias, a las compañías, pero, sobre todo, a la persona que siente esa felicidad. Apliquemos la suspensión del juicio a todas las formas de ser felices, las propias y las ajenas. No te cuestiones por qué las cosas te hacen feliz, ni por qué hacen felices a los demás.

Resulta que somos muy malos para predecir qué nos hará felices. En psicología es un término conocido como *pronóstico afectivo*. Nuestra capacidad para realizar esas proyecciones es importante porque da forma a nuestras decisiones, incluidas las relativas a nuestra felicidad.

Imagínate que quieres un Rolex. Estudias catálogos, te obsesionas con cada detalle, visualizas cómo luciría con elegancia en tu muñeca y lo comparas con los modelos que llevan los personajes más influyentes del momento. Lo ves reluciente en el escaparate de una exclusiva joyería cerca de casa, y cada vez que pasas por ahí, el maldito Rolex parece estar llamándote con una vocecilla aguda. Parece que golpetea el cristal del escaparate, que chilla desde la pantalla del televisor, que deslumbra desde revistas brillantes y anuncios por todas partes. La lujosa y deslumbrante imagen del Rolex se convierte en un símbolo de estatus y éxito que crees que te traerá reconocimiento y admiración. Pensando que con ese reloj en tu muñeca serás parte de un club selecto, que tus logros y valía como persona estarán validados por una simple pieza de ingeniería suiza, te sientes tentado a poseerlo. Y un día lo compras. Te gastas una cantidad tan obscena de dinero que te sientes un poco culpable. Al segundo día, el Rolex pesa en tu muñeca como una bola de presidiario. Al cabo de una semana, toda la felicidad que sentiste se ha esfumado, y mirar ese Rolex en tu mesilla de noche te provoca la misma felicidad que contemplar el despertador.

Somos como jugadores inexpertos, esperamos ganar el premio gordo de la felicidad, pero terminamos decepcionados y endeudados. No podemos alcanzar ese estado mental persiguiéndolo directamente.

Algunos expertos sugieren aún más, afirman que perseguir la felicidad puede llegar a deprimirnos. En la actualidad, este problema se agrava por la constante comparación que hacemos con otros a través de las redes sociales, en las que todos parecen estar mejor que nosotros, pero en realidad todos están luchando sus propias batallas.

Por extraños motivos, sentimos envidia de las personas que parecen llevar vidas perfectas, pero no nos preguntamos qué sacrificios han tenido que hacer para lograrlo. No sé dónde leí un cruel tuic en el que un tipo decía que admiramos a las modelos que lucen culo sin estrías en yates de lujo, pero nunca vemos al propietario de esos yates con su cuerpo flácido y sus ojos con ojeras que parecen bolsas de supermercado.

Es fundamental comprender que la felicidad no es un derecho de nacimiento. Nuestro abanico emocional es una escala inquebrantable, en la que sacrificar la tristeza significaría también sacrificar la felicidad. Su existencia sólo es posible por el contraste entre ambas. No hay felicidad sin tristeza, no hay luz sin oscuridad, no hay arriba sin abajo. Lo que sí tenemos es una alarmante agnosia que nos impide reconocerla. Epicuro nos dijo que, simplemente, confundimos sus fuentes.

Además, nuestras emociones son efímeras, dependen del *kairós*. La felicidad no se puede comprar y mantener para siempre, sino que entra y sale de nuestras vidas sin previo aviso. Muchas veces se va dando un portazo.

La mayoría de la gente piensa que la felicidad es algo que se logra y se mantiene, pero la felicidad no es un lugar permanente, sino un lugar que podemos visitar de vez en cuando.

Por lo tanto, si no es en la felicidad, ¿en qué deberías concentrarte? ¿Cómo podemos obtener esa felicidad de forma indirecta?

Llega un momento en la vida en que parece que todo encaja. Desafortunadamente, ese momento no llega a todos, pero aquellos que lo experimentan descubren que sus preocupaciones son menos intensas, que su dolor es más soportable.

Llega un punto de tu vida en el que sólo quieres tres cosas: paz mental, lealtad y que no te hagan perder el tiempo. Los Rolex te importan un huevo. La fama te importa un huevo. El fracaso te importa un huevo. El qué dirán te importa un huevo. Te sientes bien en tu sofá con un chándal viejo y una taza de té. Perdonas al fin los pecados de tus padres y dejas de culparlos por tus problemas. De hecho, vuelves a aprender a venerarlos y a entender quién eres gracias a ellos. Dejas de tomarte las cosas como una afrenta a tu persona. Te ríes de los modelos y de los poderosos al verlos revolcarse en la misma ciénaga que te atrapa a ti. Entiendes que el poder de la acción y la autodisciplina puede con cien libros de autoayuda.

Habrás alcanzado *ataraxia* y *eudaimonía* bateando una sola vez. Habrás llegado a lo que los viejos lesbianos llamamos «plenitud». Qué palabra tan buena, joder.

Plenitud.

Date un momento para saborearla.

En ese momento, hemos encontrado nuestra justa apreciación de lo que es importante, las partes de nuestra vida que consideramos valiosas. Somos los autores de nuestro propio destino, con una selección única de gustos y valores. Nuestro sentido personal de significado será diferente al de otra persona, y tenemos la fortuna de tener la libertad de perseguir nuestros propios valores en connivencia con la naturaleza de las cosas.

Somos imperfectos, sí, y qué.

La vida a veces es una mierda. Sí, y qué.

La gente puede fallarte, la gente puede aborrecerte, habrá veces en que estés sin rumbo y en el lodo. Sí, y qué.

Hay problemas que no puedes resolver. Sí, ¿y qué?

Esto no garantiza la felicidad, aunque puede traer una dosis importante de ella. No significa necesariamente que ames tu trabajo, pero sabrás qué lugar debe ocupar en tu vida. Al fin y al cabo, el salario no debería ser una droga que alguien te provee para que olvides tus sueños: la mayoría de nosotros no podemos perseguir directamente esos sueños, seguramente porque son demasiado grandes e inalcanzables. Sí. Y qué. Los antiguos griegos te invitarían a que aprecies el esfuerzo que lleva pan a tu mesa y aprendas a tejer tus propios sueños con lo que ya tienes.

No se trata de vivir en el mejor lugar del mundo, sino de aprender a apreciar lo que ese lugar tiene para ofrecerte. No significa estar libre de miedos e inquietudes, sino aprender a manejarlos. No se trata de esperar al momento adecuado para hacer las cosas, porque si esperas por el momento adecuado, desperdiciarás tu vida esperando a que llegue y nada podrá devolverte ese tiempo.

Sé que la búsqueda de la *eudaimonía* puede parecer menos emocionante que la búsqueda de la felicidad, su hermana pirotécnica, pero a largo plazo es una inversión mucho más rentable. A diferencia de la felicidad, la *eudaimonía* sí se puede perseguir y conquistar. Además, es duradera, no depende de elementos externos y trae consigo un tipo de dicha más madura y genuina.

Y descubrir esto podría ser lo más importante que hagas en tu vida.

Este libro fue escrito en Pafos, Kyrenia, Padrón,
Bangkok, Siem Riep, Bali, Manila y Saigón, entre el tórrido
verano de 2023 y la suave primavera chipriota de 2024.

Bibliografía

Estoicismo

Autores clásicos

Meditaciones, Marco Aurelio (siglo II d. C.)
Las disertaciones, Epicteto (siglo I d. C.)
Cartas a Lucilio sobre la ética, Séneca (siglo I d. C.)
Sobre la firmeza del sabio, Séneca (siglo I d. C.)
Sobre la brevedad de la vida, Séneca (siglo I d. C.)
Sobre la felicidad, Séneca (siglo I d. C.)
Sobre la tranquilidad del alma, Séneca (siglo I d. C.)
Los diálogos, Séneca (siglo I d. C.)
Sobre la providencia, Séneca (siglo I d. C.)
Sobre los deberes, Cicerón (siglo I a. C.)
Sobre la naturaleza de los dioses, Cicerón (siglo I a. C.)

Autores contemporáneos

Guía de campo para una vida feliz: 53 lecciones breves para vivir, Massimo Pigliucci (2020)
Una guía para la buena vida: El arte antiguo de la alegría estoica, William B. Irvine (2009)
El obstáculo es el camino y *El estoico cotidiano*, Ryan Holiday (2014 y 2016, respectivamente)

Cómo pensar como un emperador romano: La filosofía estoica de Marco Aurelio, Donald J. Robertson (2019)
Estoicismo y emoción, Margaret Graver (2007)
Emoción y paz mental, Richard Sorabji (2000)
El manual creativo estoico, Scott Perry (fecha de publicación no especificada)
Antifrágil: Las cosas que se benefician del desorden, Nassim Nicholas Taleb (2012)
Vidas examinadas: De Sócrates a Nietzsche, James Miller (2011)
Guerreros estoicos: La filosofía antigua detrás de la mente militar, Nancy Sherman (2005)
Estoicos, epicúreos y escépticos: Una introducción a la filosofía helenística, R. W. Sharples (1996)
Los estoicos: Una guía para los perplejos, Andrew Holowchak (2008)
Sócrates: Ironista y filosofía moral, Gregory Vlastos (1991)
Determinismo y libertad en la filosofía estoica, Susanne Bobzien (1998)
Ética y acción humana en el estoicismo temprano, Brad Inwood (1985)

Epicureísmo

Obras clásicas

El arte de la felicidad, Epicuro (siglo III a. C.)
De la naturaleza de las cosas, Lucrecio (siglo I a. C.)
Vidas de los eminentes filósofos, Diógenes Laercio (siglo III d. C.)
Cartas a Meneceo, Epicuro (siglo III a. C.)
Máximas capitales, Epicuro (siglo III a. C.)
Sobre el fin, Filodemo de Gadara (siglo I a. C.)
Sobre los dioses y el mundo, Siro (siglo I a. C.)
Fragmentos, Metrodoro de Lámpsaco (siglo IV a. C.)

Obras contemporáneas

Epicureísmo, Tim O'Keefe (2009)
El compañero de Cambridge al epicureísmo, editado por James Warren (2009)
Enfrentando la muerte: Epicuro y sus críticos, James Warren
Epicureísmo: Una introducción muy corta, Catherine Wilson
La Biblioteca de la Villa dei Papiri en Herculano, David Sider

Cómo estar contento: Una guía del poeta antiguo para una época de excesos, Stephen Harrison y Horacio
Cómo vivir una buena vida (Según 7 de las filosofías más sabias del mundo), Philosophy Break (2023)

Cinismo

Obras clásicas

Vidas y opiniones de los filósofos ilustres, Diógenes Laercio (siglo III d. C.)
Sobre los cínicos, Diógenes Laercio (siglo III d. C.)
Dichos y hechos memorables de Diógenes el cínico, Diógenes Laercio (siglo III d. C.)
Vidas de Antístenes y Crates, Diógenes Laercio (siglo III d. C.)
Sobre la indiferencia, Crates de Tebas (siglo IV a. C.)
Fragmentos, Bión de Borístenes (siglo IV a. C.)
Enseñanzas de Hiparquía, Hiparquía (siglo IV a. C.)
Fragmentos y testimonios, Menipo de Gadara (siglo III a. C.)
Sobre la austeridad, Teodoro el Ateo (siglo IV a. C.)
Cartas, Diógenes de Sinope (siglo IV a. C.)

Obras contemporáneas

La filosofía del cinismo: Una bibliografía anotada, Luis E. Navia (1995)
Cínicos, William Desmond
Los cínicos: La secta perro y otros filósofos socráticos, Luis E. Navia (2001)
Los cínicos no sirven para este oficio: Sobre el buen periodismo, Ryszard Kapuściński (2002)
Diógenes el cínico, Luis E. Navia (2007)
El cinismo en la actualidad, Ansgar Allen (2020)
La formación del cinismo moderno, David Mazella (2007)

Escepticismo

Obras clásicas

Esbozos pirrónicos, Sexto Empírico (siglo II o III d. C.)
Contra los profesores, Sexto Empírico (siglo II o III d. C.)
Contra los lógicos, Sexto Empírico (siglo II o III d. C.)
Contra los físicos, Sexto Empírico (siglo II o III d. C.)
Contra los éticos, Sexto Empírico (siglo II o III d. C.)
Sobre la incertidumbre, Enesidemo (siglo I a. C.)
Fragmentos, Pirrón de Elis (siglo III-IV a. C.)
Sobre la suspensión del juicio, Timón de Fliunte (siglo III a. C.)
Tratados escépticos, Enesidemo (siglo I a. C.)
Académica, Cicerón (siglo I a. C.)
Sobre la providencia, Cicerón (siglo I a. C.)
Fragmentos, Agripa el Escéptico (siglo I d. C.)

Obras contemporáneas

Escepticismo clásico en la filosofía india, Matthew R. Dasti
Escepticismo antiguo, Leo Groarke
Escepticismo y metaphysics en Hegel, Robert Engelman
Teísmo escéptico, Perry Hendricks (2023)
Neopirronismo: Una versión contemporánea del escepticismo, Plinio Junqueira Smith (2023)
Contemporaneidad del escepticismo antiguo, K. Vogt y J. Vlasits (2020)
El escepticismo de Simone Luzzatto en el contexto del pensamiento moderno, editado por Giuseppe Veltri y Michela Torbidoni (2024)
Sentido común en la respuesta de Reid al escepticismo, Patrick Rysiew (2021)
Escepticismo en la filosofía de Ghazālī, Reza Hadisi
Hegel y el escepticismo, editado por Jannis Kozatsas, George Faraklas, Klaus Vieweg y Stella Synegianni
Aproximaciones Madhyamaka y pirrónicas al estilo de vida escéptico, Christopher Paone

Literatura provocativa

Ficción

Fahrenheit 451, Ray Bradbury (1953)
Crimen y Castigo, Fiódor Dostoievski (1866)
Cartas del diablo a su sobrino, C. S. Lewis (1942)
El manantial, Ayn Rand (1943)
Rebelión en la granja, George Orwell (1945)
Guía del autoestopista galáctico, Douglas Adams (1979)
Sin novedad en el frente, Erich Maria Remarque (1928)
1984, George Orwell (1949)
Un mundo feliz, Aldous Huxley (1932)
El proceso, Franz Kafka (1925)
Ubik, Philip K. Dick (1969)
La naranja mecánica, Anthony Burgess (1962)
Casa de muñecas, Henrik Ibsen (1879)
Las intermitencias de la muerte, José Saramago (2005)
El club de la lucha, Chuck Palahniuk (1996)
La mano izquierda de la oscuridad, Ursula K. Le Guin (1969)
El cuaderno dorado, Doris Lessing (1962)
La campana de cristal, Sylvia Plath (1963)
Neuromante, William Gibson (1984)
La carretera, Cormac McCarthy (2006)
El señor de las moscas, William Golding (1954)
Trópico de Cáncer, Henry Miller (1934)
La náusea, Jean-Paul Sartre (1938)
Cien años de soledad, Gabriel García Márquez (1967)
La metamorfosis, Franz Kafka (1915)
El extranjero, Albert Camus (1942)
Matar a un ruiseñor, Harper Lee (1960)
American Psycho, Bret Easton Ellis (1991)
El lobo estepario, Hermann Hesse (1927)
Ensayo sobre la ceguera, José Saramago (1995)
El amante de lady Chatterley, D. H. Lawrence (1928)
La peste, Albert Camus (1947)
Hijos de la medianoche, Salman Rushdie (1981)

Filosofía/clásicos

Más allá del bien y del mal, Friedrich Nietzsche (1886)
Sobre la libertad, John Stuart Mill (1859)
El príncipe, Nicolás Maquiavelo (1532)
La República, Platón
Ilíada, Homero
Odisea, Homero
Crítica de la razón pura, Immanuel Kant (1781)
Fedón, Platón (c. 380 a. C.)
Discursos sobre la primera década de Tito Livio, Nicolás Maquiavelo (1531)
Confesiones, san Agustín (c. 397-400)
Leviatán, Thomas Hobbes (1651)
Tratado sobre la tolerancia, Voltaire (1763)
Fenomenología del espíritu, Georg Wilhelm Friedrich Hegel (1807)
Así habló Zaratustra, Friedrich Nietzsche (1883-1885)

Psicología/superación personal

Pensar rápido, pensar despacio, Daniel Kahneman (2011)
Piense y hágase rico, Napoleon Hill (1937)
Cómo ganar amigos e influir sobre las personas, Dale Carnegie (1936)
El hombre en busca de sentido, Viktor Frankl (1946)
Inteligencia emocional, Daniel Goleman (1995)
Los siete hábitos de las personas altamente efectivas, Stephen R. Covey (1989)
El poder del ahora, Eckhart Tolle (1997)
Mindfulness en la vida cotidiana, Jon Kabat-Zinn (1994)
Despertando al gigante interior, Anthony Robbins (1991)
El arte de la felicidad, Dalai Lama y Howard Cutler (1998)
El poder de los hábitos, Charles Duhigg (2012)
Flow: The Psychology of Optimal Experience, Mihaly Csikszentmihalyi (1990)

Economía/finanzas personales

El hombre más rico de Babilonia, George S. Clason (1926)
Economía en una lección, Henry Hazlitt (1946)
Camino de servidumbre, Friedrich Hayek (1944)
La riqueza de las naciones, Adam Smith (1776)

El capital en el siglo XXI, Thomas Piketty (2013)
El inversor inteligente, Benjamin Graham (1949)
La teoría general del empleo, el interés y el dinero, John Maynard Keynes (1936)
Pensar estratégicamente, Avinash K. Dixit y Barry J. Nalebuff (1991)
La paradoja de la elección: Por qué más es menos, Barry Schwartz (2004)
El choque de culturas: Inversión vs. especulación, John C. Bogle (2012)
Misbehaving: La construcción de la economía conductual, Richard H. Thaler (2015)
El economista camuflado, Tim Harford (2005)
El shock del futuro, Alvin Toffler (1970)
Nudge: Un pequeño empujón, Richard H. Thaler y Cass R. Sunstein (2008)

Ciencia

Historia del tiempo, Stephen Hawking (1988)
Cosmos, Carl Sagan (1980)
El gen egoísta, Richard Dawkins (1976)
Una breve historia de casi todo, Bill Bryson (2003)
El universo elegante: Supercuerdas, dimensiones ocultas y la búsqueda de la teoría final, Brian Greene (1999)
Los dragones del edén: Especulaciones sobre la evolución de la inteligencia humana, Carl Sagan (1977)
El mundo y sus demonios: La ciencia como una luz en la oscuridad, Carl Sagan (1995)
Armas, gérmenes y acero: Breve historia de la humanidad en los últimos trece mil años, Jared Diamond (1997)
El cisne negro: El impacto de lo altamente improbable, Nassim Nicholas Taleb (2007)
El mono desnudo: Un estudio del animal humano, Desmond Morris (1967)
La estructura de las revoluciones científicas, Thomas S. Kuhn (1962)
Sapiens: De animales a dioses, Yuval Noah Harari (2011)

Historia

Historia del declive y caída del Imperio romano, Edward Gibbon
La era de la revolución: 1789-1848, Eric Hobsbawm (1962)

Los orígenes de la Segunda Guerra Mundial, A. J. P. Taylor (1961)
Los orígenes del totalitarismo, Hannah Arendt (1951)
La guerra del Peloponeso, Tucídides (c. 400 a. C.)
Historia de la guerra del Peloponeso, Tucídides (c. 411 a. C.)
La civilización del Occidente medieval, Jacques Le Goff (1967)
La Edad Media explicada a los jóvenes, Jacques Le Goff (2006)
Historia de las civilizaciones antiguas, Charles Rollin (1985)
El siglo de la revolución: Una historia del mundo de 1914 a 2017, Charles Emmerson (2017)